云端的挑战与突破
——高校在线教学探究

YUNDUAN DE TIAOZHAN YU TUPO
— GAOXIAO ZAIXIAN JIAOXUE TANJIU

王辉 主编

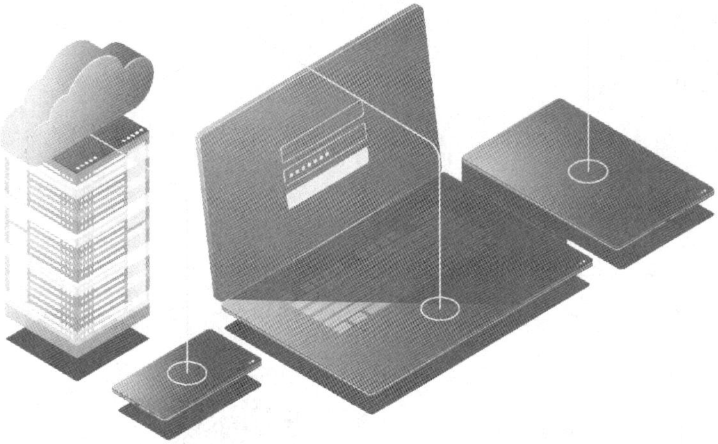

四川大学出版社
SICHUAN UNIVERSITY PRESS

项目策划：杨　果　梁　平
责任编辑：傅　奕
责任校对：陈　纯
封面设计：璞信文化
责任印制：王　炜

图书在版编目（CIP）数据

云端的挑战与突破 ： 高校在线教学探究 / 王辉主编
. — 成都 ： 四川大学出版社， 2021.6
ISBN 978-7-5690-4102-6

Ⅰ. ①云… Ⅱ. ①王… Ⅲ. ①高等学校－网络教育－教育研究 Ⅳ. ①G64

中国版本图书馆 CIP 数据核字（2021）第 000719 号

书名　云端的挑战与突破——高校在线教学探究

主　　编	王　辉
出　　版	四川大学出版社
地　　址	成都市一环路南一段 24 号（610065）
发　　行	四川大学出版社
书　　号	ISBN 978-7-5690-4102-6
印前制作	四川胜翔数码印务设计有限公司
印　　刷	成都金龙印务有限责任公司
成品尺寸	170mm×240mm
印　　张	16.25
字　　数	307 千字
版　　次	2021 年 6 月第 1 版
印　　次	2021 年 6 月第 1 次印刷
定　　价	68.00 元

◆ 读者邮购本书，请与本社发行科联系。
电话：(028)85408408/(028)85401670/
(028)86408023　邮政编码：610065
◆ 本社图书如有印装质量问题，请寄回出版社调换。
◆ 网址：http://press.scu.edu.cn

四川大学出版社
微信公众号

前 言

在线教学是基于信息技术及互联网的运用，借助于网络平台和多媒体技术，在网络空间开展的新型教学形态，突出表现为教学的非现场性和异步性。互联网的广泛应用促进了在线教学的发展，现代教育技术和互联网发展的程度，决定了在线教学的成熟度。从发展历程看，在线教学从录播式到直播式，再到互动式，实现了在线教育发展的三步跨越。在线教学不仅超越了传统教育理论的范畴，超越了远程教育交互理论、独立学习理论，而且还推动产生了联通主义理论、混合教育理论。在线教学突出课程中心、知识中心、学生中心，强调学生兴趣中心、经验中心、活动中心，突破传统课堂教师中心、教材中心、教室中心；打破传统课堂教学时空限制和教学的封闭性、程序性、固定性，构建“教、学、管、评”一体化的教育生态体系；凸显未来教育人性化、开放化、虚拟化、智能化特点。

在线教学随信息技术快速发展。美国在线教学发端于20世纪70年代初期，以大学远程教育为主。美国许多高校已经拥有在线学历学位教育资格，极大地促进了美国高等教育发展。2012年的MOOC（慕课）对在线教学全面发展产生了深远的影响。英国在线教学起步较美国早且取得了长远发展，突出表现为高质量的开放大学。1979年2月，我国在线教学初步形成，中央广播电视大学正式开学，2012年更名为“国家开放大学”，是面向全国开展远程开放教育的新型高等学校。2003年起，教育部加大了从精品课程到精品在线开放课程的建设力度。2020年，针对突如其来的新冠肺炎疫情，学校按照教育部“停课不停教，停课不停学”的要求，分阶段召开四次有关在线教学的工作布置、研讨交流、经验分享、质量监控会议。教学部会同信息技术与实验保障处与在线教学网络平台，开展平台运用、技术路线、课程建设、教学管理、考核评价等五次教师专项培训。教师根据学校教学运行要求，深入研究国内外优质在线教学课程资源，探索多平台、多模态、多元化的教学改革与教育创新，圆满完成师生“不在场”的教学任务，积累了丰富的在线教学经验，提高了现代教育信息化教学水平。教师从被动应对到主动探究，从小心谨慎到大胆开展，从隐身讲解到教学主播，从借用资源到自创素材。这是一次学校教育信息化应用提升的过程，也是信息技术与教育教学深度融合的实践，极大地推进了学校教学模式与方法的变革。

在线教学理论研究不仅有助于探究在线教学的前沿性、规律性和有效性，而且有利于全面提升在线教学的质量与水平。教师探索线上线下方法创新，深入开展课程教学实践，关注在线教学效果，认真总结在线教学的经验与不足，不断改进、完善和提升。广大教师把教学研究论文写在课程教学之中，写在学生的学习过程之中，较好地做到教学相长、教研结合。学校教学部收到近百篇在线教学的研究论文，编者根据“理论研究、方法创新、课程实践、应用效果”四个部分择优缉集，以期不断推进“互联网+教育”的高等教育教学改革，探索“教联网”时代的教育资源共享、学生自主学习、课程改革创新及教育技术应用。

本书是我校广大教师在线教学的教学学术研究成果。由于编者水平有限，本书难免存在疏漏之处，恳请读者提出宝贵意见，以便今后进一步完善和修正。

编　者

2020 年 10 月

目　录

理论研究

方法创新

课程实践

应用效果

理论研究

在场与不在场：后疫情时代高校教学模式变革及质量革命的思考[①②]

◎王　辉[③]

新冠肺炎疫情发生之后，“停课不停教，停课不停学”给高校教育教学带来了新挑战。在线教学改变了传统师生面对面课堂教学形态，开放式办学、混合式教学、泛在化学习已成为“互联网＋教育”背景下高校教育教学的新趋势，同时也给学校教学管理、资源建设、教学评价等带来了新考量。后疫情时代，高校将面临教育理念、教学管理、教学资源、教学范式、教学评价等全面变革，需要构建多样化的人才培养体系，加强课程资源的开发与共享，提升教师在线教学的水平与能力，建立学生课程学分认定机制与学业评价制度，以满足学生个性化的学习时空与诉求。

教育信息化是信息化社会的时代要求，是教育现代化的显著特征。《国家中长期教育改革和发展规划纲要（2010—2020年）》要求，大力鼓励学生运用信息技术手段去发现问题、解决问题，不断增强其独立应对处理问题的能力。教育部在《教育信息化2.0行动计划》中明确指出，将教育信息化作为教育系统性变革的内生变量，推动教育理念更新、模式变革、体系重构。2019年2月，中共中央、国务院印发《中国教育现代化2035》，提出了一体化智能化教学、管理与服务平台建设。2019年5月，习近平总书记在向国际人工智能与教育大会致贺信中，强调积极推动人工智能和教育深度融合，促进教育变革创新。网络与信息技术的快速发展与应用使教育形态、教学方式、教学内容、教学评价等都发生了巨大的变化。新冠肺炎疫情发生之后，教育部发出了“停课

---

① 本文为四川省高等教育人才培养质量和教学改革重点项目：基于现代信息技术平台的普通高校通识教育“金课”课程构建及教学模式改革（项目号：JG2018－705）的阶段性成果。

② 本文曾发表于《乐山师范学院学报》2020年第11期。收入本书时，有改动。

③ 作者简介：王辉，男，山东阳谷人，博士，教授，硕士生导师，乐山师范学院原校长，研究方向：中国现当代文学、高等教育管理。

不停教，停课不停学”的要求，一场师生居家在线教学拉开了中国教育的大幕，掀起了一场“互联网+教育”的高校在线教学范式变革。

一、疫情下的在线教学

在线教学在新冠肺炎疫情期间起到了积极而填充的作用。因疫情防控，教育部“停课不停教，停课不停学”的要求使得在线教学迎面而至。2020 年 2 月 10 日，教育部印发《关于在疫情防控期间有针对性地做好教师工作若干事项的通知》（教师厅函〔2020〕2 号），要求做好教师信息技术能力提升和师训资源开放共享工作，为开展线上教育教学提供支撑和保障。2020 年 2 月 28 日，教育部党组发出《关于统筹做好教育系统新冠肺炎疫情防控和教育改革发展工作的通知》（教党〔2020〕16 号），要求扎实做好高校开学准备工作，原则上疫情得到有效控制前大学生不返校、高校不开学。实际上，全国绝大多数高校学生没有返校，师生只好居家在线教学。虽然在线教学存在 4 个方面的缺陷：个性化学习质量难以保证，复杂性思维教学难以实现，在线学习成果难以认证，网络资源可能沦为“数字废墟”（潘懋元，2017：3）。但与传统课堂教学相比，在线教学突破了知识的单一性、课堂的固定性和封闭性，使教学时空变得开放自如，其教学资源呈现出多样化和不确定性（刘振天、刘强，2020：34）。

在线教学给传统实体性大学校园带来极大的冲击。据教育部官方统计，截至 2020 年 5 月 8 日，全国共有 1454 所高校、103 万教师、107 万门课程，累计开设课程 1226 万门次；参与学生达到 1775 万，合计 23 亿人次投入线上教学（教育部高等教育司，2020）。高等教育司司长在 2020 年的全国高教处处长会议上指出，这次新冠肺炎疫情改变了教师的“教”，改变了学生的“学”，改变了学校的“管”，改变了教育的“形态”。尽管利用教育技术“倒逼”教学改革呼吁了多年，但实际收效甚微，强大的教育、教学、教师、空间惯性等，严重限制了在线教学在教学第一线的推进（邬大光、李文，2020：2）。这次新冠肺炎疫情按下了线下教学的暂停键，同时也按下了在线教学的开启键。疫情期间，师生“不在场”的在线教学完成了教学任务，给传统大学教育模式带来颠覆性的冲击。后疫情时代，高校该如何应对新的教育形态？如何保持学生返校后在线教学“不掉线”？如何克服师生传统课堂教学的“心理场”？这些都是值得教育管理者思考的问题。

二、“在场”与“不在场”

（一）“在场”

不同的学者对“在场”有着不同的界定。在《现代汉语词典》中，“在场”指亲身在事情发生、进行的地方。西方学者则将“在场”视为“显现的存在，或存在意义的显现”。事实上，“在场”是一个哲学范畴的概念，最早可追溯至苏格拉底时代。在苏格拉底和柏拉图看来，具体事物是不断变化发展的，而“理念”则是恒常的（constant ）或原始的（original）“在场”（presence）（张世英，1998：101）。西方哲学家亚里士多德、笛卡尔、康德、黑格尔等都对“在场”有过研究。黑格尔认为，“实体”是尚未展开、尚未认识的“在场”，而“主体”是展开了的、认识了的“在场”（邓新、刘伟乾，2017：101）。黑格尔的“在场”从“实体”到“主体”哲学，是西方传统的、“形而上学”的最庞大的、集大成的体系（张世英，1998：101）。虽然哲学意义上的“在场”与网络背景下的“在场”有区别，但它们有着认知的趋同性。微软的操作系统定名为“窗户”（windows），而窗里窗外又常被称为“在线”，其主词体现为“在”。相关研究表明，“在线”之“在”是心灵“在”而身体不“在”。也有研究认为，“在线”之“在”是符号“在”而身体和心灵都不“在”（金萍华、芮必峰，2011：12）。这就能够较好地解读本文“在场”与“不在场”的本意。

“在场”有着丰富的内涵与外延。从社会运动来看，“在场”指行为主体在一个特定地域内的活动，这时运动发生的时间、空间是固定的，运动的空间和地点也是紧密联系的（苏涛，2013：23）。从人际交往来看，“在场”的交谈是人类最基本、最直接的人际交流形式和沟通途径（李建军，2013：84）。“在场”的人际互动，凭借的是现实生活世界中的真实场景布置，行为的发起、发生与解读依赖彼此之间的姿势对话（米德，2008：72）。这是因为只有面对面地交流，才有深度交流和建构友谊的可能性（邓新、刘伟乾，2017：102）。可见，“在场”不仅成为人们认识现代社会的重要概念，而且成为分析现代社会发展的重要理论。在英国社会学家安东尼·吉登斯看来，现代性触发了人际社会关系的强化，这种强化源自时空分离的可能以及脱域的存在（吉登斯，2000）。简而言之，“在场”是人们在社会交往与沟通中的行为主体，在特定的时间、空间、事件等条件下的面对面活动交流场景。随着互联网的迅速发展和网络空间的虚拟化，“不在场”逐渐开始替代“在场”，成为人际互动交往的主要空间形式。

（二）“不在场”

“不在场”作为互动交流的隐形传播方式应予以关注。与“不在场”意义相关或相近的词有“缺场”“缺席”等。文本“不在场”并非指教师强势的退去，或自我放逐，放弃话语权，而是在网络交互背景下的主体（教师）不在现场。苏涛认为，“缺席”指社会运动行为主体的活动发生的空间与时间是分离的，这不仅意味着整个活动行为远离了行为发出双方面对面的互动情景，而运动的空间和地点也产生了分离（苏涛，2013：23）。朱逸认为，“缺场”既是主体在特定空间的存在形式，也是行为构建的重要表征（朱逸，2015：105）。确切地说，“缺场”是感性层面的意识活动或知觉表达空间，突破了场所规定和边界限制的物理空间。由于网络化时代的社会结构变迁，人们的交互行为已经从过去特定的物理场所（第一空间），进行面对面的人际交流（第二空间），转向网络信息（第三空间）进行互动交流，这得益于网络技术的发展与应用。因此，“不在场”“缺场”“缺席”均指行为主体的身体可以不在交流现场，但仍然可以达到互动交流的效果。

不在场能够进行交流是互联网由广泛向深入发展的应用。网络社会为人际交流提供了诸多便捷，加速了主体“不在场”空间的建构。人际互动由“在场”转向“不在场”，跨越时空的交往比以往变得更加频繁。“缺场”是一个面部表情、特定场所、具体环境都未呈现的空间，是一个以信息流动、符号展示、语言交流与意义追求为内涵的虚拟空间（朱逸，2015：105）。网络的广泛应用，“在场”已不再是人际互动交互的唯一途径，丰富多样的文字化、语音化、图像化等信息已成为现实生活中各类符号的替代。尽管“在场”在体验和感觉上大大优于“不在场”，但网络信息符号所构建的“不在场”空间较好地实现了沟通互动、认同凝结、彼此联结与信息传递。网络的普及与应用，特别是新媒体技术的迅猛发展极大地推动了“网络社会运动”（苏涛，2013：23）。在大众传播时代，对于主体的“不在场”有三个层次的理解，首先体现在行动者的身体不在场，其次体现在参与者的社会身份不在场，再次体现为行动者和参与者的身体和社会身份都不在场但其“符号性在场”（苏涛，2013：25）。这就是社会语境和现实表现中“不在场的在场”，尤其是互联网作为潜在的社会参与渠道和公共空间，对人们日常生活、学习工作带来的影响是无法估量的。

（三）教师的“在场”与“不在场”

“在场”与“不在场”在现代网络传播中应当受到重视。正是由于网络技术的应用，行动者和参与者在人际交互时可以不在场，但却可以进行“符号性在场”互动交流。一方面坚持网络交往中“主体是人”的人本立场，另一方面突出“网络主体以各自的符号形式出现……而且身体是‘离场’的……网络空间作为一种符号化的信息存储库，实际也就决定了人们在网络空间中的互动在本质上就是一种符号化的互动”（何明升、白淑英，2008：36）。因此，从传统媒介时空到网络时空看，主体是“在场的缺席”，而从网络社会运动的状态而言，主体则是“缺席的在场”。在现实生活中，人们不必再秉承传统的“在场”，即受着地域、环境、时间等方面的束缚，也可以享有“不在场”所能带来的跨时空、地域的愉悦交互（朱逸，2015：104）。其关键在于网络社会运动的时空变化及发展应用，诸如小到快递，大到机器人，再到人工智能，能够实质性地解决生产生活问题，这就都能很好地理解“缺席的在场”。事实上，在传统课堂教学中，学生仍然会出现“人在教室心在外”的现象，这就不难理解“在场的缺席”。信息技术催生从互联网到物联网，而5G时代物联网将成为未来社会的超级互联网，这无疑会给教育尤其是一线的教师带来挑战。

教师“在场”（在教室）是传统课堂教学的基本标志。如果教师在场认真教学，但是学生却心不“在”焉，这表明教师主体（身体）在场而学生的心“不在场”。如果教师身体在场，但是对教学敷衍塞责，说明教师是在场的“不在场”。反之，对于学生而言也是如此。混合式教学（blended learning）既指传统课堂教学与网络教学、多种教学手段的混合，包括视频、音频、文本、图形、动画等多种教学技术的混合（赵涛，2018：246），也指互联网背景下充满视觉刺激的和动感的PPT背景、图片、新奇有趣的短视频与授课内容的混合（亢明铭，2019：106）。这些资源、技术、媒体等的运用增强了学生的学习效果，但同时也让学生减少了对教师的关注度，出现了教师的身体、言语、思维等的“伪在场”。开放的网络资源极大地丰富了学生的自主学习时空，学生如果已经掌握了教师的授课内容，或者教师的教学内容、教学模式（方法）等不能吸引学生，那么学生身体在教室而内心也会出现“伪在场”。潘懋元教授和陈斌博士（2017：3）指出，“互联网 + 教育”是高校教学改革的必然趋势。因为“如果有大量的网课公司出现，实体大学校园存在的价值是什么？大学再不改变，很多都会被网课公司淘汰”（席酉民，2018）。这场突如其来的新冠肺炎疫情就对教师在线教学进行了一次“在场”检验，也给高校教学管理带来了一场传统“不在场”的考验。

三、在线教学的趋势

（一）开放式办学

在线教学加快了世界教育的国际化。哈佛大学教育学院宣布，2020—2021学年取消线下面对面授课，整个学年都将采用线上授课方式；国际学生第一学年将在各自国内通过ZOOM上课。康奈尔大学宣布2020年秋季学期正常开学，但是课程多数采用混合授课方式，大部分课程提供线上教学；国际学生可在各自所在国家或地区的合作机构大学校园参加康奈尔大学的线上和线下课程；中国不能赴美的留学生可在清华大学、北京大学等国内7所合作高校注册上学。美国密歇根大学公布2020年秋季开学计划，课程将提供线上线下混合教学模式，大型讲座统一采取线上授课模式，小型研讨课可进行面对面授课；对于不能按时抵校的中国研究生，可以在享受上海交通大学的设施和服务同时，远程与其他密歇根大学同学一起参加线上课程。英国剑桥大学、牛津大学、伦敦大学学院、帝国理工学院、爱丁堡大学等30所高校2020年秋季开学将实行线上与线下相结合（大课线上、小课线下），所有课程都将被录音并上传至学校官网，以供学生下载观看；导师在网络平台办公以帮助学生，保证学习质量；向无法前往英国的国际学生提供线上教学支持，实现“不在场”的“阅洋”留学。相对于传统“场独立”高校各自办学来讲，在疫情之下各高校走向“场依存”的趋势越发明显。

在线教学助推高校开放办学的进程。2008年，加拿大学者科米尔和布莱恩教授首次提出了大规模、在线和开放的概念（蔡文璇，汪琼，2013：16）。2009年，美国哈佛大学萨尔曼·可汗（Salman Khan）创办非营利在线教育网站，专注于教育传播事业，免费提供包括实践练习、教学视频及个性化的学习模板，课程涵盖数学、科学、计算机编程、历史等，目的是让学生能够按自己的计划和需求进行自主学习。该机构获得2009年微软教育奖。至此，世界教育形态发生了重大变化。2012年4月18日，斯坦福大学教授吴恩达（Andrew Ng）和达芙妮·科勒（Daphne Koller）创建Coursera免费在线大学公开课程网站，旨在同顶尖大学合作帮助他们创建在线免费课程。2012年是世界高等教育发展史上重要的一年，MOOC作为一种新型在线教学模式进入人们的视野，给高等教育带来巨大影响。斯坦福大学校长将其喻为教育史上的

“一场数字海啸”。2012 年被誉为“MOOC（慕课）元年”。此后，耶鲁大学等世界著名高校相继出现开放课程。2013 年被称为“中国在线教育元年”，一批诸如爱课程、学堂在线、网易公开课等应运而生。2018 年，教育部将一流线上线下精品课程纳入“双万计划”。受新冠肺炎疫情影响，联合国教科文组织将中国的爱课程、钉钉、飞书、云班课等纳入远程教育解决方案。我国学堂在线、爱课程 500 余门英文版课程对 100 万海外留学生及世界各国开放。

（二）混合式教学

混合式教学兼具传统教学与网络教学的优势。随着互联网的广泛应用和网络技术的飞速发展，网络化或数字化在线学习资源越来越丰富、学习自主性更强、学习效率愈发凸显。如果将传统线下与在线教学两者有机结合、优势互补，学生能够获得更佳的教学效果。混合式教学最大的特征是能够充分发挥师生的自主性，体现学生学习过程中主体性、主动性、积极性和创造性。它是利用先进的教学理念及教学设备、网络条件及软件平台的介入，将传统的实体性课堂转移到网络空间，承载海量的“微课程、微视频、微知识点”，是师生互动或学生课后知识再学习的虚拟场所，能够较好地作为学生课前、课后学习的有益补充。这种基于大数据的教学模式不仅能够为教师提供全面的教学反馈，还能够反映学生的学习求知需求，从传统的被动型学习转变为主动性学习。教师在传统课堂教学中具有向导、引导、指导作用，起着调动学生、组织管理等极其重要的作用。但随着在线教学平台的不断丰富和完善，虚拟学习空间更加人性化、个性化、碎片化。混合式教学尤其是疫情之下的在线教学把教师推向了教学导演、主播和演员的前台，教师应是先进理念的倡导者、网络技术的引导者、优质资源的遴选者、教学活动的组织者、学习方法的构建者（代显华、唐海康、陈红 2020：59）。教师只有主动运用实施教学创新的意识和能力，才能真正成为在线教学的创造者（朱益明，2020：48）。

疫情发生以后，在线教学改变了传统的课堂教学模式。疫情改变了高等学校传统的教学模式、组织形态、管理思维，高校再也回不到疫情之前的教学状态。正如教育部高等教育司司长所言，在线教学将从‘新鲜感’走向‘新常态’。教师与学生在线教与学的双主体形态已经形成，传统大一统、标准化的教学组织、知识传输、教学方法、考核评价等已经发生了彻底的改变。复学之后，教学模态、考核评价、学分认定等将成为高校管理者和任课教师的一个新挑战，特别是对知识储备不够、教学信息量不大、教育技术不佳、师生互动乏力的教师是一个巨大的考验。这是因为教学组织管理环境、学生学习心理环境发生了根本的变化，问题式教学、参与式教学、探究性学习、个性化学习愈加凸显，教学院的主体性功能、教师的主讲性价值、学生的个性化诉求日趋突出。高校应加快补上线上教学的短板，加快推进“线上 + 线下”混合式教学的进程。未来，基于混合式教学的组织管理功能重心，将从学校教学管理部门下移或转向教学院“一院一策、一课一策、一师一策”，需要强化对师生“课前、课中、课后”指导和监控，实现知识内化、重构、创新的教学、管理双重目标，打好在线教学与线下授课的“组合拳”。

（三）泛在化学习

泛在化学习有助于学生成为“学习场”的主体。泛在化学习具有两个基本特性：一是学习可以随时随地发生，二是学习的需求无处不在。前者指学习并非一定要在固定的“教育环境”诸如传统教室中实施，后者则指学习者具有不断学习新知识和技能以提高自己创造性地解决问题能力的需求。泛在化学习是基于现代信息技术，创造最优化的智能化教育环境，让学生通过移动终端进行自主学习。其特点可以概括为 5A 模式（Anyone，Anytime，Anywhere，Anydevice，Anything），即任何人、任何时间、任何地点、任何设备、任何内容。可以说，泛在化学习颠覆了“教师中心”或“学生中心”的教学范式，给“为教而教”“为学而教”的教学模态带来了新挑战。“为教而教”是以教材中心、教师中心、教室中心，“为学而教”则是以兴趣中心、经验中心、活动中心，这两种教学范式都存在过分强调教师在教学中的主导作用，忽视了学生在学习活动中的主动性、能动性和个性化需求。泛在化学习理念倡导知识的社会建构性、情境性，打破了人们对传统学习的认知，每个人既是自己的教育者，同时也是学习者（夏杨燕，程晋宽，2018：22）。它是嵌入日常生活中，可能是分散的、碎片化的学习，同时也是社会化、个性化的，社会交往是其中一个重要的组成部分。

泛在化学习是学生由被动接受到积极建构的过程。网络技术的发展以及手机存储增大和 app 的不断优化，使得人与人之间的线上互动交流变得越来越便捷。手机能够随时随地进行文字、语音、视频等传输，可以选择有意义的资讯进行分享，这为泛在化学习提供了很好的互动交流平台。一些软件如腾讯会议、钉钉、ZOOM、微信、QQ 以及 Blackboard、超星等学习平台在新冠肺炎疫情期间发挥了重要的在线教学功能。这些学习软件或平台可以实现线上视频通话、语音对话、线下留言，这就形成了一个虚拟与现实结合的互动交流学习群。师生都可以将教学课件、学习资源等相关材料发送到学习群共享，可以在学习群里互动交流、分享心得、答疑解惑。这个学习群就成了一个虚拟空间“学习场”，而师生、生生互动则成为“在场”交流的社区网络平台。这样的平台能够使得师生在交流时不受时空的限制，有效促进学生自主性学习。这是因为泛在化学习利用信息技术和网络环境，通过手机、iPad 等移动智能设备，能够帮助学生学习知识、保存知识、共享知识、创造知识。只有满足学生的最大化需求，为学生提供最优的学习资源和及时服务，才能形成学生良好的学习习惯，保持持久的、常态化的自主学习模式。实体校园转向虚拟课堂、教师主讲变“主播”、学生泛在化学习将给高校教育管理者带来新挑战。

四、教育管理的挑战

（一）智能化教学管理

网络信息技术的运用使高校管理进入智能化成为现实。网络运动给社会带来巨大的时空变化，给高等教育带来“缺席的在场”教学新常态，给教育管理带来系列的变革。疫情结束复课之后，高校应继续“深耕”在线教育不动摇，持续改进和优化在线教育和线下教育的融合（张立迁，2020）。未来教育教学将是四通八达、互联互通、校内校外、国内国外的“智慧教育场”。教学供体将从高校教师拓展到更广泛的社会群体、教育机构，教学场所将从物理教室延伸到“人—机—物”三元有机融合的开放、智能、泛在空间。因此，高校应抓住“课程—教师—评价”教学主线，充分运用信息技术突出管理效能。数字化、个性化是信息时代教育发展的重要标志。从学校发展讲，校级层面应构建“教师为主导、学生为主体、评价为主线”的管理模式；从教学实施看，学院层面应以“领衔教师—主讲教师—辅导教师”为教学团队开展课程教学；从教学程序讲，师生应基于 MOOC 课程的可视化、多样性、生成性特点，实现“课前—课中—课后”翻转式教学，在师生互动、生生互动、网络社区讨论中自我构建知识；从教学管理看，教务管理应有效利用信息化教学平台对师生的教与学过程进行“监控—监管—监督”，促进学校教育生态的整体发展，全面提升师生在线教育教学质量。

高等教育普及化下的个性化培养给“走班选课”带来机遇与挑战。学分制是以选课为前提，用学分衡量学生学习质和量的综合教学管理制度。“走班选课”不仅能够满足学生跨学院、跨专业、跨年级甚至跨学校选课，而且能够满足学生专业教育、职业教育、个性化发展的诉求，是高校走向现代化管理的重要手段。这次疫情“停课不停教，停课不停学”催生了“数字学校”“空中教室”“共享课堂”等多元化线上学习平台，增强了学生线上、线下多种学习途径，出现了直播、录播、点播等多样化学习场景，实现了在线辅导、答疑、讨论等个性化教学互动。“学分银行”具有自由选择学习内容、时间、地点的弹性特点，能够较好地计量、衡量学生“走班选课”质量。这就需要建立与现代学分制教育管理需求相适应的制度。苏州大学颁布了《本科生在线开放课程学分认定管理办法》，明确了本科生学分认定的课程质量标准、学分认定范围和认定办法、考核要求。该办法规定，本科生30%左右的学分可来自修读国内外名校在线开放课程，突破了校内教学资源配置的瓶颈，将倒逼教师不断改进课堂教学方法。未来，高校打破班级授课制，将是后疫情时代大学生的诉求，而且学生先修课程、修够学分及提前答辩、毕业将成为高校开放式办学的常态。

（二）信息化资源建设

教学资源建设是教育信息化有效实施的前提和基础。疫情之下，微课、慕课、翻转课堂等在线教学模式成为教学的主流，支撑混合式教学的数字化资源在教学中的占比逐渐增大。早在2003年，教育部就下发了《关于启动高等学校教学质量与教学改革工程精品课程建设工作的通知》（教高〔2003〕1号），启动精品课程建设。“非典”结束，精品课程建设工作步入正轨。从国家精品课程（2010年）、精品开放课程（2011年）、精品视频公开课（2012年）、精品资源共享课（2012年）到精品在线开放课程（2018年）建设的历程看，教育部引导高校课程建设从“建、用、管”到“开放、协助、共享”，不断推进信息技术与教育教学深度融合，不断加强课程内容、教学模式、教学方法、教学手段的改革，目的是加快建立完整、系统的在线教育公共服务体系，这样才能打破校际藩篱、克服重复建设、利于学生选修。信息化教学资源的建设不仅能够实现优质教育资源共享，而且有助于学生自主学习、自主管理、自主监测，因为教育不再是简单知识的传递与讲解，而是激发学生潜在的能力与素养，促进他们行为和思想的改变。信息化教学资源的建设有助于教师提高教育教学水平，提升现代教育技术应用能力。

信息技术的应用加快了高校实体场所转向虚拟教学的步伐。高校知识性、通识性、综合性、方法类等课程将更多地转向线上教学。实体物理形态将发生巨大的变化，知识传输密度、传输方式也将随之发生改变。主导性、规定性课程安排将受到学生的挑选与筛选，学校将成为由学生自主选择学习实体与虚拟空间结合的场所，有可能成为没有“围墙”的网络开放性大学。高校唯有加强学习中心、课程超市、知识平台、研讨空间、虚拟社区的建设，才能让学生能够选择个性化、实用性、感兴趣的课程。未来，中国大学的评价标准将会增加虚拟资源配置和网络资源建设，突出虚拟资源结构、占比、应用，这在一定程度上将决定着一所高校的办学效益、培养质量和教学水平。正如教育部高等教育司司长指出，我们不可能、也不应该退回到疫情之前的教与学状态，“互联网+”“人工智能+”在线教学已成为世界高等教育的发展方向。华中师范大学主动变革，已经成立全国首个AI教育学部，利用“人工智能+师范教育”，打造“未来教师”职前培养、职后培训一体化人才培养体系。华中师范大学建立的“人工智能+试讲试教”研习平台，满足师范生学习时间的碎片化、学习空间的虚拟化，强化学生在线学习、自主训练、系统评测智能化管理，通过校内外专家多人评阅，全面推动师范教育教学改革。

（三）多元化多类别评价

在线教学质量事关高校教育教学改革与发展。在线教学效果涉及教学目标、教学资源、教学研究、教学评测、教学管理、教师水平，以及学生的学习兴趣、学习态度、学习投入和设备技术、网络条件等诸多要素，犹如一个木桶的各个木板，每个都会影响到教学的质量。班级授课制是按照工业化生产的模式进行的，强调的是课堂教学效率，忽略的是学生个性诉求。在线教学的最大优势在于为学生提供不同的学习资源、学习空间，为学生提供最大化、差异化的选择。随着5G时代的来临和AI智能科技的应用，高校在线教学将会催生丰富多彩的教学形态，将会更加突出“学生中心、产出导向、持续改进”。未来，高校应打破学科专业壁垒建立协作平台，从关注教师“教”转向学生“学”，从在线教学转向在线教育，推动教学范式、供给方式、组织形态及管理模式变革，让教育体系从封闭转向开放，让教学流程得以再造，让教学资源可以重组。高校管理者和授课教师应基于学生在线学习的参与程度、教学过程的数据监控、多维数据进行科学评定，对学生学习过程、学习成效进行形成性、终结性等多元评价。学校2020年成立“沫若学院”，通过校本“强基计划”、双导师、混合式教学等途径，解决“高校、专业和学生之间，相互适应的问题”，探索满足优秀学生个性化培养诉求，切实提高人才培养质量。

高校加强在线教学评价有助于提升教学质量。疫情之后，“大课”在线教学、“小课”线下教学；小组研讨、个别辅导、在线答疑等混合式教学将成为高校教学新常态。面对复杂多样的教学组织形式，特别是学生“不在场”的在线学习，高校如何强化教育教学质量，确保学生不因教学设备、教学质量而退学，这是高校教育管理者需要思考的问题。针对“混合式”教学，学校应构建“全员参与、全程监控、全面评价”的教学质量监控体系，开展“学院—教师—学生”三个层面的质量管控行动，实行“计划—运行—反馈—改进”四阶段质量闭环管理。学校应及时收集、汇总、分析师生的教学案例、质量数据，校院两级应实行“分管领导—教学督导—教务管理—学习委员”四层次互动管理。针对线下教学课堂时间有限、师生互动不够的实际，学校应充分利用在线课程平台、学习软件，根据学生出勤、课前预习、课堂活动、课后作业等实时监测学习状态，强化开放性的“演讲、报告、研讨”“学习概要、课程论文”等作业，以突出学生全程化、多样性、思辨性的考核方式。根据学生在线学习时间碎片化、学习空间自由化特点，学生课程评价采用“教师评价—学生自评—同伴互评”三结合的方式，实现从教师拓展到学生、从课堂演变为课外的“教育场”。

五、结语

新冠肺炎疫情倒逼中国高校教学从线下转向线上教学。全国性、大规模的在线教学在“停课不停教，停课不停学”中起到了巨大的作用，奠定了未来教育教学改革的教育理念和实践基础。高校过去习惯于师生在场面对面传统的课堂教学，在新冠肺炎疫情之下不得不从实体校园转向虚拟课堂在线教学。虽然在线教学不能完全取代师生“在场”线下教学，但是未来基于“互联网 +”“人工智能 +”的在线教育是高等教育的必然趋势。高校需要重塑人才培养体系，加大校际开放办学力度，互认课程学习学分；倡导终生学习理念，转变单一课堂范式，加强混合式教学；开发线上教学平台，提供丰富课程资源，增强师生互动交流。教师需要转变课堂角色，形成课程教学团队，协调课程设计、知识传递、辅导答疑，提升在线教学能力。学生需要做好职业生涯规划，确定自己的成长目标，充分利用有限的时间，进行碎片化、泛在化学习，顺利完成自己的学业。高校应当加强信息化建设，依托教育大数据、网络教学平台等信息技术的支持，对教师教学、学生学习、课堂质量等进行全方位的监控与管理，才能实现在线教学质量的“教、学、管”一体化，助力高校实现课堂教学质量革命。

参考文献：

[1] 潘懋元，陈斌．“互联网 + 教育”是高校教学改革的必然趋势 [J]．重庆高教研究，2017 (1)：3—8.

[2] 刘振天，刘强．在线教学如何助力高校课堂革命——疫情之下大规模在线教学行动的理性认知 [J]．华东师范大学学报（教育科学版），2020 (7)：31—41.

[3] 教育部高等教育司．高校在线教育有关情况和下一步工作考虑 [EB/OL]．(2020—05—14) [202007—08]．http://www.moe.gov.cn/fbh/live/2020/51987/sfcl/202005/t20200514_454117.html.

[4] 邬大光，李文．我国高校大规模线上教学的阶段性特征——基于对学生、教师、教务人员问卷调查的实证研究 [J]．华东师范大学学报（教育科学版），2020 (7)：1—29.

[5] 张世英．阴阳学说与西方哲学中的“在场”与“不在场” [J]．社会科学战线，1998 (3)：99—106.

[6] 邓新，刘伟乾．“在场”理论视角下的孔子学院文化传播方式及其价值意蕴 [J]．民族教育研究，2017 (3)：101—106.

[7] 金萍华，芮必峰．“身体在场”：网络交往研究的新视角 [J]．新闻与传播研究，2011 (5)：12—16.

[8] 苏涛．缺席的在场：网络社会运动的时空逻辑 [J]．当代传播，2013 (1)：23—26.

[9] 李建军．中国与中亚的文化交流力建构 [J]．中南民族大学学报（人文社会科学版），2013 (3)：81—84.

[10] 米德．心理、自我与社会 [M]．赵月瑟，译，上海：上海译文出版社，2008：72.

[11] 安东尼·吉登斯．现代性的后果 [M]．田禾，译，南京：译林出版社，2011：15.

[12] 朱逸．“缺场”空间中的符号建构 [J]．学习与实践，2015 (3)：103 —109.

[13] 何明升，白淑英．网络互动：从技术幻境到生活世界 [M]．北京：中国社会科学出版社，2008.

[14] 赵涛．信息技术与教育教学深度融合下的新型教育模式 [J]．信息与电脑（理论版），2018 (17)：246.

[15] 亢明铭．作为“中间人”的高校教师在场问题初探 [J]．黑龙江高教研究，2019 (10)：106—109.

[16] 席西民．大学再不改变，很多都会被网课公司淘汰 [EB/OL]． (2018—01—29) [2020—07—08]．http://www.sohu.com/a/2019602364_260616.

[17] 蔡文璇，汪琼．2012：MOOC 元年 [J]．中国教育网络，2013 (4)：16—18.

[18] 代显华，唐沙摩，陈红，等．停课不停学，网络教学遇到的挑战 [J]．教育与教学研究，2020 (3)：50—62.

[19] 朱益明．“停课不停学”与在线教学发展的审思 [J]．教育与教学研究，2020 (3)：41—49.

[20] 夏杨燕，程晋宽．从“被动接受式习得”到“自适应学习”——“泛在学习”理念下

教学范式的变革 [J]. 高等理科教育，2018 (6)：19－24.
[21] 张立迁. 复学复课后在线教育向何处去? 别冷落了在线教育 [N]. 中国教育报，2020－5－23 (2).
[22] 缪志聪，姚臻. 苏州大学：打破高校课程“围墙” [N]. 中国教育报，2020－6－19 (1).
[23] 潘懋元. 高等教育“质量下降”是一个真命题也是一个假命题 [N]. 中国青年报，2018－12－25 (2).

在线教学：未来个性化教育发展之路向

◎ 罗明礼　汪天飞　张远东①

技术变革对教育起着巨大的推动作用。互联网到移动互联网，再到“教联网”的发展，促进了在线教学的快速发展，改变了传统课堂教学方式。在线教学发端于国外，但在我国得到了蓬勃发展，尤其是在新冠肺炎疫情发生后，中国的高等教育在线教学赢得了世界瞩目。作为未来教育不可或缺的一种教学模式，高校应重新定义在线教学，充分发掘其信息化、智能化、共享化、个性化等特点，将其运用到普及化背景下高等教育人才培养之中。

随着信息技术和多媒体技术的快速发展，尤其是互联网到移动互联网的广泛应用，使得通过网络进行的在线教学成为现实，教与学可以不受时间、空间和地点条件的限制，知识获取渠道更加灵活与多样化。在线教学的出现，使知识获取的方式发生了根本变化，改变了传统高等教育办学模式，扩大了学生自主选课、自主学习的主动权，引发了对在线教学质量管控的思考。本文通过对教学、在线教学及在线教育进行简要述论，回溯国内外在线教学发展历程，以及新冠肺炎疫情下在线教学的现状，基于未来教育的理念，高校应当重新认识在线教学的功能与价值，拓展高等教育普及化背景下人才培养的路径与方法。

---

① 作者简介：罗明礼，男，四川犍为人，教授，硕士生导师，英国里丁大学访问学者，乐山师范学院发展规划处处长，研究方向：高等教育、英语教育理论与实践。汪天飞，男，四川夹江人，教授，硕士生导师，乐山师范学院副校长，研究方向：高等教育、图谱理论、数学建模。张远东，男，四川井研人，副教授，乐山师范学院教学部副部长，研究方向：高等教育、古代文学。

一、在线教学的内涵解析

（一）教学

要理解“在线教学”首先要知晓“教学”的含义。顾明远（1900）在《教育大辞典》中指出，教学是以课程内容为中介的师生双方教和学的共同活动。王道俊和王汉澜（1999）认为，教学是教育目的规范下的、教师的“教”与学生的“学”共同组成的一种教育活动。有学者指出，教学指“教的人”指导“学的人”进行学习的活动，即“教”与“学”相结合、相统一的活动（李秉德，2001）。美国认知心理学家和教育家布鲁纳（1966）认为，教学是通过引导学习者对问题或知识体系循序渐进的学习，提高学习者正在学习中的理解、转换和迁移能力。董远骞、张定璋和裴文敏（1984）在《教学论》中写道，教学是通过教师的指导启发和学生的积极学习，使学生逐步系统掌握的科学知识和技能，并在此基础上发展学生认识能力的过程。有学者认为，教学是教师“教”与学生“学”的统一活动；在这个活动中，学生掌握一定的知识和技能，同时身心获得一定的发展，形成一定的思想品德（王策三，2005）。教师“教”（teaching）与学生“学”（learning）是教学（instructing）活动的两个方面，而不只是教师单纯的“教”，而且“教”与“学”彼此依存，相辅相成。在以上论述中，第一种观点具有典型的“活动”取向，聚焦师生双边人才培养与培育活动；第二种观点带有隐形的“过程”取向，常与教学情境有关，强调教学过程；第三种观点具有明显的“能力”取向，注重在师生教学活动的同时，着力培养学生的认知能力，关照身心发展和思想教育。

（二）在线教学

在线教学指在互联网技术支持下，借助网络平台、工具，在网络空间中开展的一种新型教学形态（汪波，2020），其特性主要表现为非现场性和异步性。非现场性指师生不需要集中到现实的物理空间，但需要营造虚拟的教学“现场感”；异步性则是教师“教”与学生“学”在时间上可以不同步（教与学的时间分离），可以最大限度地满足学生个性化需求。互联网的发展促进了在线教学的发展，计算机和互联网发展的程度，决定了在线教学的成熟度。在线教学从录播到直播，再到智能教育平台，实现了发展的三步跨越。有学者认为，在线教学突破了课堂的固定性和封闭性，使教学时空变得开放自如（刘振天，刘强，2020），具有教学时空开放化、虚拟化，无限反复观摩、任意重新回放，教学内容丰富、资源多样化，教学灵活、多元多向等特点。在线教学突出表现为：不再依赖校舍、教室等物理空间，运用虚拟仿真技术开展实验实习实训；满足了学生个性化学习诉求，超越了传统课堂教师讲授、书本知识的范围，增强了对知识的巩固和理解；利用教育技术设置课堂签到、弹幕提问、互动交流、讨论发言、提交作业等环节。虽然在线教学能够体现学生的主体地位，激发他们的自主学习，但是更应基于学生实际生活的感受体验，才能促进他们对知识的意义建构。随着“教育＋互联网”、人工智能的不断发展，在线教学发展为在线教育是未来教育个性化需求的必由之路。本文所指“在线教育”与目前在线教学在内容和意义上相近，但各有侧重。

（三）在线教育

与在线教学紧密相关的概念是在线教育或在线学习（E-Learning）。在线教育，顾名思义，是通过应用信息科技和互联网技术进行内容传播和快速学习的方法。在E-Learning中，“E”代表电子化的学习、有效率的学习、探索的学习、经验的学习、拓展的学习、延伸的学习、易使用的学习、增强的学习。美国是E-Learning的发源地。1998年之后，E-Learning在世界范围内兴起，从北美、欧洲迅速扩展到亚洲地区。E-Learning并不只是一种技术，技术只是传送内容的手段，重要的是内容本身以及通过学习产生的巨大变革，这才是E-Learning（在线学习）主要意义。有学者指出，在线教育不仅会改变教师的教学方式，而且会改变教师对教学意义的认识（Glass，2017）。在线教育不仅具有跨越时空的优势，而且具有资源利用重复化、资源选择自主化、学习行为自由化、师生交流互动化、自主学习个性化、教学形式修改化、教学管理自动化、教学统计数据化等诸多特点。未来，学生愿意根据自己未来工作岗位需求、兴趣和爱好进行自主学习，自主选择课程，形成个性化的学习项目将有可能成为常态。正如著名远程教育研究专家德斯蒙德·基更指出，在线教育应该在教与学时空分离的情形下，重建教与学的关系，而教与学关系的重建必须通过基于媒介的人际交互来实现（丁新，2008）。

由上可见，在线教学不仅超越了传统教育理论的范畴，超越了远程教育交互理论、独立学习理论（丁兴富，2004），而且还推动产生了联通主义理论（王志军，陈丽，2015）、混合教育理论（毛军权，2020）。在线教学是“以学生为中心”，利用网络媒体技术，优化课程教学内容，改变课堂教学形式，增强教育教学效果，促进学生个性化发展为目的，将教师“教”、学生“学”、学校“管”融为一体的新型教育生态，向更加人性化、更加智能化的在线教育发展。

二、在线教学之发展现状

（一）国外在线教学发展

1. 美国高校在线教学

国外在线教学可分为大学提供和机构提供两类在线课程。按照学习者的不同，大学提供的在线课程又可以分为主要面向本校学生和面向世界范围的MOOCs课程（齐智敏，鲁琴，2017）。美国在线教学起步较早、机构数量众多、学员参与度高，有着深厚的过程积淀。除可汗学院外，美国真正意义上高等教育在线教学发端于以大学为主的远程教育，其典型代表是凤凰城大学和大峡谷大学。凤凰城大学通过互联网形式向学生提供学习服务，1989 年成为美国第一批被认可提供网络学位的教育学校。20 世纪末，美国私立教会大学、大峡谷大学开始了以开展网络高等学历教育为主的教学模式。2008 年，该校拥有本科、硕士和博士学位授予权，这些学位证书能够在美国通用。该校在高等学历教育领域成为商业模式的领头者，对于扩大在线教育高等学历教育的全球影响力具有标志性作用。2012 年被誉为“MOOC（慕课）元年”，也是世界高等教育发展史上重要的一年。同年，美国几乎所有顶尖大学陆续设立了网络培训学习平台，开始了全面性的网上免费课程，建立了在线教育全国体系。可以说，在线教学极大地促进了美国高等教育的发展。营利性大学是美国高等教育系统的重要组成部分，而盈利方式主要是收取学习者的学分学费。学生在营利性大学学习，修满规定的学分后，将被授予相应的学位，凤凰城大学仅教师就达 3.5 万名。

在线教学成为美国高校全球办学的重要依托，间接扩大了美国教育的全球影响和渗透力。近年来，美国在线教学呈现良好的发展趋势，突出表现在完全在线课程（full Online Course）和完全在线专业（full Online Program）两个方面。完全在线课程已被列入在校学生的教学计划。学生在选课时，除传统面授课程外，还需选择相当数量的完全在线教学课程，或者“面授+在线”结合的混合学习课程。哈佛大学向学生提供 900 门在线课程，哈佛大学继续教育学院（哈佛拓展学院）国际学生在线教学课程占到 10%。纽约州立大学奥尔伯尼分校向学生提供 192 门在线课程。换言之，在线教学课程不仅面向非在校学生，而且也面向在校学生，成为一种新的教学方式（毛军权，2020）。美国哈佛大学、康奈尔大学、密歇根大学等世界知名大学还针对中国不能赴美的国际学生在合作机构大学如清华大学、北京大学、上海交通大学等，进行美国大学的线上和线下课程或混合式教学。从国际上看，在线教学很可能是未来国际高等教育的有效途径。

2. 英国高校在线教学

英国在线教学发展紧跟美国，尤其在高等教育方面与美国基本保持一致，而且较美国获得了长远发展。其唯一不同之处是，在整体上英国在线教育发展历史比美国要长。自 20 世纪 90 年代以来，英国政府就十分重视在线教育，而且在该领域投入了大量的经费，为各高校教研室提供录像设施，利用网络、无线传输以及数据库等技术实现和传统面授教学在知识传输上的一致性。在教师面授的过程中，由摄影师将课堂教学的整个过程录制下来，然后对录制的视频进行整理，传至互联网上，满足学生全天候学习的需求。以英国公开大学（也称开放大学）为例，该校开通 Open Learn 在线教育网络平台，首次提供开放电子课件的平台。其提供的网络教育资源可以通过 CD 光盘、网络以及卫视广播等方式获取，而且很多教育资源都可以免费使用（冉兆春，2013）。英国在线教育具有以下鲜明的特点：高水平的师资队伍、完善的支持服务系统、学习方法灵活多样、高质量的课程教学和严格的质量标准。由于在线教育成本降低，英国很多知名院校逐渐引入虚拟的校园化管理平台，达成课程共享，提升资源的利用率。营利性大学是英国在线教育的最大市场。高校自己决定在线课程教学，对自己的课程、教学、评价等有关质量标准负责，学生选择课程之后会有一星期的试听课学习。学生选修在线课程，学习合格后就可以拿到证书。此外，还有一种提供技术服务的平台，如 School Jotter 是目前英国排名第一的学校网站建设者和在线平台，为英国上千所学校提供在线平台软件建设。

新冠肺炎疫情对于教育教学和日常管理是一次巨大挑战，但也激发了高校变中求进和改革发展的新动力。2020 年 4 月 24 日，清华大学与联合国教科文组织联合举办“全球大学特别对话：新冠肺炎疫情下的大学在线教育及展望”在线会议。英国剑桥大学校长杜思齐谈道，此前在线教育发展迅速，而新冠病毒大流行更加速了这一进程，并为大学开展更大规模的活动提供了机会。我们面临的挑战……来自学生充分接受教育所需的支持和资源，来自学生群体的多样性和他们所处的不同环境。本科生和研究生对在线教育有着不同的需求，不同国家和学科的学生也有各自的特殊需求，作为大学，我们必须满足这些需求。英国帝国理工学院校长爱丽丝·加斯特认为，在线教育不仅仅是将传统教学转移到网上，它要求我们从旧的教学范式转变为与数字化的功能和局限相匹配的新教学法。毫无疑问，这将对线下的传统教育产生不可逆的影响。我们正在做过去认为不可能的事，并且以飞快的速度推进。疫情使得高校传统教育模式发生了深刻变化。英国剑桥大学、牛津大学、伦敦大学学院、帝国理工学院、爱丁堡大学等30余所高校今年秋季开学将实行主要采取线上线下“混合”教学，大课线上、小课线下，所有课程都将被录音并上传至学校官网，以供学生下载观看，而且要求导师在网络平台办公为学生答疑解惑，确保学生的学习质量。英国高校向无法到校的国际学生提供在线教学支持，实现“阅洋”留学。

（二）中国在线教学发展

我国在线教学发端于中央广播电视大学（简称“中央电大”）。中央电大筹建于1978年2月，1979年2月6日正式开学，是教育部直属高校，包括中央电大、省级电大以及市县电大分校等教学点，是面向全国开展远程开放教育的新型高等学校。当初，该校主要面向高考落榜生或在职人士，运用广播、电视、文字教材、音像教材、计算机课件和网络等多种媒体实施高等教育（王开源，2009）。2012年6月，中央广播电视大学更名为“国家开放大学”（The Open University of China）（教发函〔2012〕103号）。由于陈旧的社会观念等原因，中央和省级广播电视大学发展受限，因其教学质量不高、学历认可度低等问题，难以撼动现有高等教育系统的主导地位，主要作为高等教育的补充（魏洁，赵文辉，2014）。互联网和多媒体技术的发展使得在线教学逐渐走向在线教育，从最初的远程单向“看视频”学习转向开放互动式学习。2003年，教育部下发《关于启动高等学校教学质量与教学改革工程精品课程建设工作的通知》（教高〔2003〕1号），启动了“精品课程建设工程”，计划在2003－2007年建设1500门国家级精品课程，利用现代化的教育信息技术手段将精品课程上网并免费向社会开放，最终评选出1139门国家级精品课程（李京京，2012）。“非典”结束，教育部加大了精品课程建设的力度，实施了国家精品课程（2010年）、精品开放课程（2011年）、精品视频公开课（2012年）、精品资源共享课（2012年）、精品在线开放课程（2018年）系列建设工程。课程建设的教学理念不断提升，从完整视频课程到知识点“微课”，从单向视听学习到互动参与交流，再到数据化管理等取得飞速发展，为2020年新冠肺炎疫情发生后“停课不停教，停课不停学”奠定了基础。

目前在线教学存在内容不成体系、互动交流不畅、教学监管不力、质量监管不够等不足，还难以成为一种正规的教育形式。不过，与传统课堂教学方式相比，在线教学具有效率高、方便、门槛低、教学资源丰富等特点。自2012年“大规模在线开放课程”（massive open online courses，MOOCs）的出现，以及课程教学理念的更新和互联网技术的不断发展，使得传统高等教育发生了巨大的变化。我国近年来的在线教学发展取得了令人瞩目的成绩。统计数据显示，2020年新冠肺炎疫情暴发后，在高等教育领域，全国1454所高校开展在线教学；103万教师在线开出了107万门课程，合计1226万门次课程；参加在线学习的大学生共计1775万人，合计23亿人次（截至2020年5月8日）。在此次疫情中，在线教学方式（在线教学平台、交互工具）表现得更为多样化。比如，据统计，超星泛雅（占38.75%）、中国大学MOOC（占19.63%）、雨课堂（占13.63%）、U校园平台（占11.13%）等四种教学平台占83.14%，成为学生主要使用的在线教学平台。采用的直播教学工具有QQ群直播、腾讯课堂、腾讯会议、钉钉、企业微信、ZOOM等，分别占39.63%、24.38%、20.88%、2.38%、1.56%、1.25%。很多高校发布了在线教学方案，采用MOOC、SPOC的教学方式，同时建立学生答疑群，辅助课程开设（冯增喜，于军琪，韦娜，等，2020）。华中师范大学主动变革，已经成立全国首个AI教育学部，利用“人工智能+师范教育”，打造“未来教师”职前培养、职后培训一体化人才培养体系。高等教育司司长指出，“融合了‘互联网+’‘智能+’技术的在线教学已经成为中国高等教育和世界高等教育的重要发展方向”，在线教学要从“新鲜感”向“新常态”转变（彭瑶，2020）。

三、在线教学的重新认识

（一）教学优先，技术赋能

在线教学是通过网络进行教学，可以随时随地的学习。其技术关键点在于模拟接近于真实的虚拟教室，教学手段可以通过网络教学、电子资源、视频共享、提问交流、在线讨论、知识社区、在线考试、数据分析等功能得以实现，具有交互性、实效性强，简明方便的课程安排等显著特征，其特点可以概括为5A模式（Anyone，Anytime，Anywhere，Anydevice，Anything），即任何人、任何时间、任何地点、任何设备、任何内容。在线教学有其自身的特性和运作规律，不能简单地被理解为直播课堂，还应该包括学习资源、辅导答疑、考察评价等教学环节，也可以采取直播、点播、自主学习等各种形式（汪波，2020）。直播、点播形式的在线学习仍然以教师授课和学生听课为主，师生互动有限，这种授课方式无异于将线下的教师讲授式的“满堂灌”搬到了线上，由“人灌”变成了“电灌”，其“以教为中心”的本质没有发生改变（余胜泉，王慧敏，2020）。正如北京大学计算机系教授李晓明所言，在线教学的含义远不限于慕课。教育主管部门应督促学校和教师把慕课开起来，提供一个真正的免费课程“大超市”。教师要拥抱技术，但不要迷信技术，要把主要精力集中在教学而非技术上（温才妃，2020）。高校管理者应运用在线课程管理系统，通过大数据强化过程与结果管理。李晓明教授始终认为，好的教学不在于选用了何种平台，使用了何种智慧教学工具，而在于是否为学生提供了优质的适合学习的资源，课程的整体教学模式的设计以及在于整个过程中学生学习能力的培养（徐卜一，胡岩，2020）。因为在线教学的发展，很大部分依赖于优质资源的共享，而且将受到几个方面的挑战：资源共享的可持续性、优质资源共享的现实可行性、优质资源的可接受性，以及如何满足不同利益主体的需要（毛军权，2020）。就在线教学本身而言，高校不仅要为师生搭建良好的网络平台，提供优质的课程资源，做好贴心的技术服务，更要激发教师的建课、创课的热情和积极性，因为优秀的教师能够吸引和影响一大批学习者。教学改革和教学质量最终依靠的力量是教师，只有教师的主观能动性发挥出来，学校的教育教学改革和教学质量才能有保障。值得注意的是，学校应强化对在线教学的管理，原因在于慕课直接影响到高校管理去行政化，若将管理权力交给网络媒体、平台机构，将在管控上存在极大的隐患，这一趋势从目前来看越来越明显。

（二）未来教育，质量监控

在线教学是未来教育的重要方式。教育是面向未来的事业，研判我国未来教育的发展趋势，对当下中国教育的发展有着极为重要的意义。第四次产业革命以云计算和人工智能为标志，对高等教育将产生极大的影响：信息技术在教育中应用更加广泛、教育培养目标转向能力培养为主、混合式学习更加普遍、学生的培养将更加个性化、学习更以学生为中心、教师的角色和作用将发生变化、学校的办学模式将发生改变、终身学习将成为人们的生活方式、教育对外交流与合作将进一步发展、民办教育将持续发展（鞠光宇，江虹，2018）。高校应立足未来教育，加强在线教学建设。在人才培养方面，要改变狭隘的专业化教育思维，着眼于学生未来的发展，以学生为中心，以未来岗位能力培养为中心；在课程管理方面，要建立更加开放的课程资源共享机制，打通线上与线下教学的界限，通过线上与线下“混合式”教学，鼓励教师把所有课程向所有学生开放；在学分管理方面，要完善学分制管理制度，压缩结构化课程的学习时间，释放更多非结构化课程学习时空。在教学评价方面，要通过大数据分析等技术，更新和完善学业评价系统，凸显学生非结构化课程学习，并纳入学业成绩和成长记录。因此，高校未来在课程教学方面应突破传统，以学科知识为中心、以课堂为中心，转向以学生学习兴趣、爱好为中心，要以未来岗位能力需求为导向，基于自我发展和创新创业的非结构化学习。2020 年 4 月 24 日，清华大学与联合国教科文组织联合举办“全球大学特别对话：新冠肺炎疫情下的大学在线教育及展望”在线会议。清华大学校长邱勇指出，要让教师获得在线“教”的能力，让学生获得在线“学”的机会；始终要将教育教学质量放在第一位；通过发展融合教育，进一步促进教育公平。英国剑桥大学校长杜思齐认为，教育不仅仅是教学和评估。从入学、教学、学习、辅导和评估，到职业咨询、毕业、社交和社交活动等，每一份体验都是学生对大学的期望（清华大学，2020）。后疫情时代，高校将面临教育理念、教学平台、教学方式、教学关系的全面变革。可以说，史上最大规模在线教学正在重新定义“大学形态”，信息技术与教育信息技术的演进，将促进“互联网+教育”走向“教联网”时代。在线教学从教学价值看，要以“学生”为根本；从师生关系看，要增加师生互动；从管理理念看，要提高教师的综合素质；从质量监控看，要强化过程与结果管理。因此，在线教学是未来社会发展的必由之路，也是未来教育的归属。

四、结语

在线教学是工业革命到信息发展的产物，是家庭教育、学校教育、社会教育的起点，也是未来教育的重要发展方向。在线教学发端于国外，但在我国得到了蓬勃发展。在教育信息化、人工智能、大数据时代发展趋势下，高校采用在线教学，改变了学生的学习方式和教师的授课模式，推进了多媒体技术课程教学改革，提高了高校教学水平与质量。新冠病毒大流行对教育的影响非常重大。面向未来和“后疫情时代”，高校应变革人才培养理念，充分运用现代教育技术，采用线上线下“混合式”教学，满足学生个性化学习需求，提升课堂教育教学效率，提升教师教育教学水平。

参考文献：

[1] 顾明远. 教育大辞典（增订合编本）[M]. 上海：上海教育出版社，1998.

[2] 王道俊，王汉澜. 教育学（新编本）[M]. 北京：人民教育出版社，1999.

[3] 李秉德. 教学论 [M]. 北京：人民教育出版社，2001.

[4] Bruner J S. Toward a theory of instruction [M]. Cambridge，MA：The Belknap Press of Harvard University Press，1966.

[5] 董远骞，张定璋，裴文敏. 教学论 [M]. 杭州：浙江教育出版社，1984.

[6] 王策三. 教学论稿 [M]. 北京：人民教育出版社，2005.

[7] 汪波. "停课不停学"背景下在线教学引发的教育信息化工作思考 [J]. 中国教育信息化，2020 (15)：55-57.

[8] 刘振天，刘强. 在线教学如何助力高校课堂革命？——疫情之下大规模在线教学行动的理性认知 [J]. 华东师范大学学报（教育科学版），2020 (7)：31-41.

[9] Glass C R. Self-expression，social roles，and faculty members' attitudes towards online teaching [J]. Innovative Higher Education，2017 (3)：239-252.

[10] 薛成龙，郭瀛霞. 高校线上教学改革转向及应对策略 [J]. 华东师范大学学报（教育科学版），2020 (7)：31-41.

[11] 丁新. 国际化视野下的远程教育基本理论框架——德斯蒙德·基更《远程教育基础》中文第二版阐释 [J]. 现代远程教育研究，2008 (2)：8-10.

[12] 丁兴富. 远程教育学 [M]. 北京：北京师范大学出版社，2004.

[13] 王志军，陈丽. 联通主义学习的教学交互理论模型建构研究 [J]. 开放教育研究，2015 (5)：25-34.

[14] 毛军权. 在线教学的未来发展：动向、反思与行动 [J]. 中国电化教育，2020 (8)：27-32.

[15] 齐智敏，鲁琴. 国外在线教学网站教学资源研究 [J]. 计算机教育，2017 (6)：126-130.

[16] 冉兆春. 英国在线教育发展特色及启示 [J]. 教育与职业，2013 (22)：106-107.

[17] 王开源. 高校现代远程教育的发展现状分析与探讨 [J]. 中国科技信息，2009 (6)：242.

[18] 魏洁，赵文辉. 论在线教育的发展对我国高等教育改革的启示 [J]. 长治学院学报，2014 (6)：116-118.

[19] 李京京. 网络公开课的发展历程及其对高等教育的影响 [J]. 中国电力教育，2012 (34)：3-4.

[20] 冯增喜，于军琪，韦娜，等. 新冠病毒疫情期间网络在线教学实践与思考 [J]. 教育教学论坛，2020 (17)：338-339.

[21] 彭瑶. 疫情期间 1775 万大学生在线学习 [EB/OL]. (2020-05-14) [2020-10-09]. http://news.china.com.cn/txt/2020-05/14/content_76044578.htm

[22] 余胜泉，王慧敏. 如何在疫情等极端环境下更好地组织在线学习 [J]. 中国电化教学，2020 (5)：6－14.

[23] 温才妃. 北京大学计算机系教授李晓明：在线教学的含义远不限于慕课 [N]. 中国科学报，2020－02－18 (07).

[24] 徐卜一，胡岩. 面向在线教学的课程资源及教学模式设计 [J]. 教育教学论坛，2020 (43)：202－203.

[25] 鞠光宇，江虹. 中国未来教育发展趋势浅析 [EB/OL]. (2018－02－1) [2020－10－08] http://edu. people. com. cn/n1/2018/0201/c1053－29800860. html.

[26] 清华大学. 新冠肺炎疫情下的大学在线教育及展望 [EB/OL]. (2020－05－26) [2020－04－26] https://news. eol. cn/news/dongtai/202004/t20200426 _ 1723536. shtml.

高校新任教师在线教学中的“堵”与“疏”

◎ 徐竹君[①]

为降低疫情对教育教学的影响，各地高校纷纷开展以网络为媒介的在线教学，顺利完成了居家上课的教学任务。然而，在师生积极开展在线教学的过程中，处于“生存关注阶段”的高校新手教师却因“在线模式认可慢”“共享资源选择慢”“有效互动获取慢”“教学效果反馈慢”等，造成在线教学严重“堵车”的现象。针对这些问题，研究者提出“增强教学主导与自我更新意识”“分专业创建共享与指导平台”“关注教学互动中的学生主体性”“树立典型与加强督导结合”等“疏导”对策，尝试缓解他们在线教学中的各类“堵车”问题。

2020年初，一场突如其来的新冠肺炎疫情席卷全球。为降低疫情对教育教学工作的影响，响应教育部“停课不停学”的要求，全国高校师生开启了以网络为媒介的在线教学活动，全面实现了居家上课的设想。一方面，处于“生存关注阶段”的高校新任教师，由于缺少内在发展动机与外在系统监督，在实际教学活动中表现出教学热情不断转向、教学设计囫囵吞枣、教学互动删繁就简及教学反思可有可无等现状。另一方面，新任教师的“年轻化”和“可塑性”却也成为推动和发展学校在线教学的契机。他们使用互联网的频率较高，学习新技术的速度较快，对资源的搜索与获取能够找到较广泛的途径且学习能力较强。可以说，在线教学对于新任教师来说既是一场机遇，也是一场挑战。

---

① 作者简介：徐竹君，女，四川乐山人，乐山师范学院教师教育学院专任教师，研究方向：小学教育、教师教育。

一、高校新任教师在线教学的“堵车”之状

从“自我更新”的取向来看，新任教师往往处于“生存关注”阶段，表现出强烈的自我专业发展忧患意识，特别关注专业活动中的“生存”技能，例如基本知识与技能的掌握。受疫情的影响，开展远程在线教学的新任教师不仅表现出“生存关注”阶段的一般特征，还因客观条件的限制与主观能动的削弱在教学态度、教学设计、课堂互动与管理、教学反馈等方面表现出一些“越行越难”的特点，呈现出在线教学的“堵车”之状。

（一）“不断转向”的教学热情

为响应教育部“停课不停教，停课不停学”的号召，各高校随之纷纷组织起全校性的网络在线教学活动。“在线教学”一词一时间成为新任教师们谈论的热点话题，除了在线教学模式带来的新鲜感，如何选择教学资源、教学平台与教学工具也成了新任教师们前期讨论和思考的重要问题，他们积极尝试在不同平台开展教学活动、学习录制微课视频、收集电子教材及课程资源等。此外，随着学校网络教学培训的开展与平台引进，教师们逐渐找到了适合自己课程的教学资源与平台，例如超星学习通、学银在线、中国大学 MOOC、爱课程等，并开始实施在线教学，其关注热情逐渐从教学平台与工具的选择转向了“十八线在线主播”的课堂实际教学中来。但随着在线教学活动的进行，新任教师们又很快对“十八线主播”这一角色产生了习惯与认同，教师们的教学热情也逐渐趋于平淡。尽管在教育教学过程中存在着诸如“学生参与度低”“教学资源配套程度低”等许多问题，但是新任教师受“生存关注”特征的制约，往往难以开展革新与改进，难以对在线教学中的种种问题及时作出反应。因此，他们的教学热情也随着时间的推进不断衰减。

（二）“囫囵吞枣”的教学设计

研究者一般将教师专业发展分为三个阶段，即新手—熟手—专家。本研究所关注的新任教师是指毕业后直接进入高校任教的专任教师。在新任教师这一阶段他们往往表现出缺乏教学经验、努力适应生存等特征，因而在面对新环境，处理新问题时首先会考虑最直接、便捷的解决方案，尽管可能不是最佳方案。因此，无论是在参与学校组织的在线教学培训前或培训后，新任教师往往会首先选择使用学校提供的教学平台，利用现有的教学资源在该平台上完成资

源包建课、签到、课堂互动、作业布置等教学与管理工作，与此同时配合QQ或微信等常用聊天软件完善管理与互动。而由于教学平台已经能够提供教学所需的主要资源，新任教师往往较少对所教课程展开深入学习和研究，对课程在教学时数、教学重难点、内容逻辑等方面的整体思考与设计较少，甚至更少的教师会选择完全依靠自己准备的课程材料进行录课或直播。这种囫囵吞枣式的教学设计反映出新任教师在面对在线教学时更侧重“基本求生”而非抓住变革机会“积极提升”。

（三）“删繁就简”的管理与互动

以“自由”为特征的开放性网络教学，很大程度上降低了教师开展教学与管理工作的计划性与有序性。在线教学期间，尽管新任教师们根据课程需要选择了不同的教学平台与工具作为教学支持，但是与面授式教学相比，其互动与管理效果却大打折扣。限于新任教师自身经验的不足、学生网络质量的不稳定以及在线教学的难监管，新任教师在教学互动上表现出互动频率低、互动质量不高、互动效果不理想等特征，具体表现为教师提问后作出回答的学生数量少、回复速度慢、回复内容缺乏个人思考。另外，在教学管理方面除签到、签退以外，新任教师较少对课堂教学中的学生予以过程性监督，一些学生签到后就下线、未下课就撤退的现象屡见不鲜。因而，许多新教师随着在线教学工作的开展在互动与管理方面“步步退让”，出现了改课堂讨论为课下讨论、减少课堂提问、降低互动要求、签到与作业完成时间不断延长等现象。除此之外，实践为主的教学活动不得不改为理论的学习与技术的讲解，或者布置课程相关的学习任务让学生自主开展研究学习。

（四）“可有可无”的教学反思

教学反思作为教师专业发展中的重要手段，是新任教师快速、有效提高教学能力的主要途径。教学反思一般包含教师对教学效果的反思、对自己与他人教学差距的反思、对教学评价的反思等。在线教学期间，由于缺乏外在指导监督以及对教学反思的认识不足，尽管一部分新任教师在线教学期间会根据实际教学情况对原有的教学计划、教学平台或教学工具进行部分调整，例如有的老师因网络卡顿更换教学平台，有的老师不得不将教学内容从实践操作改为理论研究，有的老师根据学生的学习现状及其效果补充教学工具等，但他们却较难做到持续、全面、系统、深刻的教学反思，更多新任教师仍然停留在以完成教学任务为首要目标的阶段。另外，在线教学期间，新任教师参与听课学习或教学研讨的机会大大减少，随之也减少了他们开展差距反思的机会，在一定程度上降低了新任教师在专业成长方面的热情与动力，让教学反思变得可有可无。

二、高校新任教师在线教学的“堵车”之由

网络教学作为未来教育不可或缺的一种教学模式，因疫情影响提前成了当下开展教学工作的重要手段，但与此同时也给新任教师的教学与管理工作带来了前所未有的挑战。基于对现状的考查，研究从个人认知、专业指导、教学媒介、内外监督方面分析其在线教学中“堵车”的原因。

（一）缺少深度认知，在线模式认可慢

新任教师对在线教学模式认可慢并不意味着他们否认在线教学的优势与必然，相反，他们一开始表现出极大的热情并乐于尝试，例如，有的新教师在听到学校即将组织在线教学时谈道：“在线教学对于我来说比较新奇，比较期待，这是一个很好的尝试。”但另外由于新教师始终以满足“生存”的基本需求为首要目的，且在学习与实践中已形成较为稳定的教学行为和教学方式，他们对在线教学的了解与认识主要通过新闻报道、经验分享以及学校在线教学培训课程获得，缺乏对“什么是在线教学”“为什么开展在线教学”和“怎样开展在线教学”系统、深入的学习和认知，因而较少对在线教学的深刻内涵、在线课程建设的必要性和在线教学的高效操作进行主动探索和系统研究，选择在既定安全区域中寻找教学的舒适圈。同时，由于新任教师对在线教学深度认知的缺乏，也加重了原本因教学经验的不足而产生的不自信，使得他们尽可能地选择使用教学平台中的已有资源，避免自主建课和录课，减少师生互动环节。可见，在线教学对大多数新任教师来说只是一种外在的、形式化的、被动使用的教学模式，这也成了新教师在线教学实施过程中产生“堵车”问题的根源。

（二）缺少专业指导，教学资源选择慢

为解决网络教学给教师带来的各种挑战，学校积极组织教师开展网络教学培训、引进教学平台、提供技术保障。但这些支持却较少关注新教师对专业课程在教学与管理工作方面的不自信与无主见，难以从实践层面解决新任教师由于教学经验缺乏而带来的教学资源选择的纠结与课堂教学设计的盲从。具体而言，大多数新任教师对所授课程、教材、教学计划、学生情况等不够熟悉，加之教学模式的转变以及缺乏本专业或课程资深教师的指导，他们较难从信息的

海洋中选择适合本专业、本课程和教育对象的学习资料。与此同时，疫情反复不定使得各地高校开学时间一推再推，受教学模式的影响新教师在制订教学计划、安排教学进度的灵活性上表现较差，对所授课程的整体设计也显得不够积极，出现了完全“借用”平台资源的课程上课的现象，缺乏对课程整体逻辑结构的思考与教学设计。总之，由于缺乏从专业层面的对口指导，缺乏教学实施中的过程性指导，多数新任教师陷入了对教学资源选择纠结、对教学计划整体把握混乱的困境，在网络教学中只能“摸着石头过河”。

（三）缺乏有效媒介，课堂互动获取慢

在开放性的网络教学中，学生获得了更多的交往与选择的自由，特别是在师生关系方面，突破了统一时空的面对面交互。但也正因如此，这种不受限制的交往模式在一定程度上打破了教师教学与管理的计划性与有序性。通过与部分新任教师的交流了解到，许多教师认为在线教学期间遇到最大的困难就是师生互动，在线教学在很大程度上限制了新任教师对学生的及时了解与管理。在对比在线教育与面授式教学的区别时，他们提到“在线教学难以掌控学生听课的状态和学习情况”“有的学生反映网络差，不能及时获取反馈信息”“难开展讨论等互动活动，无法了解学生学习的真实状态”“网络教学拉开师生距离，缺乏面授教学的人情味”。当然，也有极少教师认为“如果平台方便互动，基本没有差别”。基于此，可以发现师生间难以获取有效互动的原因主要来自四个方面：其一，新任教师互动方法较单一，互动内容与互动方式缺乏设计；其二，学生在线学习的积极性不高，自主性较差；其三，网络或教学平台难以支持教师开展课堂互动与管理；其四，师生关系仅靠教师一方维持，在线模式使得师生互动缺少“人情味”，学生与教师联系度较差。

（四）缺少内外监督，教学反思跟进慢

教学反思是新任教师教学成长中的关键内容，波斯纳提出的“经验+反思=成长”与林崇德提出的“优秀教师=教学过程+反思”两个有关教师专业成长的公式，充分阐释了教学反思对于提高教学质量，促进教师专业成长的重要作用。在线教学期间，限于人力物力等方面的原因，在前期的教学工作中，学校对网络教学培训、平台引进、提供技术保障的关注与投入较多，而信息收集与反馈工作却稍显欠缺，大多数反馈工作仅限于对日常教学数据的统计，而非对教师教学实施过程的深入考察与评估，缺乏对教师教学工作开展情况的督查与反馈。另外，就新任教师本身而言，在从事教学工作初期，其对自身教学行

为进行教学反思的意识淡薄，自我监督和自我审视能力较弱，教学反思呈现出方法单一、内容随意、反思错位等特征，难以主动、系统、深入地开展教学反思，进一步造成他们在线教学期间“教学反思跟进慢”这一问题。

三、高校新任教师在线教学的“疏导”之策

尽管“不得已而为之”的在线教学给新任教师们带来了许多的新挑战，但是这也是新任教师提升教师信息素养和信息化教学能力，深化学校课堂教学改革，提升教学质量和水平的新机遇。为解决在线教学中的种种“堵车”问题，需要从教学意识、教学平台、互动设计、督导反馈等方面寻求疏导之策。

（一）增强教学主导与自我更新意识

教师作为教的主体，在教学活动中应当充分发挥其主导作用。然而，在线教学期间，一些新教师由于对自身教学能力的不自信、对课程缺乏整体设计以及课堂互动困难等问题，将大部分教学时间安排为学生自主开展视频学习，剩下的小部分时间为师生互动或作业时间，缺少对学生学习活动的过程性指导，由此导致学生难以在互动中体会到收获感与提升感，流于表层的教学互动难以真正发挥“启发诱导”的作用。由此可见，在线教学中，教师应当以“讲授”作为教学的主要形式，充分发挥其教学主导的作用，关注学生的学习过程，减少只看视频不升华、只提问题不反馈、只看结果不看过程的现象。此外，作为教学活动的主导者，教师不仅需要传道、授业、解惑，更需要发挥其激发学生创新意识、培养适应社会的学习型人才的重要价值。因此，在学习范围不断扩大、学习内容不断增多的网络教育时代，利用在线教学的重要契机，新教师更加需要拥有自我更新意识，积极参与学校组织的各类网络教学培训课程，主动利用开放的在线平台切实掌握如何做好教学准备、如何做好教学设计、如何有效组织课堂教学等，提升自己的教学能力，不断拓展知识的广度与深度。

（二）分专业创建共享与指导平台

近年来，我国高校青年教师的指导、听评课、评教制度不断完善，特别是“导师制”的提出与实施进一步细化了高校对新任教师的指导与反馈。然而，在网络教学期间，由于教学模式的改变，各类反馈机制实际作用弱化，甚至有的评价与反馈环节缺失，这使得新任教师们更加需要及时、有效地专业对口指导，帮助他们快速检索信息、选择适合的教学资源、及时反思与调整课程与教

学。因此，有必要分专业创建资源共享与专业指导平台，改变新任教师纠结、迷茫、摸索前进的现状。具体而言，一方面，分专业建立资源共享平台，公共类课程可按课程门类创建，将同一个专业或同一门课程的新老教师拉进同一联系群，以周为单位及时分享教学计划、教学平台与教学工具的选择、教学方法与教学手段、教学效果与教学反思等，为新任教师提供经验参考，并且有助于监督和促进新任教师提高教学能力；另一方面，继续深化高校“导师制”，学院安排的教学类指导教师应当帮助新教师正确理解在线教学的必要性与价值，指导新教师适时调整教学计划、因材施教、因时施教，参与新教师在线课程教学，继续开展听课评课工作，加强评价反馈，发挥教学导师对新任教师教学与管理工作的指导与监督作用。

（三）关注教学互动中的学生主体性

一直以来，学生被认为是学习活动的主体。在网络教育中，青年学生作为网络文化的实践者，在扮演了信息消费者角色的同时也充当了信息生产者的角色。在此功能的执行中，凸显了学生作为网络文化中的教育主体的存在（唐智松，2004）。首先，在线教学期间，单纯以信息平台为支撑所构建的课程脱离了对学生需要的关注，难以根据学生的实际情况调整课程设计，难以满足学生对学习材料的选择性；其次，以自主讨论的方式简化师生互动，忽视了对学生思想动态变化的关注，从学生参与讨论的质量上看，大多数学生的回答仅停留在对知识点的复述上，难以在教师的引导下进一步思考和创造；最后，完全以教师自我经验衡量教学效果，缺乏对学生学习体验的关注，难以公正客观地了解教学活动的最终效果。基于此，新任教师应该充分发挥学生在网络教育活动中的主体作用，精心设计教学内容与互动环节，注重互动中的“启发”与“追问”，激发学生学习的能动性与创造性；在教学资源的选择方面，除提供电子教材，还应根据课程内容的变化提供多样化的参考书、文档、视频、实际案例等材料，拓宽学习视野，丰富课堂教学内容；教师还应当主动与学生沟通，了解学生的学习需求与学习效果，及时作出相应调整。

（四）树立典型与加强督导结合

新任教师在教学过程中要避免根据自身主观上的感觉进行的反思行为，判断其教学效果是否达到预期和改进教学行为的关键在于其他群体的反馈。而在线教学期间，高校为了迅速推进在线教学工作，往往将大部分精力投入对新任教师在线教学基本能力的培养与对学生参与学习情况的基础管理上，日常的教学督导工作相比而言变得简单化。一方面，教学督导权下放至学院，由学院安排抽查；另一方面，参与听评课的教师更加关注教学环节是否完整、教学进度是否合适、教学方法是否多样，较难保持对新任教师教学状态、教学内容、互动过程的持续关注。因此，学校应当加强对新任教师日常在线教学工作的督导，通过随机抽查课堂出勤情况、定期收集教师、学生评教信息等方式督促新任教师开展阶段反思，提高在线教学能力；同时，学院除了做好对新任教师教学督导工作之外，应针对新任教师开展在线教学的实际情况，适时组织在线教学研讨活动，从学科专业角度促进新任教师教学能力的进一步提升。此外，还应通过对优秀教师在线教学期间典型事迹的宣传，为新任教师提供丰富的在线教学案例，发挥榜样的力量，引导新任教师主动学习和借鉴有效的教学平台、教学资源、教学方法等。

四、结语

虽然网络在线教学给高校新任教师带来了众多“堵车”问题，但是这也成为新任教师提升教师信息素养和信息化教学能力、深化学校课堂教学改革、提升教学质量和水平的新机遇。因此，高校新任教师需抓住这一契机转变传统教学观念，积极参与在线教学工作的培训与实践，基于学生主体需求进行教学设计与反思，不断推进自身专业发展。

参考文献：

[1] 杨忠. 与初任教师谈教育科研 [J]. 中国教师，2010 (4)：23-25.

[2] 唐智松. 自由与自制——论网络文化中的主体性教育 [M]. 北京：中国社会出版社，2004.

高校“停课不停学”在线教学有效策略的探讨

◎ 牛雪梅[①]

突发的新冠肺炎疫情给中国的高等教育带来了前所未有的挑战，也给全国各高校的常规教学工作带来了巨大挑战，这无疑在催促高校对如何开展教学工作进行思考和有效应对。为确保各高校在疫情期间顺利开展在线教学、保证在线教学质量，落实教育部“停课不停教，停课不停学”的号召，本文将从分析疫情防控期间高校在线教学面临的问题和解决问题的有效应对策略进行阐述。

2020 年伊始，新冠肺炎疫情改变了人们的生活和活动轨迹，也使得各个系统都面临前所未有的挑战。就教育系统而言，学生流动性最大的高校的处境则更加艰难。1 月 27 日，教育部发布了《教育部关于 2020 年春季学期延期开学的通知》，特别要求返乡学生不得提前返校，并且号召利用网络平台，保证“停课不停学”。

一、特殊时刻全力应对，但仍有困难

为全面抗击快速扩散的新冠肺炎疫情，阻断疫情向校园蔓延，确保师生生命安全和身体健康，2020 年 1 月 27 日，教育部印发《教育部关于 2020 年春季学期延期开学的通知》，要求部属各高等学校、地方所属院校、中小学校、幼儿园等学校适当推迟 2020 年春季学期开学时间，春节返乡学生未经学校批准不要提前返校（教育部，2020）；为解决延期开学后的学生学习问题，1 月 29 日教育部发出提议，各级教育部门和学校通力协作、利用网络平台，结合“互联网+教育”的重要成果开展“停课不停学”（教育部，2020）；为应对疫情对高校的正常开学和课堂教学造成的影响，2 月 4 日，教育部发布指导意

① 作者简介：牛雪梅，女，甘肃天水人，教育学硕士，研究方向：高等教育、特殊教育。

见：要求各高校充分利用资源积极开展在线教学活动，保证疫情防控期间教学进度和教学质量，实现“停课不停教，停课不停学”（教育部，2020）。随后，各省教育厅制定并发布指导意见，各高校为保障教学秩序有条不紊、教学质量不降标准，按照部、省两级指导意见并结合校情制定实施方案，严密部署“停课不停教，停课不停学”工作。这一特殊时刻的特殊教学模式为各高校的教学运行带来了不少挑战，各高校因其自身特点在实施过程中也确实出现了一系列问题。

二、疫情下各高校在线教学存在的问题

（一）应急性的在线教学使教学质量退居次位

高校在全区域、全覆盖、全方位地实现“停课不停教，停课不停学”在线教学的过程中带有明显的应急性，从而使得保证每个学生不落课成为首要，教学质量的保证退居次位。

（1）有不少教师已提前规划、设计好本该以传统课堂模式进行的教学内容，由于突发的疫情不得不改变教学模式，随之而来的是教学内容的重新选择和设计，例如实验、实践部分的教学内容只能暂时取消，待全面返校复课后再开展。因而短时间备课的不充分和网络教学新手段的不适应很可能使得教学效果打折扣。

（2）高校生源来源广泛，家庭环境不尽相同，有不少学生因其硬件如电脑、手机配置和网速等的限制，导致他们不能有效参与到在线直播课堂的学习中。还有学生因特殊情况请假无法上直播课，有的直播软件不支持回放等情况使得不少教师选择了直播+录制课程的授课方式，工作量的加大使得保证教学质量不再成为首要任务。

（二）技术和内容的滞后性阻碍在线教学的顺利进行

线上、线上+线下等教学模式给不少老师带来了新挑战。尽管自 2012 年以来，作为以打破教育的时空界限、学校的围墙限制，和颠覆大学课堂传统的教与学方式为特征的互联网和高等教育结合的产物——在线开放课程迅速兴起，但仍有不少老师没有接触过线上课程的制作。根据《中国慕课宣言》，截至 2019 年 4 月全国约有 12500 门慕课上线（高等教育司，2019）。据教育部统计，2019 年全国普通高等学校共 2688 所（含独立学院 257 所）（教育部，

2019)，平均一个学校有 4.5 门慕课上线，这充分表明有很大一部分高校教师没有在线课程制作的相关经验，技术问题成了老师们上好网络课程的拦路虎。疫情防控期间人人居家隔离，录课、剪辑等技术只能靠自学，从技术习得到转为正确、熟练应用无疑不能达到在线教学顺利进行的紧急要求。2013 年在线课程建设开始起步，几年前的精品课程内容都没有修订过，很多课程内容与当前社会的发展相脱节，内容的滞后性让教学效果大打折扣。

（三）优质网络课程资源的稀缺性

目前，教育部组织 22 个在线课程平台免费开放在线课程 24000 余门，覆盖了本科 12 个学科门类、专科高职 18 个专业大类，免费提供 2000 余门虚拟仿真实验课程资源（教育部，2020）。优质的网络课程资源可以为学生提供优质的教学内容和服务，教师也可借助此载体既让学生掌握课程基础知识又可节约不少时间和精力，从而为更细致地向学生提供重难点知识讲解、知识扩展提供可能性。

但在实际实施过程中，一部分教师面临优质网络课程资源不充足、选择性小的情况，另一部分老师则面临搜索遍各大课程平台全无课程资源可参考的难题。加之有些课程性质特殊、教学内容抽象难懂，讲解之时需辅以丰富的案例和实物展示，这就给顺利推进在线教学带来了极大的挑战。有研究指出，优质网络课程资源发展是不均衡的，不同学生对课程资源量、网站功能、运行稳定性方面的满意度存在显著性差异（牛英华，秦立栓，郑丽，2015）。的确，优质网络课程资源的稀缺使得部分课程在线教学的进行难上加难。

（四）在线教学的局限性

我国推行在线课程建设工作已八年有余，网络课程和在线教学打破了传统课堂教学模式的壁垒，使得各类学习者可以不受空间、时间的限制，不论基础的薄弱都可以灵活、多变地结合自身需求，随时随地扩充知识、提升自我，极大地促进了国民的素质发展，加快了我国文明社会的建设步伐。但在实施过程中，在线教学也显露出一定的局限性。

（1）在线教学还带有传统课堂教学模式的影子，虽已借助多种课程平台实现了教学内容的线上传授，但课后作业、期末考试等教学环节都很大程度上依赖于教材等实物载体。学生在规定的时间内参与在线课堂、完成学习任务等都只是把课堂教学的模式搬到网络上进行，其内涵并未得到扩展。

（2）实验课、实践课没办法在线上开展，只能将其延后，待返校复课后再开展，这无疑给学生课程进行的推进造成了阻碍，如若未能及时调整课程安排，在可行的基础上着眼整体课程安排调换其他可在线上开展的课程，势必影响到此学期和下学期的课程进度，影响学生的学习效果。

（3）疫情使得原本平稳推进的教育教学改革急速进行，线上教学运行机制尚未成熟，各高校在开展线上课程的教学质量监督时显得茫然无措、无从下手，因而线上教学督导工作也未能有效开展，这使得在线教学质量难以保证，教师的责任心和教学技能完全决定了教学质量。

（4）无法面对面的教授使得实时掌握学生的学习状况成了老师们普遍面临的难题，这也是对学生自制力和自学能力的一大考验。为了能在在线教学过程中留着学生的“心”，老师们尽显神通，随机提问、增加互动等方式无疑减慢了教学进程。在线教学新模式使得授课教师面临既要保证课程内容如期推进又要确保教学效果不打折扣的双重难题。

三、疫情下高校在线教学的有效应对策略

（一）了解在线教学需求、加强技术培训

在教育部发出通知，高校学生暂不返校，保证“停课不停学”的要求下，各高校纷纷积极应对、周密部署在线教学工作。厦门大学教师发展中心开展的疫情期间高校教师线上教学调查报告显示，在参与调查的 5443 名教师中，有 4331 人在疫情之前未展开过线上教学教师，占调查总人数的 79.57%（全国高等学校质量保障机构联盟，2020），技术问题成了开展在线教学的首要难题。

首先，高校教务部门应及时了解教师的在线教学需求，加强技术培训，保证在线教学能按时、顺利落实。在培训之前教务部门应及时了解教师需求，搭建交流平台，针对不同技术问题，联合在线教学平台公司，对症服务，分门别类地开展翔实的技术培训工作。

其次，动员校内各级在线课程负责人及其课程团队成员，发扬其精品课程的示范、引领作用为其他无经验的老师提供帮助，从个人助个人，再由个人指导课程组或教研室，再从教研室到教学院全体教师，以点带面、逐层帮扶，确保自从学校—课程组—教师全线贯通，每位任课教师都能在有限时间内掌握操作技术、独立开展在线教学，进而为提升在线教学质量奠定基础。

（二）纵横协力、完善支持体系

在突发的重大公共卫生安全事件的干扰下，为实现“停课不停教”目的，高校各级要上下贯通、纵横协力，完善对在线教学的支持体系，保证在线教学的顺利进行。

纵向支持由学校层面统筹规划，成立疫情防控期间教学管理工作指导中心，设立教师技术能力培训小组、网络保障小组、在线教学运行小组、教学督导小组等，各小组各司其职、协力共进，做好在线教学开展的全方位贯通的支持系统。

横向支持系统以教学院为责任主体，在教研室、课程组、教师个体之间、班集体、学生之间形成师师互帮、生生协助、师生共进的良好局面。充分发挥教研组、课程组的团队优势和骨干教师的引领辐射作用，通过线上集体教研，精心设计课程和教学活动，提高学生在线学习的参与度；教师可在班集体内设立线上学习小组，鼓励学生以小组形式开展研讨和共同完成学习任务，既可提升学生的学习效果，又能让学生们互相帮助、互相监督，杜绝一些学生因自制力不够而惰于完成学习任务的情况。

（三）系统整合资源、加快在线教学资源建设

一门在线教学的大学课程，其典型的计划、准备和开发时间为 6～9 个月。在短期内准备的线上教学，其课程教学内容的组织和设计、教学手段的选择、教学进度的安排等都会因缺少对在线教学的正确认识而粗糙上演，势必会影响教学效果。为更好地帮助教师开展在线教学，避免在线课程资源选择和课程设计的随意性，学校和教师应改变对在线教学的应急性思维，从教学进度的整体安排出发，系统设计在线教学课程和返校复课后课程的衔接，在可行的基础上用后期适合于开展在线教学的课程替换当前无法在网络上开展教学的课程，避免时间的浪费和教学效果的不理想。

此外，鼓励和加强教师利用此次开展在线教学的机会，精心安排和设计教学，并为之提供技术和资金支持，在校内开展一批优质在线教学资源的建设工作，使在线教学从目前的普遍化向常态化迈进，在加快学校教育教学模式改革步调的基础上，建设出一批优质的在线教学资源，促进学校教学质量的整体提升。

（四）建立在线教学质量监督和考核机制

在线教学不同于传统的线下课程，其质量监督机制的不完善使得高校在监督在线教学质量方面显得信心不足、无能为力，教学质量绝大程度上依赖于教师个人能力和责任心。高校可利用网络搭建在线教学质量监督途径，完善教学质量监督机制。在教学监督过程中增设学生督导员，学校督导、学生督导员多方评价，并通过查课、调研、网络教学平台后台数据等方式进行质量监控，及时、准确、全面地掌握在线教学动态，推动在线教学质量监督的全面性和准确性，及时反馈给相关学院和教师，使之及时做出整改，以保障在线教学的质量。

另外，因开展在线教学设计环节众多，无形中大大增加了教师们的工作量，这也间接使得教学质量的保证不再成为首要目标，如期、按量完成教学任务变成了第一任务。因此有必要根据各高校自身情况建立在线教学考核机制，明确在线教学的任务要求、考核指标、考核标准、考核方法、奖惩措施等细化内容，并及时传达给每位承担在线教学的任课教师，使教师们意识到在线教学的重要性，改变在线教学的应急观念，提高对在线教学的责任心。

四、结语

高校落实“停课不停教，停课不停学”号召，实行在线教学实则是在特殊情况下既保护师生身心健康又确保教学正常推进的应急之举，在实施过程中教师和学生收获了很多益处。但在疫情防控期间开展在线教学的应急性质使得教学质量的保证成为难题，网络资源内容和技术习得的滞后性、个别课程稀缺的网络教学资源和在线教学本身的局限性等都给开展在线教学带来了不少的难题。针对上述问题，高校应厘清在线教学的真正内涵，明确在线教学和线下传统教学的根本区别，在采取有效应对策略解决问题的基础上，大力推进在线教学的常态化、优质化，探索出一条具有校本特色的在线教学模式改革之路。

参考文献：

[1] 教育部．教育部关于 2020 春季学期延期开学的通知［EB/OL］．（2020－01－27）［2020－07－08］．http://www.moe.gov.cn/jyb_xwfb/gzdt_gzdt/s5987/202001/t20200127_416672.html.

[2] 教育部．利用网络平台，“停课不停学”［EB/OL］．（2020－01－29）［2020－07－08］．

http://www.moe.gov.cn/jyb_xwfb/gzdt_gzdt/s5987/202001/t20200129_416993.html.

[3] 教育部. 教育部应对新型冠状病毒感染肺炎疫情工作领导小组办公室关于在疫情防控期间做好普通高等学校在线教学组织与管理工作的指导意见［EB/OL］.（2020-02-05）［2020-07-08］. http://www.moe.gov.cn/jyb_xwfb/gzdt_gzdt/s5987/202002/t20200205_418131.html.

[4] 高等教育司. 中国慕课行动宣言［EB/OL］（2019-04-17）［2020-07-08］. http://www.moe.gov.cn/s78/A08/A08_ztzl/ztzl_zxkf/201904/t20190418_378663.html.

[5] 教育部. 2019年全国高等学校名单［EB/OL］.（2019-06-17）［2020-07-08］. http://www.moe.gov.cn/jyb_xxgk/s5743/s5744/201906/t20190617_386200.html.

[6] 牛英华，秦立栓，郑丽. 普通高校优质网络资源满意度调查研究——以北京联合大学为例［J］. 中外企业家，2015（10）：225-227.

[7] 全国高等学校质量保障机构联盟（CIQA），厦门大学教师发展中心. 疫情期间高校教师线上教学调查报［EB/OL］.（2020-04-05）［2020-07-08］. http://www.360doc.com/content/20/0405/08/15488460_903941629.shtml

提升“网络直播教学”有效性的策略思考

◎ 张彦春[①]

基于有效教学理论与教学实践对照网络直播教学与课堂教学，网络直播教学存在学习环境功能较差、教学反馈受阻等问题。教师可以从有效利用情意原理、强化目标反馈、加强课堂调控以及有效关联实践等策略提升网络教学的有效性。

一、讨论的两个逻辑起点

（一）网络教学及其问题

“网络教学”是以计算机网络和多媒体技术为核心的信息技术与学校教育相结合的产物。早期人们对“网络教学”概念的理解有两种倾向（任向明，2003）：第一种理解是网络技术环境下的教学，此理解强调的是网络技术为教学工作提供了一个全新的环境，信息技术是改进学生学习、认知的工具，在此环境下更有利于学生探究性学习的实现。第二种理解是指常规的教学工作借助网络、特别是借助互联网来展开，网络以及信息技术被作为教学信息存储和传播的主要媒介，在此背景下，远程网络教育及开放大学蓬勃发展。时至今日，随着互联网、信息技术以及移动终端设备的大发展和普及，利用网络进行实时直播也成为网络教学的一种形式。因此，网络教学是泛指利用互联网等传播媒体进行授课的教学模式（周永凯，王文博，田红艳，2010）。本文主要讨论利用“腾讯会议”“钉钉”“QQ 屏幕分享”或“超星直播客户端”等网络软件或平台进行直播的网络教学。基于本文中的定义，笔者认为“网络教学”相比较于传统意义下学校教育的课堂教学具有如下两个明显的不足。

---

① 作者简介：张彦春，男，四川江油人，乐山师范学院教师教育学院副教授，研究方向：中学数学教育、教师教育研究。

首先是课堂教学中师生共同营造的学习环境功能几乎丧失。在课堂教学条件下，教学活动发生在教室，教师、学生以及师生围绕教学任务的互动构建了一幅幅生动的教学场景。教师的教学组织、问题与任务的呈现以及周围同学的学习行为、情绪等营造了一个看不见、摸不着但对学生学习行为的付出、学习热情的维持非常重要的学习环境。这样的氛围环境一方面能不断地把学生卷入新的学习行动中，另一方面也能抑制学生非学习行为的发生。在这样的场景中，课堂教学业已存在的规则、纪律也能更好地发挥对学生非学习行为的约束作用。同样的，教师在这样的环境中也能较快进入教学情境，发挥其角色作用，展现教学智慧。在网络教学中，学生在家中独自面对冷冰冰的屏幕，没有了“学伴”的支持，时不时地还有家庭其他成员以及家庭事务的“打扰”，纵然屏幕另一端的老师再苦口婆心或是激情飞扬，学生实际上是很难进入真正的学习的状态的。一些同学缺乏明确的学习目的，自我管控和约束能力较差，他们一边按教师的要求在手机或电脑上签到、打卡，参加直播课堂；另一边可能和同学聊着 QQ、刷着微信，甚至利用其他设备看着电影或小说。学习环境功能的丧失导致学生“虚假学习”比例大幅上升。

其次是课堂教学中的及时反馈和教师及时调控受阻。在课堂教学模式下，教师可以通过课堂观察以及提问、讨论等方式及时获得教学反馈，进而通过学习评价以及学习任务的调控维持学生学习的热情，推动课堂学习的发展。正因为如此，课堂中常有“精彩的生成”。但在网络教学条件下，教师难以通过摄像头实现对学生学习状态的及时观察，课堂的互动、讨论也因受网络本身的稳定性和流畅性很难得到保障，教学反馈和调控难度加大。带来的后果是教师不自主地减少课堂提问、与学生互动以及情感交流的频次，在教学的绝大多数时间，教师只能依照自己的预设，突出教师的讲解，最终导致教学的针对性和实效性大大降低。

（二）教学策略及其有效性

教学策略是指以一定的教育思想为指导，在特定的教学情境中，为实现教学目标而制定并在实施过程中不断调适、优化，以使教学效果趋于最佳的系统决策与设计（周军，袁振国，2007）。在本文中，决策和设计具体包括教学目标的设立、教学媒体的选择、教学方法的确立、教学活动的组织、教学反馈的方法等。教学策略有效性的讨论一定是基于特定的教学情境，是为实现教学目标服务的，没有放之四海而皆准的教学策略。“以学定教”和“以学论教”是做好有效教学和讨论教学是否有效的两条原则。“以学定教”强调的是教师要基于学生的实际情况优化教学内容、选择教学方法、设计教学活动。“以学论教”强调以学生的成长和发展为主要依据来评价教师的教和学生的学是否有效。教学工作既是一门技术也是一门艺术，其复杂性决定了很难真正用量化的方法来刻画其有效性。

以下进一步结合疫情期间利用 QQ 群屏幕分享方式进行网络直播的教学实践阐述笔者的有关思考。

二、有效教学的策略

（一）有效利用“情意原理”

“情意原理”是上海青浦教改总结的一条课堂教学基本原理，强调课堂教学要激发学生的学习动机、兴趣和追求的意向，加强教师与学生间的感情交流，维持学生持续的学习热情（顾泠沅，1994）。情意原理是促进学生认知发展的支柱和动力。针对网络教学中学习环境对学生学习的约束以及促进功能不足以及主要以教师的讲授教学为主的特点，教师要实现有效教学应特别重视情意原理的有效利用。

1. 明确学习的意义，让学生带着使命感投入学习

学习目标明确，有内在学习需要是学生有效学习的必要条件。在网络教学中，教师应利用各种机会帮助学生明确学习的意义，落实“育人”的根本目标。大学生投入专业课程学习，于个人层面的意义在于提升个体的专业知识，提高自身竞争能力，将来能找到一个体面的工作。于社会、国家层面来说，努力学好专业知识，我们才能成为有用的人、合格的建设者，才能不负这个伟大的时代。在《中学数学课程标准与教材研究》网络教学中，笔者多次联系师范生的教师资格证考试以及社会发展对合格中学数学教师的需求，明确课程内容学习的意义和价值。要求学生本着对现在的自己负责的态度，对将来的自己负责，带着使命感投入课程的学习。

2. 创设问题情境，引发学生思考和学习

学源于思，思源于疑。学生学习行为的真正产生以及学习热情的保持依赖于教师为学生创设真实的问题情境，让学生不断地面临真实而又有意义的困惑。特别是在网络教学中，教师普遍采用讲授法教学，而讲授的有效性很大程度上依赖于教师是否进行启发式讲授。因此，在教学中，教师应设计好层层递进，环环相扣的问题，不断地引发学生的思考，始终让学生面临适度的学习困难。例如在《中学数学课程标准与教材分析》第二章“中学数学核心素养与中学数学课程目标”的教学设计中，为了实现了解数学核心素养目标的时代背景；理解数学六大核心素养的内涵两个教学目标，笔者设计如下的问题链：①为什么世界上很多国家的数学课程改革都强调要培养学生数学核心素养？②我们该如何理解数学核心素养概念？③请结合课标所提出的六大数学核心素养的内涵和表现，思考教师应如何培养学生数学核心素养。这些问题串联了本章主要教学内容，又与师范生专业发展紧密结合，通过层层提问不断地引发学生思考，为教师进行启发式讲授创设了条件。

3. 课堂及时评价，保持学习热情

对学生学习状况及时评价是教师课堂教学行为的基本方式，教学过程中的及时评价本质上是对学生学习成效和问题进行及时反馈，也是沟通师生情感的主要途径之一。通过积极地评价，及时肯定学生的思考和学习效果，可以引领其他同学的思考和学习行为。教师通过评价及时指出学生思考和学习行为中的问题，可以纠正学生错误。在网络教学中，由于师生没有处在同一个时空，教师应该有意识地强化课堂评价行为，保持学生学习的热情。笔者在教学实践中主要通过增设提问频次，随机抽答检查学生是否在线以及学习效果，同时及时查看学生在 QQ 群中的留言并通过语音回复等方式进行课堂评价。

（二）追求目标落实，加强调控

大学课堂相比于中学课堂而言，不太注重教学目标的明确以及落实问题，教学容量大、节奏快，需要学生课后在图书馆、自修室进行大量时间的自主学习进行巩固和落实。但在网络教学条件下，学生利用图书馆自主学习很难落到实处。在网络教学中教师应结合课程大纲要求，对教学内容进行适当的精简，通过“削支强干”突出课程核心内容，同时适当减慢教学节奏，通过教学效果及时反馈检视教学目标的达成度，并及时调控教学内容和教学节奏来实现有效教学。

1. 明确教学目标，精简教学内容

教学目标在课堂教学中起着“导教、导学、导测评”的功能。教学目标不明确、不具体可能导致教师的教学重点不突出，教学内容与活动的安排随意。例如在《中学数学教学设计》第一章“中学数学教学原则”的网络教学设计中，笔者设计了“理解中学数学教学四大原则”这个教学目标。为了阐述的方便，以下以第一个教学原则“具体与抽象相结合”为例具体分析。首先将“理解具体与抽象相结合原则”具体化为以下指标点。①学生能用自己的语言阐述该原则的内容；②学生能解释为什么在数学教学中要遵循这一原则；③学生知道在课堂教学实践中贯彻这一原则的大致途径。为了实现以上具体目标，笔者的教学过程设计为：①教师精讲具体与抽象相结合原则的含义；②教师结合数学学科特点、学生认知特点阐述为什么要遵循该原则；③教师分析该原则的落实途径，并结合实际教学案例说明。教学过程中适当设置讨论问题，引导学生积极思考，进行适当的互动，整个教学收到比较好的教学效果。

2. 关注落实，及时调控

有效课堂教学重在落实，重在学生的收获和成长。按照学习心理学的观点，学习是一个很复杂、缓慢的心理过程。作为教师应尽量避免“只要我讲了，学生就会了”的简单化倾向。关注课堂落实，一方面教师要改进教学方式和手段；另外一方面就是强化反馈环节，结合教学效果及时调控课程内容以及教学方式。

（1）课堂提问反馈，及时调控。

叶澜教授认为课堂教学的本质是“交往互动，共同发展”。师生之间、生生之间的交流互动不仅有利于增强师生之间的感情，也是引导学生思维发展的重要过程。通过互动，教师及时诊断学生的学习状态，并调整学习任务的难易程度，通过调整设问方式、增加提示信息或进一步设置障碍等方法调控教师的教学。在开课阶段，教师可以通过提问检查学生对上一次课程内容的掌握情况以及课前布置任务的落实情况，一方面可以促进学生养成课后及时复习巩固的习惯，另一方面教师也可根据学生的反馈及时调整本节内容以及教学方式。

（2）评讲作业，补偿调控。

批改作业是获取教学反馈信息的重要途径。学生作业完成情况能反映学生学习态度以及学习的效果。在网络教学中，教师要精心设计学生课后作业的形式以及作业量，并通过及时批改诊断学生学习效果，在诊断的基础上通过评讲作业进行回授调控。始终把学生的发展置于教学的中心地位，而非教师完成教学任务。如在《中学数学课程标准与教材研究》第二章“数学核心素养与中学数学课程目标”教学后，笔者及时布置了课后作业：两道简述题和一道论述题。作业设计一方面为了检查学生学习效果，另一方面结合教师资格证考试需要训练学生答题技巧。在批改和分析的基础上，笔者对学生作业进行了评讲。对完成作业态度不端正、应付了事的同学进行批评，结合学生的答卷对简述题、论述题回答的要求和技巧进行分析和归纳，针对部分同学对知识点理解不到位的情况进行了再讲解。

3. 结合应用，有效关联实践

网络教学可以有效地帮助学生提高问题解决能力。这可以从萨尔曼·可汗通过社交软件为其七年级的表妹讲数学题并收到很好的效果（戴妍雨，2016）得到佐证。当学生面临自己难以解决的实践问题而又想要解决时，就为教师的有效教学提供了契机。在大学专业课程教学中，教师应结合课程内容以及教学目标，积极创设问题解决以及实践情境实现有效教学。例如在笔者所开设的“中学数学教学设计”课程中，课程目标之一是要培养师范生教学设计能力以及教学实施能力。以下结合“中学数学概念的学与教”一章为例进行具体分析。教师首先通过一次课讲解了数学概念的意义，数学概念下定义的方式以及数学概念的划分等逻辑知识。然后通过QQ群给学生推送了两个数学概念课教学视频案例，一节为初中数学函数概念教学，另一节为高中数学函数概念教学，要求学生利用周末课余时间结合思考问题仔细观摩这两节课，下次课全班同学准备好参与课堂研讨。在第二次课的教学中，师生首先围绕设定的议题对所观摩的教学视频展开讨论。具体包括初高中函数概念的基本特征、定义的异同、课标的基本要求以及学生理解函数概念存在的困难，详细分析了教师为了实现“学生理解函数概念”设计了哪些教学环节，每个环节设计了怎样的关键提问以及学生活动，并对两节课设计的特色以及不足之处进行了点评。课后要求每位学生基于视频案例以及教师的案例分析模仿试讲函数概念，并利用PPT录屏功能录制一节函数概念教学的微课作为本专题的课后作业。在第三次课教学中，教师则从数学学习心理学的角度讲解数学概念学习的两种形式并结合前面的案例归纳函数概念教学的基本结构、基本要求、注意事项等进行理论学习。

要求学生观摩教学视频以及参加研讨实质上是要求学生从“样例中学习”（learning-by-example）（邢强，莫雷，朱新明，2003），指向的是问题解决的实践性学习。通过观看视频样例，学生获得概念教学的感性认识，弥补因缺乏教学经历而导致的理论学习困难，师生共同研讨逐步将学生的感性认识引向概念教学规律性的理性认识。要求学生录制微课视频试讲函数概念体现的是模仿中学习，在此过程中学生将面临理论向实践转化的困境。第三次课结合样例的理论讲解以及归纳一方面进一步回答学生的困惑，另一方面则是帮助学生建立数学概念学与教的理论知识。这样的理论知识基于实践、为了实践，彰显了对实践的指导。

三、结语

突发的新冠肺炎疫情迫使传统的课堂教学从教室转移至网上。网络教学相比于传统课堂教学，改变的是教学信息的传递途径以及育人的环境，不变的是教育教学本身的真谛。面对新的教学方式，师生都在不断地适应和摸索中。在笔者看来，“直播”可能是网络教学形式中最有“温度”的一种，基本保留了课堂教学育人的可能。华东师范大学已故数学教育家张奠宙先生认为，在教学的问题中，“教什么”可能是比“怎样教”更加重要的一个问题（张奠宙，赵小平，2007）。因此，提升网络教学效果的有效教学策略一定是基于明确的教学目标以及科学、合理地把握教学内容上的讨论。充分发挥学科本身内在的育人价值，点燃学生学习和探索的欲望，使学生从“要我学”变为“我要学”，有效教学的策略才能真正落到实处。

参考文献：

[1] 任向明. 网络教育教学的本质及基本特征研究 [J]. 哈尔滨师范大学自然科学学报，2003（5）：81—84.

[2] 周永凯，王文博，田红艳. 现代大学教学设计与案例 [M]. 北京：中国轻工业出版社，2010.

[3] 周军，袁振国. 教学策略 [M]. 北京：教育科学出版社，2007.

[4] 顾泠沅. 教学实验论——青浦实验的方法学与教学原理研究 [M]. 北京：教育科学出版社，1994.

[5] 戴妍雨. 萨尔曼·可汗与他的可汗学院 [J]. 中外文摘，2016（3）：40—41.

[6] 邢强，莫雷，朱新明. 样例学习研究的发展及问题 [J]. 心理科学进展，2003（2）：165—170.

[7] 张奠宙，赵小平. 教什么永远比怎么教更重要 [J]. 数学教学，2007（10）：50.

方法创新

表演基础课程在线翻转课堂教学的探究

◎ 李哲皓[①]

本文通过对表演基础课程在线翻转课堂与传统线下表演课堂的对比，阐述了表演基础课程在线翻转课堂与传统线下表演课堂在教学模式上的区别，指出了表演基础课程在线翻转课堂教师角色的转变和应具备的教学新技能；谈到了在适应表演学科的教学特点下，怎样开展表演课堂在线教学活动，以及如何利用抖音短视频丰富学生的实践平台，帮助学生更好地内化知识，提升学生兴趣。最后在总结表演基础课程在线翻转课堂的教学优势后，明确了其存在的局限，并提出了相应的解决办法。

表演基础课程是一门操作性和实践性都很强的艺术类课程，它主要通过对学生表演技巧、声音形体以及行动能力三个方面的培养，使学生能够掌握人物形象创造的基本方法，在表演实践中塑造出各种各样、具有审美价值的人物形象（梁伯龙，2004）。传统的表演基础课程教学主要以线下教学为主，存在学习多样化方式不足、课堂教学受制于课堂时间与空间等问题。疫情期间，线下的课堂教学由于疫情无法开展，大学的各专业教学也纷纷移步网络。表演基础课程，在借鉴了其他学科的在线教学的经验后，把“翻转课堂”教育理念引入表演课程教学中，依托互联网直播技术构建起了表演基础课程在线翻转课堂。在进行一系列教学元素的变革的同时，在线翻转课堂还将互联网丰富的影视资源与新媒体短视频实践平台进行了较好的关联。

一、表演课堂模式的变革

翻转课堂的教育理念最早起源于美国，随后在我国教育领域推广开来，取

① 作者简介：李哲皓，硕士，乐山师范学院讲师，毕业于武汉大学艺术学院，研究方向：戏剧影视方向。

得了丰硕的实践成果。翻转课堂的教学模式有别于传统教学模式。在翻转课堂中，通常课堂的理论知识讲解以视频等媒介形式由学生在课前时间观看完成，而课堂讲解的时间则由实训和课内讨论等活动设计替代完成（Gannod，Burge，Helmick，2012）。在传统的线下表演课堂中，学生在课前自主性地预习，课堂时间用作教师讲授表演理论和学生完成小品练习。例如，在传统线下表演课堂中讲授感受力这一元素时，学生通常是自己先在课前看书预习，课堂时间则被用作教师讲授理论和学生完成感受力的小品练习。而表演在线翻转课堂则将表演理论知识的讲解以视频的形式移至课前，即在课前学生就已经在线观看了教师录制的理论教学视频，掌握了感受力的表演理论知识，并且完成了相应的感受力小品练习。这样，在课堂部分，教师就有充裕的时间，可以开展作业点评、示范答疑、分组的讨论、课堂测试等多样化的课堂活动（如图 1）。传统的表演课堂引进翻转课堂的教育理念，不仅延长了表演基础课程的学习时间，而且在帮助学生进一步完成知识的内化、巩固与升级方面有着积极的促进作用。

图 1　传统表演课堂与表演在线翻转课堂的对比

	传统表演课堂	在线翻转表演课堂
课前	自主预习	观看教师表演理论教学视频
		学生完成小品练习
课中	教师表演理论教学	作业点评
	学生完成小品练习	分组讨论、课堂测试
		教师示范与答疑

二、表演教师角色的转变

翻转课堂要求教师从传统课堂中的讲授者变成学习的促进者和设计者（张金磊，2013）。传统线下表演基础课程教师，多数时候只是一个单纯的讲授者的角色，而在线翻转课堂教学中，则要求表演教师要转变其身份，学会掌握多种技能，身兼多种角色。

（一）在线课堂的架构者

根据疫情期间相关的调查研究显示，有 21%的教师在疫情发生前从未使用过线上教学，有 24%的教师对线上教学的理论与实操不甚了解，有 30%的教师对线上教学操作掌握情况不太熟练（杨森，路海，2020）。因此，表演教师要成为课堂的架构者，就必须要学会如何去选择适宜的在线直播平台，如何去组织班级、设置考勤，怎样开展直播与互动，以及如何在线批阅学生作业等。在所有的这些工作中，最为重要的是在线直播平台的选择。如今可以网络直播的平台很多，但是对于在线表演课程来讲，最为重要的是要选择一个能够保证视频传输稳定性和流畅性的直播平台。因为，在线表演课程教学，尤其是老师和学生通过视频进行表演时，如果传输出现了卡顿、延迟等现象，必然就会影响到表演的速度和节奏的展现，教学的效果也就会受到一定的不良影响。

（二）教学视频的制作者

翻转课堂的教学要素当中，最为重要的要素就是课前的教学视频。课前教学视频质量的优劣与学生的学习效果息息相关。按照翻转课堂视频教学制作的一般规律，教学视频制作要短小精悍，要点集中，节奏明快，并且能够通过吸引学生的注意力，高效地完成知识的传授（张金磊，2013）。在制作表演教学视频时，每个知识点可以在互联网语境下进行新的包装，设置一个具有吸引力的题目，来达到吸引学生注意与学习兴趣的目的。在视频教学讲解时应采取循序渐进式的讲解方式，特别是在表演示范材料的选择和教师的展示上。尽量选择学生容易上手的训练题目。在录制过程中教师注意要清楚地展示动作的每个细节，确保学生能够通过观看教学视频，同步跟着教学视频进行练习，掌握到所教授知识的重点和难点。

（三）优质学习资源提供者

学生的课前学习，不只局限于教师录制的表演教学视频，还包括其他与表演学科相关的学习资源。因此，教师还要成为优质学习资源的提供者。在表演在线翻转课堂的教学中，表演教师可以为学生提供优质的影视资源，引导学生在线观看和学习。例如，在讲授表演中演员形象感这一元素时，表演教师可以在课前让学生观看几部由同一个演员主演的电影作品，通过同一个演员在不同影片中塑造的不同人物形象，更好地理解什么是表演中的人物形象感。又比如，在讲授不同时期表演风格特征时，传统的教学只是在课堂上给出一个结论性概念，再安排学生课后去观看相关影片，而在表演在线翻转课堂中，教师课前就可以为学生提供第四代和第五代导演的电影作品，让学生能够形象化地去对比认知戏剧式表演风格和生活化表演风格的区别。

（四）课堂活动方式的设计者

教师不仅是教学的研究者，还是课程的建设者、开发者（王彦才，郭翠菊，2013）。所以教师必须懂得如何去精心设计课堂活动方式，讲授什么样的内容需要怎样的课堂活动，是讨论、点评、答疑还是在线测试的方式？这都需要教师根据讲授内容的不同，进行精心的选择设计。比如，学生通过课前学习已经掌握了如何分析剧本和处理人物台词，并且提交了作业。那么在课上，表演教师除了可以设计作业点评环节以外，还可以设计课堂在线测试环节，提前准备好不同年龄、身份、性格的人物对话小剧本，然后让学生分组进行分析讨论，最后再以连线的方式让学生进行台词表演测试。表演教师作为教学设计者，可以根据不同的教学内容来设计合适的课堂活动方式，从而更好地把握课堂活动的进程与节奏。

三、表演课堂活动的多样化

传统的线下表演课堂教学形式，主要是以表演教师为主体，进行灌输式的课堂教学，这种单一化的课堂形式，使学生缺乏独立思考和创造能力的培养，从而严重影响表演教学质量（林洪桐，2011）。表演基础课程在线翻转课堂则构建起了以学生为中心的多样化的课堂活动。

（一）竞赛化的作业展示

学生课前通过对课程视频的学习，再完成视频作业录制后上传给教师。教师通过观看视频，归纳和总结学生表演存在的问题，以网络连线方式对学生作业进行指导。学生修改后，进行二次提交，教师再组织班级利用在线投票的方式，从所有学生的作业中评选出优秀作品。例如，在单人小品教学中，教师要求学生以“停电后”为题，进行单人小品表演，并完成视频的拍摄。学生利用手机完成拍摄后，将视频在线传递给教师。教师评阅后，以连线的方式给出指导意见，学生修改提交后，教师再发起班级在线投票，评出相应奖项，达到以赛促学的目的。

（二）积极活跃课堂讨论环节

课堂的讨论可以增加学生课堂活动的参与度与活跃度，能帮助学生很好地内化知识。表演在线翻转课堂的讨论环节，教师可以和学生共同讨论，当然学生也可以通过网络媒体等社交手段与同学进行交流探讨，分享彼此的收获，同时针对困惑之处尝试进行互动解答（陈晓菲，2014）。例如，就小品题目“回家来取一份稿子”展开分组构思和讨论，同学们相互之间纷纷说出了自己的想法，探讨了在回家取稿子过程中可能发生的事情，比如稿子不见了，或者稿子少了一页，如何通过表演来解决这个矛盾？大家纷纷讨论，得出了可行的办法。学生之间的课堂讨论不仅可以活跃学生的思维，还有助于提高课堂的参与度。课堂的讨论还可以用师生身份互换的形式来开展，例如在小品“打蛇过桥中”，教师就给出了三位同学不同的表演结果，让同学们讨论如果自己是老师，该怎么样来评价三位同学的表演。又比如，教师给出几种表演游戏训练的文字方案，让学生反转身份，进行相互探讨，共同来选择与授课内容相符的游戏方案，并说明所选的游戏训练方案训练了哪些表演素质、有什么样的好处。形式多样、积极活跃的课堂讨论环节可以让学生切实地参与到在线课堂的教学中来。

（三）画龙点睛的示范答疑

表演基础课程是一门操作性很强的艺术类专业课程，与普通文理科的学习有一定的差别。文理科有些基础理论知识一旦掌握，短期内就能融会贯通，举一反三。而表演艺术的学习，尤其是涉及形体和声音表现技术方面的训练，诸如表情、肢体动作与台词的训练，往往不能一蹴而就，而是需要反复的肌肉记忆，尤其是需要在教师指导下学生进行反复的自我校正，才能获得更好的提升。因此，在课堂教学活动中，教师的“评价”与“引导”才是教授表演的好途径（王家元，2018），教师要注意对学生表现技术、技巧上的指导。表演课程在线教学，可以利用在线语音和视频连线的方式让学生参与到课堂的展示环节，教师要对他们在课堂上的表演展示及时地做出点评、示范和纠正性的引导。同时，还要对学生在线提出的问题加以解答。例如，在表演的台词训练中，学生虽然事先已经在课前进行了练习，但在实际表演中仍会存在重音、停顿、语气语调等技术层面上的不足，这时教师可通过及时的点评、示范来帮助学生提高台词处理的水平，使其台词表达更加符合人物形象。同时，对于学生在处理台词当中存在的不同见解和疑问，教师要及时给出相应的解答，让学生的表演学习始终朝着正确、积极的方向行进。

四、表演实践平台多样化

传统的线下表演课程教学，学生实践的平台主要是课堂表演。这样单一化的实践平台，容易引起学生的表现欲和学习热情的下降。在如今新媒体兴起的背景下，短视频软件异军突起，大学生用户逐渐成长为短视频应用的一支生力军（徐炜炜，徐睿，2019）。其中，部分大学生不仅对观看短视频表演非常感兴趣，而且还特别希望自己也能参与其中，进行表演创作。于是，在表演在线翻转课堂中，创造性地将抖音平台纳入了表演实践的环节，可实现了学生表演实践平台的多样化、趣味化。例如，学生利用手机进行短视频小品段子的拍摄，然后再借助抖音平台轻松地实现剪辑和上传，不仅教师和同学可以观看，社会公众也可以观看和参与评价。这让同学们在有益地利用课余时间的同时，又能将表演技能学以致用。尤其是学生在对外展示的过程中获得肯定后，将进一步提升他们的学习获得感和喜悦感。

五、结语

表演基础课程在线翻转课堂不仅改变传统线下表演课教学模式，拓展表演课堂的空间，提升教师的教学能力，同时也可探索出多样化的教学手段，培养学生自主学习的能力，是一次有益的表演课程教学改革。值得我们注意的是，虽然表演在线翻转课堂在表演理论教学上面存在着非常大的优势，尤其是对学生树立正确表演观念、培养良好的表演思维和训练较强的行动能力上具有很大的优势；但在具体实践中，由于每个学生个性、风格、气质和自身条件的不同，因而各自存在的表演问题也不尽相同，所以需要教师利用更多的时间给学生单独连线进行指导。学生具体的形体动作上的毛病，调整起来仍受到时空限制，仍需要教师近距离的、线下“手把手”的方式给予学生教学指导。因此，表演基础课程在线翻转课堂仍需要混合线下教学课堂的开展，才能最终实现表演教学的最优效果。

参考文献

［1］梁伯龙．戏剧表演基础［M］．北京：文化艺术出版社，2004.

［2］Gerald C Gannod，Janet E Burge，Michael T Helmick. Using the Inverted Classroom to Teach Software Engineering［C］//2008 ACM/IEEE 30th lateranational Conference on

Software Engineering，2008.

[3] 张金磊."翻转课堂"教学模式的关键因素探析 [J]. 中国远程教育，2013 (10)：59−64.

[4] 杨森，路海. 疫情防控期教师在线教学情况调查 [J]. 南方医学教育，2020 (1)：20−22.

[5] 王彦才，郭翠菊. 教育学 [M]. 北京：北京师范大学出版社，2013.

[7] 林洪桐. 表演教学法的突破与改革——刻不容缓的命题 [J]. 北京电影学院学报，2010 (1)：98−102.

[8] 陈晓菲. 翻转课堂教学模式的研究 [D]. 上海：华中师范大学，2014.

[9] 王家元."评价"与"引导"才是开启表演之门的钥匙——戏剧表演专业表演课的教学方法探讨 [J]. 四川戏剧，2018 (3)：189−192.

[10] 徐炜炜，徐睿. 大学生抖音使用状况的调研报告 [J]. 思想理论教育，2019 (7)：83−87.

任务驱动式翻转课堂的“建筑初步”教学探究

◎ 宋雨晗①

新冠肺炎疫情期间，本文以乐山师范学院人文地理与城乡规划专业 2019 级学生为研究对象，分析教学任务和教学难点，基于网络环境进行任务驱动式翻转课堂教学探究。通过问卷调查发现学习材料难度大、课程作业复杂、客观条件限制等问题影响了学习效果。深入研究并提出了更加重视理论讲授、把控线上课堂互动秩序、加强课后作业督促、提升学生自信心、线上线下教学相结合等对策，以期探究更适宜的课堂教学模式，切实培养学生制图能力。

《教育信息化十年发展规划（2011—2020 年）》步入最后一年，特殊时期，传统教学模式难以开展，各高校利用现有的网络教学平台，逐步完成自身线上教学资源整合。任务驱动式翻转课堂模式以学生为中心，运用于网络教学中，通过不断探索改良，可以适应教学改革，满足特殊时期的教育需求。

一、研究背景

（一）“建筑初步”特点

“建筑初步”是人居环境学科的专业基础课程，各大高校相关专业都非常重视。现行的教育体系一般是围绕学生基础绘图技巧和建筑设计表达训练展开的，非常注重学生的制图识图能力。在传统人居环境学科中，根据建筑学专业指导委员会要求，建筑初步课程分为上、下两部分，两个学期，均为 96 学时，具体包含建筑钢笔画、工具线条图、对建筑的认知（四个系列）、水墨渲染、

① 作者简介：宋雨晗，女，四川乐山人，硕士，乐山师范学院助教，研究方向：风景园林规划设计。

建筑测绘、建筑模型与空间建构等内容（杨梦阳，牛笑，赵兵兵，2018）。

（二）人文地理与城乡规划专业开设“建筑初步”

人文地理与城乡规划（下简称人文）专业是乐山师范学院于 2018 年新设立的专业，目前仅有 2018 级和 2019 级两届学生，人才培养方案根据行业需求逐步改良。在城乡规划体制变革的背景下，制图能力是人文地理与城乡规划专业应具备的基本专业能力和核心能力，制图能力的高低能够体现本专业的人才培养质量的高低（李强，贺伟，杨立国，袁佳利，2019）。相对于工科背景的城乡规划专业而言，人文专业在识图、制图等基础方面还存在一定的差距，需要通过教学内容和教学模式的改革来探讨如何提高人文专业制图基础课程的教学效率和教学质量，从而增强学生的实践能力（李春妍，罗帅伟，梁亚红，2016）。“建筑初步”就是旅游学院适应行业需求，在 2019 级人才培养方案专业必修课程中新增的课程。

（三）“建筑初步”的授课环境

人文专业学生需要规划识图、制图能力，但不要求掌握建筑模型，空间建构等技能。所以在课程需求上，“建筑初步”是一门前期基础课，主要用于学习工具线条绘制和建筑基础认知，为后续“规划制图”“城市详细规划设计”等课程打下基础。“建筑初步”初次开设，大一学生本身相应规划知识匮乏，也无法向高年级学长获取经验，同时，绘图、制图都是此前不曾接触过的领域，对整个课程懵懂，教师授课有一定困难。

（四）任务驱动式教学法

学者郭绍青（2006）对任务驱动教学法进行了解读，定义任务驱动教学法是一种能够很好应用于实验性、实践性与操作性较强的教学内容的教学方法，以能够激发学生学习动机与好奇心的情景为基础，以与教学内容紧密结合的任务为载体，使学习者在完成特定任务的过程中获得知识与技能的一种教学方法。随后诸多学者在任务驱动式教学法相关研究中都引用了这一说法。

二、“建筑初步”教学计划

“建筑初步”课程计划开课 48 学时，根据 2019 级人文专业学科特点和现设学时，在教学设计上，省略了人居环境类专业课“建筑初步”的一些专业模块，把教学重心放在工具线条和建筑设计表达上，主要分为三大模块进行，如表一。

表 1　建筑初步教学计划简表

项目模块		学时	教学内容	教学目的
1 概述与入门	1.1 概述	4	课程概述：简略讲述建筑史、建筑师、特色建筑	通过初步认知，培养学习兴趣
	1.2 建筑基本构成	6	建筑构造、建筑功能、建筑技术手段	了解建筑相关基本概念
2 图线与工具构图	2.1 绘图工具使用	4	常用绘图工具的使用、常用字体的书写	掌握工具，字体
	2.2 工具线条绘制	10	基础线条绘制与组合	逐步掌握、独立完成组合工具线条绘制
3 建筑设计与表达	3.1 住宅设计	12	包括住宅平面图、立面图、剖面图的设计理念，绘制方法及正确表达	初步掌握规范的建筑制图方法，正确使用各种线型、符号
	3.2 建筑测绘	12	对学校校门及附属保安亭进行测绘	体验场所空间环境，感悟空间尺度，认识人与建筑、空间、环境的关系

该门课程实践性非常强，注重学生个人能力的培养。讲授环节内容杂、细节多，对于学生听课能力要求较高；技能型知识多，需要学生大量自主学习。传统的教学模式由教师上课绘图演示，整班学生同步学习，教学形式单一，缺乏针对性教学。学生对课堂内容一知半解，课后完成作业时疑问频发，难以下手，缺乏学习成就感，最后失去学习兴趣。疫情条件下，国内高校全线网络课程展开，既是对传统教学模式的冲击，迫使教师必须尝试新的教学方法；同时“互联网+”的广泛运用，又为找到更合适的“建筑初步”教学方法打开了新的突破口。

三、网络环境下“建筑初步”任务驱动式教学初探

（一）任务驱动式翻转课堂

“建筑初步”作为一门实践性很强的学科，重视学生的制图能力的培养，在网络教学环境下，依托信息技术、多媒体技术，通过任务驱动式教学法给学生分配自主学习任务，可以使学生在完成制图任务的同时，通过个人的学习体

验和与同学的合作交流完成深度学习，培养制图技能，培养自主学习能力。

（二）网络环境下“建筑初步”教学难点

“建筑初步”进入网络教学环境，教学难点变化，针对2019级人文专业大一学生，其授课难点主要有以下几点。

（1）不具备基础建筑素养，入门困难。因此正式开课之前，教师应该有选择地在学习群上传共享一些基础入门学习材料，同时提供一些学习建议，引导学生探索学习，使学生对该门课程有一个初步感性认识。也可以布置一个入门测试制图小作业，通过学生个人完成任务，以及网络上同学之间相互交流，预热课程。

（2）学生大多是第一次接触网课，对于各种网络学习工具运用不熟练、不习惯。可以提前介绍学习通、超星、MOOC等在线学习平台，让学生先自行学习软件操作，调动学生积极性。

（3）制图工具的购买难以统一。学生购买渠道多样，而课程后半段要学习制图，工具不符合规范会影响学生制图学习。所以在绘制图工具的选择、购买上有要详细要求，学生之间也要互相交流，尽量做到工具一致。

（4）缺少面对面交流，学习成效难以把控。在线直播教学，学生是否真正在听，是否听懂都难以确认。课后作业实训环节成效也难以及时确认，学生学习自觉性成为影响教学效果的决定性因素之一，因此一定要多注意与学生的线上互动，随时保持交流提问，保证学生真正“在线”。

（5）课程难度大，制图任务重。“建筑初步”本身就是一门制图作业繁重的科目，对于人居环境学科的学生都较为困难，人文专业学生不具备基本制图知识，面对大量的制图任务，需要花更多时间练习。因缺少面对面交流，练习准确度和精度难以把控。因此要尽可能多地进行网络交流，时刻掌握学生学习状况，实时调整教学策略。

（三）任务驱动式翻转课堂教学初探

设定任务驱动式翻转课堂来进行网络授课后，前期课程应该解决基础理论感性认知问题，通过布置学生自学网络平台课程资源，把课堂讲授更多地交给学生。进入制图技能环节，研究提出了如图1的教学流程。希望通过教师与学生围绕同一个教学任务，不断互动交流来完成任务，最后进行集体展示的模式，实现有效教学。（注：其中评阅批改与交流修正可以是多次循环）

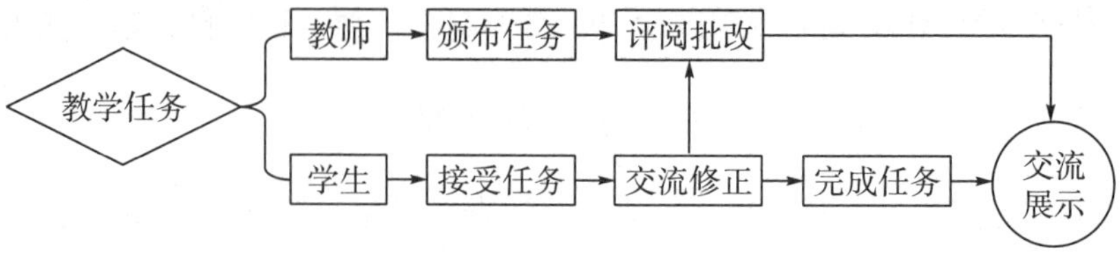

图 1：任务驱动法教学流程

此种教学流程以第五周开始的工具线条制图为例，具体网络学习活动安排如表 2。压缩教师课堂理论讲授，课前，学生完成上次课程任务，与教师交流，准备课上提问；课中，学生要回答老师的互动问题，进入任务后有疑问及时与老师在线交流；课后，在完成任务时遇到困难，也可以通过网络，与同学、教师互动学习。制图任务的理解、制图的过程、制图中与教师同学的交流、最后制图成果的展示等每一个环节，学习的主动权都掌握在学生手上。该学习安排的目的在于通过实际训练，让学生获得真实的学习体验，理解知识，进而形成解决问题的能力。

表 2　工具线条制图学习安排

学习阶段	教师安排	学生安排
课前	1. 线上互动软件关注学生绘图工具；检查上周作业；提炼重复出现的问题，用于课上分析。 2. 制作工具线条制图课件，在学习群上传相应资料，做好课堂制图直播准备	1. 完成上周学习任务，积极通过网络与老师交流学习；准备课上提问。 2. 有选择的自学工具线条内容
课中	1. 直播点评作业，讲解共性问题，明确解决方法，鼓励学生重新完成。同时在线接受问询，回答没能覆盖的问题。 2. 进入本节学习，直播演示制图技法。 3. 互动提问，促进学生掌握知识。 4. 布置本节课工具线条制图综合作业。 5. 线上观察作业情况，针对性得指导	1. 认真听评，进行整改。如有疑问，踊跃提出。 2. 进入课堂学习，认真观看直播。 3. 积极思考，与教师互动。 4. 认真听取作业要求，开始作业。 5. 完成任务，积极线上互动
课后	1. 语音、文字、视频等多方式网络在线答疑。 2. 整理问题以备后用	1. 继续作业，线上互动。 2. 及时请教

四、教学反馈研究

至此，本门课程已开展 9 周，工具线条制图部分已经基本完成教学。学生学习激情较高，学习群中的学习交流频繁，参与学生众多，同学之间也逐步可以相互解决学习问题。为了解学生个性化学习效果，本研究设立了问卷调查《“建筑初步”网络课程效果调研》对全班同学进行调研。问卷主要内容分为三部分：第一部分是调查课程教学中学生的学习状况（包括课前、课上、课后），第二部分是调查课程教学后学生是否真的掌握知识，第三部分是调查学生学习中遇到的困难。问卷发放给全班 43 位同学，全部有效回收。对数据进行分析，可以帮助教师完善教学方法，提出改进意见。

（一）课程学习状况

1. 课前学习环节

在课前自主学习任务中，对于学习通超星平台的课程、教师上传学习群的学习资料，有 16.3％的同学选择了清楚明白，可以自行学习；46.7％的同学表示还需要自己查资料来补充学习，掌握知识；34.6％同学表示有些许困难，需要寻求教师或者同学帮助；还有一名同学选择很难，完全无法自己学习，这表明网络学习资料有一定难度，30％以上的同学无法自学完成，教师不能放松对知识的把控。

2. 课上学习环节

在线直播教学中，有 40.2％同学表示教师讲解清楚明白，52.2％的同学比较明白学习要点，可见教师在线授课的传达较为清晰。在课程互动中，有 62.0％的同学认为互动频繁并且可以融入其中，27.2％的同学认为要视情况而定，10.8％的同学认为自己有时走神或者经常走神。与同学的互动比较能达到预期效果，但是对于不能集中的同学还需要调整教学方式，吸引该类同学注意力。上课模式上，有 71.7％的同学选择了希望课程是录播和直播相结合的方式，正是目前采用的教学模式，说明较为可行。

3. 课后学习环节

（1）学习时长。

“建筑初步”由于其课程特征，课后自主学习在学习中所占比重非常大。所有同学每周所需要的课后绘图时间在都在 3 小时以上，其中 3～8 小时为 28.3％，8～12 小时为 30.4％，12～15 小时为 28.3％，分布较为均匀。还有

13.0%超过15小时。多数同学在3～15小时之间，结合实训课程一般为4学时（3小时）/周，这个时间段较为合理。学习能力极强的同学，可以在实训课内完成学习，不需要再抽出时间额外学习，普通学生根据自身学习能力，需要再用1～12小时不等来完成，制图时间不超过1.5小时/天。部分自主学习能力较差的同学，则需要超过12小时才可以完成制图作业。

（2）任务完成效果。

针对自主学习的任务完成效果，本研究设定了多选题来调查。有7.6%的同学可以完全自主独立学习，有72.8%的同学查阅上传资料后可以独立完成，有60.9%的同学与同学交流后完成。可见七成以上学生查阅资料或是与同学交流之后就可以完成自主学习。但是，由于不同的学生自主学习能力存在差异，有8.7%同学表示需要经常求助老师，还有16.3%的同学表示不知道如何下手，教师应该多加督促，提供帮助。

（3）学习问题解决状况。

为了解答自主制图中遇到的问题，目前线上教学法采用的是学习群答疑或者网络一对一聊天方式。有73.9%的同学选择了参与其中，并且认为效果好；18.5%的同学参与其中，觉得比较好，但是认为学习群网络交流中文字记录比较混乱，无法切实抓取有效信息，提出希望增加线下交流的意见。还有7.6%的同学没有参与，认为自己没有问题，或者只希望线下交流。可见目前线上交流的方法对于任务交流矫正效果较好，进行较为顺利，但是线下交流还不能被完全替代。

（二）课程整体教学效果

为了研究采取任务驱动式翻转课堂网络教学效果究竟如何，调查设置了问题：你认为通过网络教学，完成制图任务，真正掌握工具线条制图方法了吗？结果如图2。

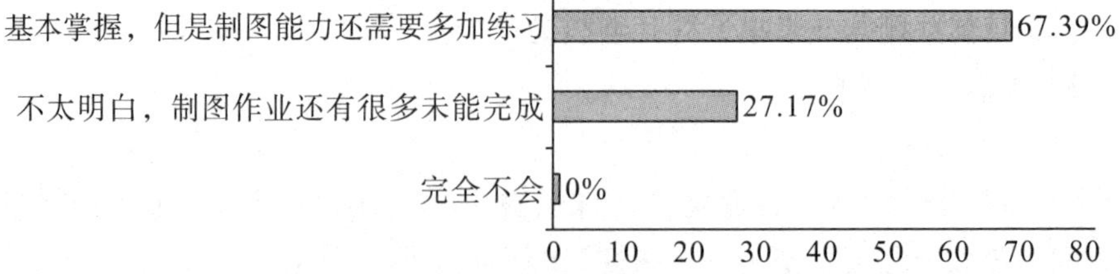

图2　网络教学后掌握制图方法情况统计

如图 2 所示，5.43％的同学掌握了绝大部分，可以熟练使用制图工具，明白制图要点；67.39％的同学表示基本掌握，但制图能力还需要多加练习。七成以上的同学掌握了制图方法，当下的教学效果能达到预期目标。当然仍有 27.17％同学作业很多未能完成，教师在课下还应该加强对作业完成的督促，针对该类同学不明白的地方着重讲解。

（三）课程学习难点

为了了解学生在“建筑初步”这门课中的学习难点，调查提供了 6 个选项供学生选择。调研结果显示，主要学习难点集中在：作业难度较大，需要长时间练习（84.8％）；学习内容繁杂，自学知识部分困难（55.4％）；网络不畅、延迟，听课效果不好（47.8％）。这三点与教学设计时曾经设想过的难点一致。其他问题如教师教学内容传达不清晰，不明白的地方无法及时解决（21.7％），知识枯燥，学习缺乏兴趣（17.3％），师生互动过少，影响学习效果（3％）也存在，有个别学生还提出了停电等客观原因使在线学习困难。

五、方法与对策

“建筑初步”对学生实践动手能力要求较高，疫情条件下，全部的教学线上开展，人文专业学生学习起来较为困难。根据调研反馈，提出以下改进策略。

（一）更加重视理论讲授

学生完全自主学习理论知识还存在较大困难，需要自行查找资料，或是询问老师同学才能明白教学内容。研究结果也表明，学生更喜欢直播与录播相结合的模式，既可以反复学习，又可以抓重点学习。因此教师在前期理论知识环节，需要更加注重理论直播讲授，强调知识要点教学，在有限的时间中进行重点教学，给学生建立系统理论体系。

（二）把控线上课堂互动秩序

为了充分发挥学生在学习中的自主地位，在任务环节的课堂交流中，在学习群进行头脑风暴，学生畅所欲言，本是良好的学习情境，但由于网络无法面对面交流，学生自说自话，彼此交流不到位，秩序混乱，知识容易张冠李戴，出现差错。问卷调查中部分学生提出：想要重复学习，翻阅聊天记录却不明就里。有时同学提问密度大，老师解答之后也不能反应过来。由此教师需要严格把控课堂秩序，及时打断发散思维，引导同学顺序发言，逐一讨论问题，按照学习进度进行，同时也需要提醒学生集中注意力。

（三）加强课后作业督促

受疫情条件影响，同学们学习不确定性强，制图工具购买存在先后，根据不同学生的学习能力，制图作业所需时间也差异化，所以教师没有严格规定作业提交时间节点，只按课时进度提出任务要求，并提醒学生最好能按照进度完成任务。根据调研反馈，还存在16.3%的同学不知课后作业如何下手，27.2%的同学有很多作业未完成，甚至有学生提出希望老师逐一督促提交作业的建议。部分同学的学习自觉性不强，自主学习能力弱，为了防止学习效果差异扩大，教师应该对学生更加严格要求，加强督促。

（四）提升学生自信心

“建筑初步”课程中，制图作业难度大是84.8%学生共同选择的课程难点。制图环节任务困难，学生需要投入大量的时间去完成，极易产生畏难情绪，导致学习效果不佳。调查中有学生提出希望老师降低作业要求的意见，为切实培养学生制图能力，只能鼓励学生迎难而上，而非降低要求。教师可以在平时交流过程中多表扬，找出学生制图过程中的闪光点，分享优秀作业，提升学生的学习自信，鼓励学生自主探究强化制图能力。

（五）线上线下教学相结合

疫情期间受教学条件限制，无法线下教学。网络教学中，传达不清的情况时有出现，研究中许多同学提出了希望线下再交流的想法，认为网络聊天较为混乱，只依靠网络教学，制图细节不够理解，无法清楚描述自己的问题，得到答复后也还是一知半解。可见，完全只通过网络教学完成“建筑初步”授课是不科学的，不能满足所有学生的学习需求。今后条件允许的情况下，“建筑初步”可以尝试线上线下混合教学，探索更加适合的教学方式。

六、结语

特殊时期，受授课时间、授课条件等限制，“建筑初步”网络教学模式进行了探索。本研究针对已经展开的人文专业“建筑初步”任务驱动式翻转课堂情况进行研究，提出改进策略。任务驱动式教学法要真正成为一种有效的网络授课方法，还需要逐渐摸索，在实践教学中与传统教学法相配合改良，方可为今后“建筑初步”课程教学实施提供多种选择，切实培养学生实践制图能力，满足行业人才需求。

参考文献：

[1] 杨梦阳，牛笑，赵兵兵．微课在建筑初步课程中的辅助应用［J］．高等建筑教育，2018（1）：87－89.

[2] 李强，贺伟，杨立国，等．人文地理与城乡规划专业人才制图能力的培养［J］．西部素质教育，2019（19）：63－64.

[3] 李春妍，罗帅伟，梁亚红．人文地理与城乡规划专业制图基础课程教学改革［J］．高师理科学刊，2016（1）：103－106.

[4] 郭绍青．任务驱动教学法的内涵［J］．中国电化教育，2006（7）：57－59.

在线翻转课堂教学活动的思考与设计

◎ 黄兰香[①]

传统教学模式造成的学生被动学习方式，学习效率较低，不适应新技术、新思路、新时代背景下的教学发展。将以教师讲授为主的课堂转换为以学生主动学习为主体的课堂，即“翻转课堂”，已成为新兴教学方式的目标。作者不拘泥于现行翻转课堂模式，结合学生实际情况进行了“在线翻转课堂”教学活动的思考与设计，在实施过程中取得了良好效果。

一、引言

传统教学模式一般是老师站在讲台上进行知识的讲授（教师主导），学生坐在下面听（被动接受知识），形式比较单一，学生会出现注意力不集中的情形。根据学习金字塔模型（图 1），单纯的听讲方式所能达到的学习内容平均留存率只有 5%，学习效率较低。为了提高学习效果，提升学生的自主学习能力，将这种以教师讲授为主的课堂转换为以学生主动学习为主体的课堂，即“翻转课堂”，已成为新兴教学方式的目标，得到了教育界的大力推崇。

① 作者简介：黄兰香，女，博士，乐山师范学院讲师，研究方向：新能源材料与器件。

图 1　学习金字塔模型

二、翻转课堂概述

现行的翻转课堂的基本模式为：教师将学习的知识点以微视频的方式提前发放给学生，学生根据自己的时间、情况个性化地完成知识的初步学习，形成基本框架，在接下来的课堂教学中，通过教师设计的各种教学活动，完成知识的进一步吸收、掌握、内化与应用，即知识传授的识得过程与基本的习得过程发生在课外，知识迁移内化过程与悟得过程发生在课堂（王海青，2019）。

要实现课堂的顺利翻转，除了教师需要付出较多的心力设计整个教学过程，更重要的是需要学生的自律性来主动参与，尤其是课前的主动学习。课前学习效果是翻转课堂教学活动的基础，如果学生没有良好的学习内驱力，没有预习，翻转课堂就成为空中楼阁。然而，二本院校的一些学生自律性较差，学习内驱力较弱，认为课前学习占用了他们的业余时间；或者习惯了被动式学习，带着一本教材、一双耳朵在教室里听老师讲，将课前学习完全看作增加学习负担。学生不能有效地完成课前学习，课堂翻转也不可能顺利地进行，反而会使课堂氛围显得尴尬，达不到理想的效果。那么，如何结合二本院校学生的具体情况，实现课堂翻转，又能使学生欣然接受呢？结合此次疫情阶段的特殊居家学习情况，采用在线翻转课堂的方式或许是一次探索培养学生自主学习能力，充分发挥学生主观能动性的契机。

三、在线翻转课堂的教学设计

此处所谓的在线翻转课堂，即不按常规的翻转课堂模式把课堂分为课前学习和课堂活动，而是把两者合二为一，皆在在线课堂上完成。具体实施方案如下：

（一）课程规划

“好的开端是成功的一半”，教师预先对所讲授的课程进行全方位的设计和规划是非常重要的。课程规划包括：①课程所要学习的章节内容；②各章节中的重、难知识点及相应的有针对性的练习题；③单元测试题；④课后巩固练习题。第一，将分解好的各章节知识点录制成微视频的形式。微视频能够提供高质量的在线学习素材，使学习者无论身处何地皆能够借助网络在线分享优质课程资源。微视频的作用就是提供分解的、细化的知识，帮助学生理解，更好地实现知识的传授。微视频可以借助各在线学习平台（如中国大学慕课、超星慕课等）已有的资源，结合教师个人授课的需求进行整合完善，也可以授课教师自己录制。微视频的时间不宜过长，力求简短、生动、形象、高效地把知识点讲解明白，如果时间过长，学生容易产生厌烦心理，不利于自主学习习惯的养成。慕课资源的选择也非常重要，一定要基于学生的心智水平和理解能力，不同学校的学生对慕课的要求是不一样的。第二，以微视频形式的知识展示结束后，紧接着是针对性的简单测试题，以便学生及时自检是否掌握了基本概念，认知了基本框架；然后是有难度的思考题或练习题，促使学生更深入地思考，完成前后知识点的衔接、融会贯通，或能够现学现用，将当堂课所学内容尝试着进行应用。第三，教师视学生掌握情况确定后续是否布置适当的巩固练习题，如果前述环节学生能够顺利完成，达到了既定目的，则可免之；如果效果有所欠缺，则可适当考虑，切忌量多。这样，学生意识到在课堂高效学习可免去课余时间的巩固练习，有更多的时间去做其他有意义的事情，何乐而不为呢？之后在课堂上会更积极主动地完成课堂学习及活动。

（二）在线翻转课堂

一切准备就绪，教师提前将下次课的学习内容（视频、教材）及学习任务（思考题、练习题、测试题等）推送给学生，一是提醒学生上课时间；二是使学生明确下次课堂上的学习内容，并知道需要结合所学的知识回答哪些问题，完成哪些练习或测试。

课堂上，学生自觉地完成视频内容的学习，不明白的地方可以反复回看、琢磨；由于微视频时间较短，讲解突出重点，理工科某些公式的推导、结论的具体来由已经省略，学生可以再结合教材进行梳理，完成知识的迁移；学生应用迁移的知识对老师提出的思考题或应用题进行思考和应用，融会贯通，在过程中实现知识的内化；通过学习任务的完成，学生可以检验自己对知识的掌握程度，反复自我学习、思考或查找资料促进学习，再或者同学之间互教，有助于更深层次地理解学习内容；教师留出课堂 1/3 的时间，利用在线课堂（如腾讯会议、学习通直播、钉钉直播等）针对难点重点内容请部分学生回答，了解他们对知识点的掌握程度，并适当讲解，加深学生对知识点的理解；对学生遇到的问题进行答疑解惑，对重点内容进行强调、总结，在此过程中使学生完成知识的悟得。学习的真谛在于“悟”，悟得是指学生通过思考与觉悟，内化所学内容，让其成为自己智慧的一部分，从而使自己的价值层面得到改变的过程；知识是外在于人的，是一种可以量化的“知道”，只有通过课堂上的点拨与碰撞，悟有所得，让知识进入认知本体，才能称为素养；悟得是一种意义理解，是一种规律性的认识，是一种智慧，是“道”（陈立群，2014）。由此，整个课堂完成了以学生自主学习为主体，而不再是教师讲授为主导的课堂翻转。

“翻转课堂”的优点在于从先教后学到先学后教，从被动学习到主动学习，学生可以学习两遍，第一遍带着老师预设的问题自己学；第二遍再集中解决疑点、重难点问题，这样学生就有了直接面对新内容、新问题、新情境的机会。学生只有在自学理解的基础上，与师生的互动交流才更有效，才能培养学生思维的深刻性、批判性，知识才能进入长时记忆（陈红阳，刘艳，2020）。得益于科学信息及网络技术的迅猛发展，通过“翻转课堂”，学生可以自主解读视频知识，反复看，来回看，有疑问的地方可以在线搜索，自主地解决问题，非常有助于学生自主学习、自己思考，真正成为一个思想的强者，适应终身学习的大趋势。

在整个在线翻转课堂中，学生思维一直处于高度集中、兴奋的状态，通过自主学习，归纳、总结、练习测试（实践）、讲解给别人的方式，实现了主动学习，根据学习金字塔模型（图 1），其学习内容的平均留存率可高达 75%～90 %，远远超越传统教学模式的学习效率。同时，由于没有占用学生课余时间，没有增加学习负担，学生都能欣然接受，在课堂上积极自主学习，完成相应的学习任务，并取得不错的测试成绩，实现在线课堂翻转，达到高效学习的目的。

（三）课下的沟通交流与知识巩固

由于在线翻转课堂的课上时间比较紧张，有些同学还没来得及提问已经下课，有些同学比较害羞，又或者比较不自信，有问题但又不愿意当着全班同学来问，又或者有些同学的疑问没能在课堂上及时消化，那么，都可以在课下通过学习平台、QQ等方式继续与老师一对一地沟通交流，直至完全弄清楚、搞明白。

课后的巩固练习如前所述，可视学生在翻转课堂上的具体表现灵活安排。如果认为有必要，切忌量多，避免打击学生在翻转课堂上的积极心态。

当然，此处的翻转课堂教学设计是针对理工科、自然科学类课程的教学，其主要以具体的理论知识点为主，因此，针对理论知识点的讲解及对应的解题测试练习等较多；对于其他类型的课程可根据课程实际情况设置适宜的案例分享、问题引导、在线讨论辩论、归纳总结等流程进行在线翻转课堂教学活动的灵活规划和安排。

最后，老师可定期设置一定的在线调查问卷，了解学生对在线翻转课堂的意见，并针对同学们提出的切实可行的建议及时调整和完善在线课堂活动，如此，同学们也参与了课堂教学活动的规划与设计，会更主动地参与到在线课堂中来，认可度高，参与度高，积极性高，整个课堂充满活力，从而获得较高的学习效率，达到良好的教学效果。

四、在线翻转课堂的实施效果

经过一段时间的实践，通过与同学们的沟通、交流，了解到大部分同学很认可这种方式，避免了全班同学都必须按着相同的步调走，可以满足学生个性化教学，多样化需求，学习效率高，在完成知识训练的同时也实现了自主学习能力的培养；有些同学习惯了传统的被动式学习，希望老师能够进行直播讲课，但通过与老师的沟通之后，明白了养成自主学习习惯对大学生的重要性，懂得了只有自主学习，自己思考，才能真正成为一个思想的强者，适应于终身学习的大趋势，也欣然接受了这种教学方式。

本学期材料科学基础课程实施在线课堂翻转以来，同学们表现积极，课堂签到率100%，视频观看率95%以上（部分同学认为直接看教材是自己喜欢的自主学习方式），对老师预设的思考题及练习题能积极思考并作答讲解，重点突出，正确率高，能通过自主学习的方式提出疑点，通过答疑解除心中疑惑，在课堂上高效地完成知识的识得、习得、迁移、内化及悟得的整个过程，期末考试成绩优异（见图2）。从图2中可以看出，与以往传统教学方式相比，采用在线翻转课堂后，学生成绩在90～100分之间的比例由9%提高到了26.9%，在80～89分之间的比例由22.7%提高到了38.5%，不及格率由9%降到了3.8%，获得了较好的学习效果。

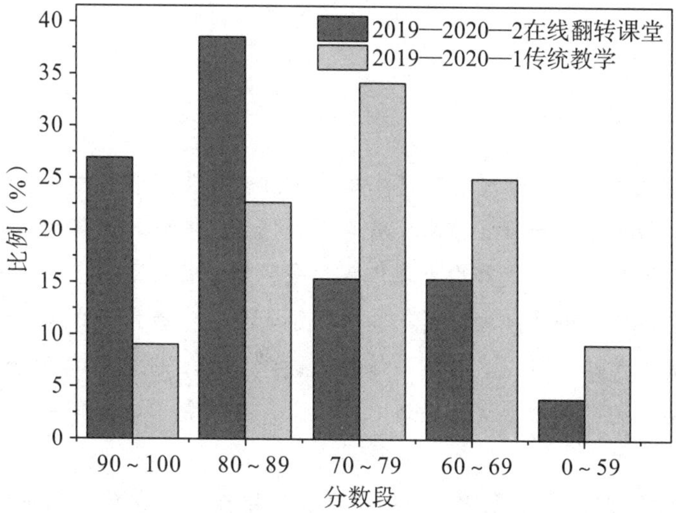

图2　材料科学基础课程学生期末考试成绩对比图

五、结语

在线课堂翻转把学生自主学习和课堂教学活动有机融合到一起，可高效地利用课堂时间，促进学生养成自主学习的良好习惯，终身受益；但是学生自主学习占据课堂大部分时间，因此，学习内容不能太多，教师需要对教学内容进行严格把控，精简且把握好重点。同时，及时了解学生学习情况和心理活动，因材施教，培养学生学习内驱力，通过自身不断的努力完成自主学习，成为自主思考的强者，这也是在线翻转课堂获得成功的根本。

参考文献：

[1] 王海青．“以学生为中心”的教学理念在翻转课堂教学模式中的实施［J］．教育教学论坛，2019（30）：193－195．

[2] 陈立群．“翻转课堂”与传统教学方式的差异［N］．中国教育报，2014－04－09（7）．

[3] 陈红阳，刘艳．以学生为中心的翻转课堂教学模式设计［J］．电脑知识与技术，2020（8）：93－95．

“植物学”课程教学中运用翻转课堂的思考

◎黄 娇[①]

随着“互联网+”和现代多媒体技术的快速发展，信息技术已经广泛应用于高等院校教学中，教师在信息化背景下如何开展教学，如何顺应教学手段的变化，实现课程教学形式和内容现代化，是新形势背景下提出的新的要求和目标。围绕在线教学的实施和应用，涌现出了大量在线教学模式改革和探索的课程案例，提出了诸如启发式教学、体验式教学、项目教学、角色扮演式教学、探究式教学、翻转课堂、混合式教学等理念，并开展了诸多有益的试验。

“植物学”课程是高等学校生物科学、生物技术、农林等专业重要基础核心课之一，课程的学时安排一般为一年的时间，“植物学”（上）重点介绍种子植物形态解剖学，“植物学”（下）重点介绍植物界各类群的主要特征及分类知识。其内容覆盖面大，专业性强，知识点多，对后续相关专业课程的学习影响极大。不同的高校针对“植物学”在线教学开展了一些有益的尝试。强胜（2019）提出了基于网络的以实验为主体的植物学自主学习教学模式，并进行了持续的试验和推广，取得了好的效果。袁聪颖和李会云（2019）及巩红冬等（2018）基于网络在线课程、网络平台和翻转课堂等对“植物学”课程进行了混合式教学模式探索。翻转课堂充分发挥了现代信息技术的优势，对于在线教学的开展提供了良好的理念和模板。

本文即是在疫情期间，针对本校学生的实际情况，利用超星泛雅平台对“植物学”（下）的内容进行了在线教学设计和实施，并对实施效果进行了分析，探讨了基于翻转课堂的在线教学模式对“植物学”教学的启示，以期进一步提高“植物学”的教学水平和教学质量。

---

① 作者简介：黄娇，博士，乐山师范学院生命科学学院副教授，主讲植物学及植物学实验等课程，研究方向：植物分子系统与进化生物学。

一、在线教学设计和实施效果分析

（一）线上建课的必要性

基于“植物学”课程的专业基础性和重要性，借鉴之前线下上课的实际情况，在无法线下课堂授课的情况下，线上建课就显得尤为必要。这不仅可以作为疫情期间学生学习的主要平台，让学生体会到和线下教学一样的实际感受，也可作为“植物学”课程后续教学改革的一个很好的模板。因此，为了更快地进入网课，笔者采用了学习通上的课程教学包，然后根据自身的教学计划，补充资料，对课程包里的内容做增、删、减，并加入教师自己录制的视频和课后测验。“植物学”课程作为生物科学专业大一本科生的核心基础课程，线上建课让学生快速地明确了这门课的学习任务和时间安排，课程教学信息也非常清晰明了。除了课堂时间外，学生能根据自身的实际情况利用网络教学资源安排自学，突出了学生学习的主体性和必要性。

（二）教学视频录制的重要性

根据本校“植物学”课程教学大纲要求的实际情况，以及只能通过线上课堂获取知识的现状，“植物学”课程教学视频的录制是重要的一环。为了促进学生学习的主动性，网络教学中，笔者补充和调整了以前教学的 PPT，将有些难以理解的内容做得更细更清晰，希望学生通过看视频就能理解到知识点。按照 20 岁左右学习对象的专注度研究结果，教学微视频长度一般不宜超过 15 分钟，以便保证学生在该时间段内有足够的专注力。这就要求教师必须通过合理的分割课程知识点，编写视频脚本以获得满意的教学视频。“植物学”（下）课程目前被分割并录制了约 50 个微视频，除了“绿藻门”和“双子叶植物——豆科”的内容较多无法分割，讲解知识点的时长超过了 15 分钟以外，其余视频的时长都在 15 分钟以内，有些视频时长处于 5～10 分钟的最佳时长范围内，完全符合学生身心发展的特征。

（三）课堂小测试的及时性

为了便于了解和掌握学生学习本次课的效果，每次课按时发布的课堂小测试就是一个关键因素，是达成课程任务目标的有力保障，也是后续互动讨论中“因材施教”的一个客观前提。课堂小测试，一方面要便于学生在较短的时间内就能完成，同时又能便于教师及时把握学生对课程的学习情况，因此每次课上发布的章节小测试题量不能过大，但又能基本囊括本节课的重点和难点内容，这对于教师的备课难度会有所加大，但效果较好。以“植物学”课程为例，笔者每次课上发布的章节小测试主要是一些客观题，包括单项选择题、多项选择题、判断题，题量控制在 10～15 题之间。学生作答提交后可以直接看答案及显示分数，如果没及格的话，就需要重做。通过章节课堂小测试，教师能了解到学生在本次课中的学习情况，有哪些薄弱环节，学生学习的速度和质量，对不同学生的学习能力也能有一个大致的了解。

（四）互动答疑的效果性

每次网课有 30 分钟左右的互动答疑时间，互动教学是前面学习的集中展示，教师需要根据教学目标，通过有效互动，尽可能将有限时间内的教学效果最大化。为了发挥学生的主观能动性且考虑到学生之间有差异及性格因素，在互动答疑环节，仍以教师为主导，由教师抛出问题，并引导学生思考、讨论后再解答。提问方式更注重知识点的融会贯通和灵活应用，更倾向于挖掘知识点的来龙去脉，而不是简单的循序渐进式，学生也由被动的接受知识转为通过主动的思考来获取知识。这对教师的教学能力和对专业知识的整体把控上提出了更高的要求。举例来说，在“蕨类植物水韭亚门”这一节后，笔者提出了讨论问题“针对中国水韭属的 5 种濒危植物，中华水韭、高寒水韭等，你觉得可以采取哪些措施进行保护”，学生要回答这个问题，势必要掌握水韭亚门蕨类植物的主要特征及它们的生存环境，同时还需要去了解珍稀濒危植物保护的一些相关知识，为后续课程学习又奠定了较好的基础。同样，在“裸子植物的一般特征和生活史”这一节后，笔者提出的问题之一为“花粉管的产生和种子形成的意义是什么”；在“被子植物的一般特征和生活史”后，又提出“被子植物的花部结构组成千变万化，也更为高级，这是由什么原因造成的”，学生在思考这些问题的同时，能将课程的知识较好的吸收内化，学习效果明显提高。针对有些学生的自由提问，笔者把它放到了最后，鼓励学生给教师留言，或者设一个主题讨论，来收集学生们的问题，教师再回答，从而使课堂时间尽量有效利用。

（五）课后作业的实践性

“植物学”课程是一门理论性和实践性密切联系的课程，特别是“植物学”（下）要求学生掌握并能区分不同植物类群的形态、特征，并能利用植物学专业知识进行系统分类，这往往需要和实践相结合。因此，在线上教学过程中，结合课程安排，笔者给学生布置了相应的课后观察作业。比如让学生拍照采集5种蕨类植物，重点拍摄植物的生境、孢子体（包括孢子囊等）、配子体，描述主要特征，并初步判断属于哪个亚门。学生为完成课后作业，会去亲身实践和观察，并形成文字，在这个过程中也会产生一些新的问题，并在课堂上反馈出来。实践作业可以激发学生的学习兴趣，让学生在学习知识的过程中变得更积极和主动。在即将进入“被子植物”的学习中，笔者布置课后作业要求学生去看优秀的纪录片《影响世界的中国植物》，并描述视频中所提到的蕨类和裸子植物的分类地位和特征，这可以扩大学生对知识点的认知，从而能更好地理解知识点。

通过以上的五个步骤的实施，“植物学”课程的网上教学被很好地搭建起来，学生也逐渐适应从线下模式到线上模式的转变，其自律力和学习能力也得到了逐步的锻炼和提高，不少学生反馈线上教学效果和线下教学一样，也有学生反馈觉得新的教学方式效率很高，更能理解上课内容，知识的掌握程度比之前更好。

二、对将来“植物学”教学的启示

综上所述，基于翻转课堂理念的“植物学”课程在线教学需要将线上课程建设、线上课堂教学设计和教学实施及课后作业练习有机地结合起来，三者相辅相成，缺一不可。正常上课期间，可以进一步强化线上课堂的目的导向，同时进一步丰富线下课堂的教学设计和实施，线上课堂以学生自学为主，线下课堂以教师引导为主，真正实现“翻转课堂”教学模式创新性、学生主动性的特点。

线上课程首先需要进一步建立和完善现有的网络教学资源，比如进一步制作更精美的教学微视频以及充实“植物学”试题库；教师在课前应根据下次课的教学内容向学生发布明确的任务，布置需要提前预习的网络教学资源，学生通过线上教学资源，提前弄懂课程内容，将问题和思考带到课堂上。线下课程仍以教师的讲授和提问为主导，但需要打破传统的课堂教学中按部就班、循序渐进的教学模式，而将重点放在知识点的融会贯通上，以启发式和讨论式的开放性课堂为主，在学生已经掌握知识的情况下，启发课堂讨论，应用所学内容，引导学生进行深度思考，同时强调、巩固和加深学生对知识点的理解，或延伸相关知识。

在“翻转课堂”模式下，重要知识点会多次出现，即在课前预习、章节小测验、课堂讨论、课堂提问、课堂练习及课后作业中，学生会反复接触，自主思考，共同讨论，以及多次练习，做到融会贯通，真正理解和掌握所学内容。在这个过程中，对教师的专业知识储备和教学能力的考验会显著的加强，学生也由被动学习转换为主动学习。对于学习能力较强的学生来说，“翻转课堂”的教学模式是没有学习上限的，积极主动学习的学生会有更广阔的空间和自由度可以走得更深更远，“教学相长”也因此而体现。

三、结语

此次“植物学”课程在线教学的实施不仅体现了现代网络教育技术应用于传统基础课程“植物学”的便利，也初步获得了在线“翻转课堂”理念的“植物学”课程教学模式的效果，这为以后的“植物学”课程教学提供了新的课程改革方向和思路。无论采用什么样的教学手段和教学模式，“教”和“学”之间的调整和适应是一个动态过程，只有不断改善教学效果，提升学生专业素质，才能满足教学培养人才的目的和需要，为学生毕业走出校园踏入社会实际工作奠定良好的基础，也为社会培养更多高素质的科学人才贡献力量。

参考文献：

[1] 强胜．教育现代化背景下教师在课程教学过程中的角色转换［J］．中国大学教学，2019（11）：29－32．

[2] 袁聪颖，李会云．混合式教学模式在“植物学”课程改革中的探究［J］．科技视界，2019（18）：122－123．

[3] 巩红冬，李彪，王玉林．基于混合式教学的植物学课程翻转课堂构建［J］．中央民族大学学报（自然科学版），2018（1）：70－72．

高师院校心理学课程线上教学PAD模式应用探索[1]

◎ 陈谢平　谢　倩[2]

对分课堂PAD模式作为一种新型本土化课堂教学方法，具有学教并重、讲议协同、聚焦过程、考评灵活等特点。实际应用中，也体现出理念深刻、简明易用、效果显著等优势。本文基于对分课堂PAD模式，对其应用于疫情期间高师院校心理学课线上教学进行了探讨；着重阐述了高师心理学课疫情期在线教学面临的挑战，对分课堂适用在线教学的理论和现实依据，以及PAD模式“讲—化—议”三环节在心理学课线上教学中的具体实施；总结了对分课堂应用于线上教学时应注意学习主体特点差异、教师课堂设计和组织管理能力和教学资源的综合优化等问题。

为应对新冠肺炎疫情对高校正常教学活动造成的影响，教育部于2020年2月发布了《关于在疫情防控期间做好普通高等学校在线教学组织与管理工作的指导意见》，指导各高校在线教学活动的有序开展。此次疫情下大规模在线教学虽是应急之举，但教学质量仍须得到保证。而当前线上教学与线下教学融合已是大势所趋，线上教学不仅要关注信息技术对教学的支持和巩固，也要思考线下课堂教学优势如何为线上教学所用。近年来提出的“对分课堂”教改模式因其操作简单且效果良好，在线下课堂教学中广受好评。据此，本文以高等师范学院心理学公共课线上教学为例，探索该模式在疫情期间线上教学中的应用，以期为特殊背景下线上课堂教学的有效开展提供借鉴。

---

① 基金项目：乐山师范学院2019年校级学科建设重点科研项目“积极心理资本视阈下西部贫困地区乡村教师的职业稳定性研究”（WZD003）。本文曾发表于《乐山师范学院学报》2020年第11期。收入本书时，有改动。

② 作者简介：陈谢平，乐山师范学院教育科学学院心理学博士，讲师，乐山师范学院“学校心理教育与服务研究中心”负责人，研究方向：教育与职业心理。谢倩，乐山师范学院教育科学学院心理学博士，副教授，四川省心理学会理事，研究方向：心理发展与教育。

一、疫情期高师心理学课线上教学面临的挑战

新冠肺炎疫情期间开展的“停课不停学”线上教学是在师生时空分离的状况下，利用互联网等实施远距离教学的过程和活动（穆肃，王雅楠，2020）。此次在线教学具有应急性、规模大、周期长等特点，给高校各门课程的教学实施带来了不同程度的影响。心理学课作为高等师范院校教师教育的基础课程之一，对培养合格师资有着不可替代的作用。随着教与学的空间从线下转到线上，高师心理学课在线课堂教学也面临着一些特殊挑战。

（一）应急上线容易导致传统讲授式教学“搬家上网”

讲授式教学作为一种传统教学模式，在高校课堂教学中广为应用。讲授式教学的最大优势在于能够高效率、大容量地传授知识。因而在智慧型教学呼声渐长的今天，讲授式教学仍然有其独特的存在价值。然而，讲授式教学也因其对学生主动性和个体差异关注不足而长期饱受诟病。就高师心理学课而言，当前线下课堂教学依然以讲授模式为主。该模式适应了心理学课课时少、人数多的现实需要，但也存在诸多问题。例如，教学内容多而课时有限，课堂教学偏重教师讲授，学生发挥的空间和时间十分有限；教师需要花费大量时间精力为课堂讲授备课，教学效率较低；课堂上师生互动交流少，课后学生课程巩固学习更少；考评方式单一，过程性评价不够等。在信息技术的推动下，心理学课日益关注教学方法和教学模式的改进，以适应教学改革的新需求。此次疫情期间的线上教学，更是一场极端环境下的应急上线教学。由于时间紧迫、准备不足以及对线上教学缺乏认识等原因，高师心理学课线上教学多以教师讲授和学生听课为主，师生交互有限，这种教学方式无异于将线下讲授式教学的“满堂灌”搬到了线上，从而容易导致“人灌”变成“机灌”，“照本宣科”变成“照屏宣科”的局面，学生的在线学习体验和线上教学质量必将大受影响。

（二）时空分离容易淡化心理学课堂的共情体验

共情是一种理解他人感受、分享他人情感的能力，其实质是与他人产生情感上的共鸣（Hoffman，2001）。依据教学论原理，教学过程是认知过程与情意过程的统一。在线下面对面授课时，师生间的交流不单是知识信息的交流汇集，更是表情、眼神、肢体动作等课堂反应的情感交融。由于心理学是研究心理现象和情感规律的科学，课程本身就要求在认识心理现象时需要将心比心和

共情体验。当教师在围绕认知、情绪、动机等心理现象进行心理学课教学时，须借助自我展示、情景设计和角色扮演等活动，引导学生将情感迁移到教学内容中，以使学生获得真实体验和感悟，从而达成更好的教学效果。线上教学的“教”与“学”行为因存在时空分离，教与学的情感交融被大大削弱。高师心理学公共课由于上课人数众多，学生专业背景差异较大，在“面对面”交流变成了“键对键”交流的情形下，师生间的陌生感很难短时消除，而线下课堂常用的互动教学策略也难以在线上获得同样效果，这就导致心理学课堂本应呈现的共情场面将不可避免地受到影响。

（三）“碎片化”教学容易阻碍心理学课在线课堂深度

“碎片化”教学是指在线上教学中，教学情景设置和教学过程开展中出现的零散、脱离完整性的现象（谭学武，2014）。网络上微课、微视频等“微”教学资源十分丰富，微信、QQ聊天等网络交流工具也非常便捷。这些网络资源和工具在方便移动学习、提升学习效率的同时，也带来了注意力分散、系统学习不够、深度学习缺乏等“碎片化”学习问题。疫情期间，在线课堂教学在借助这些教学资源和工具开展教学时，“碎片化”教学问题也相应凸显出来。疫情期间的心理学课线上教学活动，主要采用网络直播或观看网络课程，再辅以在线提问、讨论等形式开展。这些教学形式可以提供更丰富的听课体验，也有助于扩展课堂知识分享的宽度。然而，由于此次线上教学属于应急之举，师生的教学准备十分缺乏，在心理学课的课堂谈论或分享环节，师生容易将未经处理和整合的材料拿到课堂上即兴使用。于是，心理学课注重的课堂讨论或分享就在一个话题接着一个话题的不断切换中，变成了零零碎碎的材料堆砌，甚至针对某个感兴趣的话题，学生们漫无目的地在聊天窗口展开群聊。这样的课堂局面，消耗了大量宝贵的课堂时间，也消融了知识学习的深度。建构主义学习理论强调知识学习的系统性和建构性，强调教师要为学生提供主动学习的有效情境（王沛，康廷虎，2004）。高师心理学课作为教师教育类课程系列中的基础课程，旨在让学生应用心理学知识和规律应对未来教育教学工作中遇到的问题。这就要求心理学课的课程教学要确保能够促进学生的深度学习，并且尽量避免“碎片化”教学问题的出现。

（四）在线教学周期延长容易引发师生倦怠

任何事都可能因时间延续而产生“倦怠”，线上教学也是如此。新冠肺炎疫情的发展和变化，让高校线上教学的应急方案变成持续一学期的正式教学方式。随着时间的推移，无论是教师还是学生都经历了从新鲜、兴奋到淡定、从容的心路历程。在电脑、视频、音频、动漫、大数据等应用的新奇感和兴奋劲之后，如果基本的课堂教学行为没有更多改进，在线教学条件下的教师和学生都容易出现倦怠。倦怠意味着兴趣的减弱，表现为教师厌教、学生厌学。教师在倦怠后，可能采取各种“拖时间”“填内容”“玩花哨”等流于表面的教学做法，致使教学效果大打折扣。而学生的倦怠表现可能更为突出，慕课学习中有个有趣的“第三周现象”，即到第三周时在线学习人数会明显下降。而疫情防控期间教师和学生完全物理隔离，学生在没有教师连续关注，也没有同伴可供参照，且需要独立完成学习的形态下，更容易产生学习倦怠。倦怠不仅会消磨学生的学习热情，还会让学生对所学课程区别对待。高师心理学课虽是师范生基础课程和必修课程，却因其公共课身份，容易被学生视为“学分鸡肋”。加之线上教学模式较为单一，学用结合不太紧密，势必挫伤学生的学习积极性。如果不在教育策略、教学模式上作出基础性改变，线上学习的倦怠将很难得以改善。

二、PAD 模式应用于疫情期心理学课线上教学的依据

PAD 模式是对分课堂教学模式的简称，对分课堂是根据国内大学课堂的现状、基于学习行为规律提出的课堂改革新模式。对分课堂与包括传统讲授在内的其他教学模式相比有其独特优势所在，这些优势也成为其能够应用于疫情期间心理学课线上教学的依据。

（一）PAD 模式成熟的理论和实践经验为其线上应用奠定了基础

利用互联网开展教学活动是疫情下高校教学采取的应急措施。与常规在线教学相比，疫情下的应急线上教学缺少足够的时间和条件来进行系统方案设计，因而较难保障课堂教学质量。复旦大学张学新教授（2014）提出对分课堂教学模式，其核心理念是以课时对分方式来克服传统讲授中教师单向灌输，学生被动接受的局面。对分课堂教学将课堂时间分为两半，一半时间留给教师进行精讲，另一半时间留给学生进行互动讨论。由于该教学模式在时间上把教学分为三个过程，即讲授（Presentation）、内化吸收（Assimilation）和讨论（Discussion），所以也称为 PAD 课堂或 PAD 模式。该模式一经推广，便得到广泛认可，被誉为当前具有中国原创性的本土化课堂教学模式。

PAD 模式创新的关键是提出隔堂讨论的观念，隔堂讨论也就是把课堂讲

授时间和讨论时间错开，即本节课讨论上节课学习的内容和知识，将传统课堂采用的“即时讨论”变为“延时讨论”。延时是为了供学生自主安排学习，内化吸收，并带着自己的观点在课堂上进行讨论和分享（崔振华，杨艳萍，2019）。延时讨论不仅提高了学生高阶思维能力和解决复杂问题的能力，还促进了其沟通能力和团队合作能力的发展。PAD模式简单易操作，已在线下大学课堂教学中推广应用。疫情下的线上教学是因危机情况而作出的被迫选择，快速采用可靠、可用的课堂教学模式对保证线上教学质量至关重要。PAD模式成熟的理论构建和在实践上取得的成果，可以为该模式在疫情期间心理学课线上教学中的应用奠定良好基础。

（二）PAD模式有助于避免心理学课传统教学弊端的“网上复现”

习惯了心理学课讲授式教学的老师会认为线上教学不过是利用直播平台呈现线下教学内容而已，从而不可避免地造成线上教学中的教师“照屏宣科”问题。高度凝练的PAD课堂讲授环节，可以提高教师课堂讲解的效果，即按照对分原则，用一半时间对教学内容进行精讲，帮助学生了解知识的框架，了解学习的目标和重点难点。余下一半时间给学生预留了讨论交流和自主学习的时间和空间，从而克服了在心理学课传统讲授式教学模式下学生“学”得被动的问题。PAD模式的课后内化吸收和课堂讨论环节，可以让学生找到学习的发力点和着眼点，学生在自主思考和讨论中能认识到该学什么和怎么去学。这样既能促进学生的深度学习，也能增强学生之间和师生之间的合作交往。此外，传统心理学课考试局限于“教材所述”和“课堂所授”，存在着明显的重知识、轻能力，重结果、轻过程的倾向。而PAD模式关注过程性考核评价，尤其将学生自主学习与交流合作完成的作业和内容作为过程考核的依据（杨永飞，付帅师，李曼芬，等，2020），特别适合疫情期间心理学课强调过程考核评价的实际需要。

（三）PAD模式为心理学课线上教学交互提供了整合途径

线上教学有三种常见交互方式：学生与教师交互、学生与资源交互、学生与学生交互。其中学生与教师的交互仍是线上学习的最主要形式，如教师基于直播或视频会议系统的实时线上教学。这类交互一般为同步进行，师生之间有直接互动，但多以教师教学为主导，学生的参与性较弱。学生与资源的交互，即学生根据教师提供的教学资源而开展的交互活动，在应对同步线上教学和促进学习的个性化方面有其独特优势，但如果缺乏教师足够的教学资源支持，则容易造成学生线上学习的孤独感和乏味感。学生与学生之间的交互即同伴学习交流，生生交流可以集思广益，有助于培养学生的团队合作意识和资源整合能力。但是如果缺乏教师的引导和监督，则容易陷入相互推诿，应付了事的局面。由此可见，以上三种线上教学交互均有其各自优缺点。

“等效交互原理”认为，只要三种教学交互中的一种处于高水平，即便另外两种交互水平较低，也能支持深入的、有意义的正式学习，不会降低教学的客观效果（宫副照美，安德森，王志军，2014）。不过若能将三种教学交互整合，无疑将极大提升线上教学的成效。PAD 模式以对分的方式，把师生互动、生生互动、生本互动联系起来，能够有效改善传统单向授课的教学生态。对于高师心理学课线上教学而言，PAD 模式能够打通线上时空分离带来的隔阂，让本就注重师生互动、团体讨论、反思内化等环节的心理学课，通过观看讲授、在线讨论、在线分享等形式，有效整合了三种交互方式，从而提高线上心理学课的教学效果。

三、PAD 模式在疫情期心理学课线上教学中的应用

PAD 模式作为传统讲授式教学模式的革新，在线下课堂教学改革中获得了积极效果。虽然对分课堂对学生类别和课程类型有一定考量和要求，并不能在高校各门类、各学科课程中畅行无阻，但对于实践性较强的课程却比较适用（邓心强，游春霞，2017）。而高师心理学课是高师学生职前准备和心理素质提升的必修课程，其实践性和应用性均较强。因此，PAD 模式的成功经验可以为高师心理学课线上教学改革所借鉴。为应对新冠肺炎疫情下高师心理学课线上教学面临的挑战，笔者依据 PAD 模式的教学理念，将该模式在高师心理学课线上教学应用的经验作如下介绍。为形象化 PAD 模式的课堂讲授、内化吸收和课堂讨论三个环节，将其统一称为“讲一讲”“化一化”和“议一议”（图 1）。

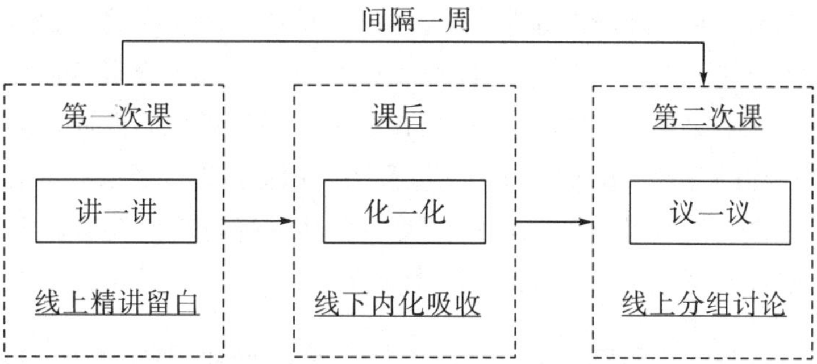

图 1　心理学课线上 PAD 模式流程图

（一）“讲一讲”环节：精讲留白，为线上课堂释放空间

课堂讲授是对分课堂的第一个环节，这一环节为课程的进一步展开奠定了基础。针对传统讲授方式的弊端，教师不再对细节知识加以反复解读，而是以精讲和留白作为讲授原则。精讲指教师只做引导式和框架式讲授，例如讲解学习目标、章节内容和逻辑结构等。为此，在高师心理学课的线上教学“讲一讲”环节，教师根据教学计划，以电子教材为依托，凝练线下授课的章节，以利于精讲。通过教学计划和教材的分析，提炼出“心理学概貌—认知过程—情绪情感—智力与创造力—行为动力—人格发展—学习心理—心理健康—教师心理”等几个重要主题单元。明确以单元知识的框架结构、每一单元重点知识为讲授内容，目的是让学生建立起知识框架、把握学习要点。精讲内容梳理后，以 PPT 课件形式呈现。

疫情期间可供教师选择的在线教学平台和工具有很多，考虑到腾讯会议有较强大的课堂教学支持功能，因而在心理学课线上教学时主要采用腾讯会议软件。由于参加心理学课在线学习的学生来自不同专业，与授课教师并不熟悉，且又隔着电脑屏幕，要营造良好的课堂学习氛围实属不易。为此，在每次上课前 10 分钟，教师就开始通知学生进入腾讯会议室，随后以舒缓的音乐或轻松的话题启动教学。在课前话题中也会经常分享疫情中的心理感受，利用专业知识帮助学生疏导因疫情影响而产生的负面情绪。通过这些课前预热活动，拉近与学生之间的心理距离，使在线课堂变得更为轻松。

正式讲授使用腾讯会议的分享屏幕功能，把教师的教学 PPT 实时分享给全体学生。每次线上教学时长为 2 课时共 90 分钟，按照对分原则教师讲授只占一半时间，考虑到学生在线听讲容易疲劳和容易分心的情况，将讲授时间分配在两节课的开头和结尾，各 20 分钟左右。讲授时长分割和缩短后，讲授内容就要体现精练性，准确把握课堂讲授的精华部分。需要注意的是，“讲一讲”不仅仅拘泥于课件内容，而是在教学计划导引下，适量穿插其他制作精良的在线精品资源（微课和公开课等）。这些在线平台课经过精心设计，试听体验比较好，尤其在讲背景、概念时可以加以利用，但播放时间不宜过长，控制在5～10分钟以内。经过学期教学尝试，发现教师讲解与其他教学资源相结合的形式，讲授效果更好，学生的接受度也更高。

（二）“化一化”环节：整合线上资源，助推学生深度学习

内化吸收是PAD模式的第二阶段，由学生课后完成。心理学课的内化吸收主要体现为，学生对教师上一堂课讲授内容的消化，以及完成教师布置的学习任务两个方面。建构主义学习理论指出，学习不是知识的被动接受过程，而是意义的形成和建构过程（王沛，康廷虎，2004）。PAD模式的“化一化”环节基于建构主义学习理论，关注学生内部知识的建构，以原有知识经验为新知识的生长点，利用各种学习资源，促进学生知识的内化吸收。在线上教学活动中，如何依靠网络环境给学生推送精准有效的学习资源，以促进学生内化吸收，是PAD模式线上教学的又一个重要关注点。学习资源之于学生好比大米之于巧妇，如果没有丰富的学习资源作为支撑，自主学习和知识建构将很难实现。而学习资源的利用程度既是对学生自主学习能力的考验，也是对教师教学资源供给水平的要求。

传统课堂教学中，教师呈现给学生的学习资源往往比较有限，多为授课课件、教学案例、参考书籍等。随着数字网络的发展，学生所能接触的知识资源日益丰富，资源更新速度也不断加快。就心理学而言，现有在线资源十分充足，完全能满足疫情期间心理学课线上教学的资源需求，但学生也很容易被海量学习资源淹没，引发“认知超载”和“碎片化”学习问题。这就需要教师按照心理学课教学计划的安排，以各主题单元为线索有针对性地搜索有用资源，再根据教学进度将资源进行选取和整理，形成课时资源包。在每次线上教学结束时，将该堂课相关资源包推送给学习小组，并指导学生在课后如何使用资源包开展自主学习。为确保学生课后学习的主动性，随机选取学习小组代表在隔堂讨论环节（与上一堂课间隔一周）呈现自己的“亮考帮”。“亮”即亮出上一堂课的收获和心得，“考”即提出一个已解决的上节课问题来考别人；“帮”即自学中没弄懂的上堂课问题在课堂讨论时求助别人。“亮考帮”既需要学生独立思考，又需要学生相互协作，有助于拓展其心理学课学习的深度和宽度。

（三）“议一议”环节：共享共情，形成良性线上课堂生态

课堂讨论是PAD模式的第三个环节，主要通过小组讨论的形式对前两个环节的学习成果进行巩固和深化。与传统课堂讨论不同，PAD模式下的课堂讨论是一种常态机制，即每次课留出一半左右时间，针对上节内容和课下形成的“亮考帮”进行讨论。现代学习活动理论认为，学生与学生间的交流是认识得以建构的基础，仅靠学生个人的单独活动很难实现这一过程（Engestrom，2010）。因此在心理学课线上PAD模式教学中，要求学生充分利用社交媒体平台，以6～8人为基数组队学习。组内设置轮值组长，组长需要根据教师布置的课后任务和提供的资源包，安排组员开展课后合作学习，并形成小组的“亮考帮”，制作成简短Word文档或PPT在课上进行呈现。

在“议一议”隔堂讨论环节，教师随机请2～3个小组分享本组的“亮考帮”。先将主持人权限设置给小组的发言代表，由其进行直播展示，然后其他小组派代表通过视频、语音或文字作出解答。其间教师负责把控时间，引导发言重点，并指点困难问题，全体同学共同思考讨论。经过学生充分思考和准备的问题，具有明显的知识聚焦性，能有效激发学生的求知欲望。全班同学聚焦在一个问题上展开讨论，可以很大限度避免课堂讨论的“碎片化”和“分散化”问题。最后教师对讨论内容和学生参与表现进行点评和总结，将过程性评价结果纳入学生的课程考核成绩中，并适当提高过程评价在总成绩中的占比。在线教学过程评价的实施，有助于提高学生在线学习的参与性和积极性。“议一议”环节结束后，教师开始对新的教学内容进行讲授，学生课下再内化吸收，下次课继续进行讨论，如此按照教学计划作循序推进，最终帮助学生建立牢靠的心理学通识课知识体系。

根据教育生态学理论，生态课堂是由教师、学生和教学资源等生态因子共同构成的微观课堂生态系统（关文信，2003）。只有当各生态因子平衡时，才会使课堂趋向合理化、自然化，达到一种良性循环。PAD模式作为一种新型课堂教学模式，在实际应用中同样存在一定短板和不足。例如，对分课堂强调学习资源精品化，若教师不能有效获取和优化高质量学习资源，将导致学生学习效果下降，从而违背对分课堂的理念初衷。因此，应用PAD模式还需要进一步探索与完善，尤其是在教师精讲和教学管控能力、学生自主学习促进和教学资源优化等方面均有待提高。但PAD模式指导下的心理学课线上教学克服了传统课堂教学教师整堂灌的弊端，构建了生动活泼的课堂生态景象。在类似新冠肺炎疫情的特殊背景下，快速采用有效的课堂教学模式是线上教学活动成

功开展的关键。对分课堂PAD模式在疫情期间高师心理学课线上教学中的应用探索，对提升疫情中线上教学效果和促进线上线下教学的融合能起到非常积极的作用，因而值得进一步推广和应用。

四、结语

通过对分课堂PAD模式在疫情期间高师心理学课线上教学中的探索与应用，不难看出，该模式不仅给我们提供了解决线上教学的途径，同时也给我们的未来线上教学提出了新的命题。揭示线上教学的规律是教学理论研究的重要任务，也是新时代教学研究的重要任务。

参考文献

[1] 穆肃，王雅楠. 转“危”为“机”：应急上线教学如何走向系统在线教学 [J]. 现代远程教育研究，2020 (03)：22—29.

[2] Hoffman M L. Empathy and moral development：Implications for caring and justice [M]. 城市：Cambridge University Press，2001.

[3] 谭学武. 克服“碎片化”教学，打造“主题式”课堂 [J]. 中学政治教学参考，2014 (4)：16—18.

[4] 王沛，康廷虎. 建构主义学习理论述评 [J]. 教师教育研究，2004 (5)：17—21.

[5] 张学新. 对分课堂：大学课堂教学改革的新探索 [J]. 复旦教育论坛，2014 (5)：5—10.

[6] 崔振华，杨艳萍. 对分课堂教学模式对英语学习者自主学习观念的影响调查 [J]. 中国教育学刊，2019 (S1)：72—74.

[7] 杨永飞，付帅师，李爱芬，等. “新工科”背景下毛管力虚拟仿真对分课堂教学实践 [J]. 实验技术与管理，2020 (6)：211—216.

[8] 宫副照美，特里·安德森，王志军，等. 效交互原理 [J]. 中国远程教育，2014 (5)：17—23.

[9] 邓心强，游春霞. 针对高校“对分课堂”教学模式的再认识 [J]. 知与行，2017 (10)：134—139.

[10] Engestrom Y. Activity，Theory and Learning at Work [M]. The Sage Handbook of Workplace Learning，San Francisco：Sage Publications，2010.

[11] 关文信. 西方教育生态学理论对课堂教学监控的启示 [J]. 外国教育研究，2003 (11)：2—5.

BOPPPS 模型在“数据挖掘”课程教学中的应用

◎ 刘　徽[①]

全国高校数学微课程教学设计竞赛的成功开展加快了传统课堂教学改革的步伐。本文以“数据挖掘”教学设计为例，探讨基于 BOPPPS 模型的高校数学微课程教学设计的方法；提出将数学思想方法融入教学，强调以学生为中心、以问题为导向的探究式教学设计理念；鼓励学生自主学习，充分挖掘学生的能力，实现学习者个性化学习的需求；实现从已知到未知的自然过渡的互动式教学实践，并在项目实践中培养团队合作以及运用数学方法分析问题和解决问题的能力。

一、引言

多年来，教育实践与教育变革不断促进广大教师的专业成长，而“微课程”的出现，更是成为一种符合信息时代和教育教学规律的全新资源类型。近几年来，全国高校掀起以微课程教学设计为主题的教师教学竞赛。2012 年 11 月教育部全国高校教师网络培训中心启动了“全国首届高校微课教学大赛”，各高校积极参加，影响较大。2012 年 11 月 21 日，教育部副部长刘利民在全国高校教师网络培训中心成立五周年庆祝大会的讲话中指出，微课教学比赛是符合时代要求的积极探索，并希望借此推动高校教师培训方式方法的改变，解决培训多样性、便捷性和针对性的问题，促进高校教学与现代信息技术的深度融合（胡铁生，2013）。2015 年，教育部高等学校大学数学课程教学指导委员会、全国高等学校教学研究中心主办了全国高校数学微课程教学设计竞赛，其连续 5 年的成功开展更是加快了高校数学传统课堂教学改革的步伐。2020 年

① 作者简介：刘徽，男，安徽涡阳人，硕士，乐山师范学院数理学院副教授，研究方向：数据分析。

初，突如其来的疫情，使得在线教学成为主角。在此特殊时期，将微课程竞赛的先进理念应用于在线教学，能有效整合精品在线开放课程，使其符合本校学生的学情，而在回归课堂教学后，如何进一步深化教学改革、提高教学质量，是每一位一线教师值得实践和探索的重要课题。

二、BOPPPS 模型概述

BOPPPS 是微课教学的优秀模型，国内外高校教师技能培训中广泛采用此教学模式。BOPPPS 最典型的特征是其将课堂教学分为 6 个环节（崔海华，范冬云，2019）：B（Bridge-in）——课堂导入、O（Objective）——课堂目标、P（Preassessment）——课堂前测、P（Participatory Learning）——课堂参与式学习、P（Post-assessment）——课堂后测和 S（Summary）——课堂总结。以上 6 个阶段的英文首字母连在一起即组成了 BOPPPS 教学模式的英文缩写。6 个环节清晰明确，教师只需根据该模型即可完成教学设计。

但是教学绝不是一个简单的机械操作工序，如何在实际教学中去应用 BOPPPS 模型？BOPPPS 是否在所有学科、所有课程、所有内容中都适用？BOPPPS 模型教学设计的核心和重点是确保教学环节的互动参与性，但是针对此次疫情下不能与学生面对面交流的特殊情形，如何实现互动式教学实践？又比如 BOPPPS 教学模型是建立在“人的注意力大约只能持续维持 15 分钟的自然规律”的研究上的，是否一定要以 15 分钟为一个节点来进行划分？处理好上述问题就要求教师应对 BOPPPS 模型进行深入剖析，在固定形式之下抓住其本质内容，取其精髓，才不致为形式所困。

三、基于 BOPPPS 教学模式下的疫情时期在线教学设计

（一）围绕课程定位重构教学资源包

“数据挖掘”课程是以实践教学为主，通过理论算法的讲解与应用，使学生学会数据挖掘的工具软件与技术，以便在将来的工作岗位上能将所学知识应用其中，能够为单位或企业决策提供积极的帮助。如今在商业和科研领域产生了海量数据集，人们也相信收集的数据肯定会有价值。数据挖掘是从大量数据中挖掘出隐含的、先前未知的、对决策有潜在价值的关系、模式和趋势，并用这些知识和规则建立用于决策支持的模型，提供预测性决策支持的方法、工具

和过程（Pang－Ning Tan，Michael Steinbaoh，Vipin Kumar，2010）。数据挖掘有助于企业发现业务的发展趋势，揭示已知的事实，预测未知的结果，因此数据挖掘已成为企业保持竞争力的必要方法。

课程涵盖的内容包括数据预处理、分类、聚类、预测建模、关联分析和异常检测等。目标是让学生理解算法的基本概念和原理，并应用于具体数据集的练习，为学生提供数据挖掘应用于实际问题所需要的必要背景和方法。

教师根据疫情时期教学的特殊性与本校学情，依托“中国大学 MOOC”平台的“R 语言与金融数据分析”课程，重构教学资源包，打造本校“SPOC”课程“数据挖掘”。

（二）信息化教学手段保障学习效果

在线教学，稳定的直播平台和信息化管理工具是保障学习效果的关键。经过学习和比较，疫情期间，笔者采用的网上教学方案为“腾讯会议”直播＋“中国大学 MOOC”平台学生管理＋QQ 群。基于此，教学设计需要更具安全感的、简单的、有确定性的教学模型。“中国大学 MOOC”是国家精品课程在线学习平台，课程资源成熟，加上 BOPPPS 模型很好地提供了利于实践教学互动和评测的环节，学生可以在平台示范课教师的带领下，自主完成课前预习和课后知识检测。而教师直播时则重点根据学生在操作中的问题进行讲解和补充。依据 BOPPPS 模型的“微课程”理念，将一个知识点或实践指导的直播课时间控制在 30 分钟左右，保证学生的学习关注度与学习热情。此外，在直播课中教师采用录屏软件，将经过剪辑后的课程回放发放到 QQ 群，可以使知识点更科学严谨。

（三）多层次的课程评价促进师生交流

无论是哪一种教学模型，其教学评价必不可少。疫情期间，QQ 群可用于直播信息发布、学习任务发布、签到等环节之外，QQ 投票也是了解学生学习动态的有效途径。线上课程不比课堂面对面教学，如果与同学互动不多或者不充分，就难以掌握学生知识点建构的进度，此时教师通过 QQ 群发起投票的方式可及时了解学生的学习情况，做到上课心中有数，并对同学反馈的问题进行细讲，这样可以使线上课堂更有效率。同样，课后教师也可以通过 QQ 群投票的方式了解学生课程的学习情况。

线上作业，巩固所学。通过 QQ 平台发布线上作业，学生完成后可以通过照相、上传代码等方式进行在线提交，通过批改和课堂反馈，很好地巩固所学知识。

鼓励学生参加一些校外精品课程的学习，并且通过学习拿到课程认证证书。疫情期间很多机构和单位免费开放了很多精品课程，与数据相关的课程也特别多，教师通过自身的经验精心挑选了部分资源供同学们学习，结束课程且通过考核的同学还可以申请到相应的认证证书。这种方式不仅扩展了学生的知识面，也给学生带来了学习的动力。

（四）教学设计举例

知识点“基于贝叶斯公式的分类”是数据挖掘课程分类问题的重要内容，本节教学设计结合直播与练习、项目展示，总时长 30 分钟。

1. 导入（B）环节吸引注意、引起兴趣

（1）生活中的分类。

相似的东西很可能具有相似的属性，利用这个原理人们常常对事物进行分类，比如对垃圾进行分类处理。分类也是数据挖掘中的重要任务之一。

（2）分类的应用。

利用数据挖掘的分类技术已经成功在众多领域实现应用：生活中垃圾邮件的识别，常使用贝叶斯算法来过滤垃圾邮件；在医学上肿瘤良性和恶性的判别；金融系统银行贷款风险评估；科技领域对于光学字符的识别。

提问：同学们在生活遇到的哪些任务也和分类有关？

（3）知识点引入。

提问：谁能说出 PPT 中是什么花？如何对鸢尾花进行分类？

“百度百科”的解释：鸢尾属（拉丁学名：Iris L），单子叶植物纲，百合目，鸢尾科多年生草本植物，有块茎或匍匐状根茎；叶剑形，嵌叠状；花美丽，状花序或圆锥花序；花被花瓣状，有一长或短的管，外弯，花柱分枝扩大，花瓣状而有颜色，外展而覆盖着雄蕊；子房下位，胚珠多数，果为蒴果。

通过上面的解释，对于植物的分类是一件十分专业的工作，生物学家通常需要做实验和观察来决定，引出课程主题——利用数据对 Iris 进行分类。

2. 目标（O）环节清晰明了、可评估

结合 PPT 直播展示课程的知识目标、技能目标和素质目标。

（1）知识目标。

了解数据挖掘任务——分类的实际应用。理解分类算法的理论原理。掌握分类问题的 R 语言代码实现。

（2）技能目标。

认识数据对于实际问题分析的重要性，分析问题和编程解决实际问题的能力。让学生学会学习和思考，自主、合作和探究式学习，通过模仿教师代码进行扩展。

（3）素质目标。

培养学生重视理论算法理解和应用，把握事物的本质以及主动探索、勇于发现的科学精神。

3. 前测（P）环节检查先备知识与能力

提前在平台设计课堂测验，用于该环节定时发布，学生在QQ群里交流讨论。

算法基于著名的贝叶斯公式：

$$P(B \mid A)=\frac{P(A \mid B)P(B)}{P(A)}$$

公式理解为已知先验概率 $P(B \mid A)$，求后验概率 $P(A \mid B)$。

例 某工厂有四条流水线生产同一种产品，该四条流水线的产量分别占总产量的15%、20%、30%和35%，又这四条流水线的不合格品率依次为0.05、0.04、0.03及0.02，现在从出厂产品中任取一件，结果为不合格品，但该件产品是哪一条生产流水线生产的标志已经脱落，问：厂方如何处理这件不合格品比较合理？（魏宗舒，2008）

设：

$A=$｛任取一件，恰好抽到不合格品｝

$B_i=$｛任取一件，恰好抽到第 i 条流水线的产品｝，$i=1，2，3，4$

问题就变为 $P(B_i \mid A)$，即在已经不合格的前提下求这件不合格品是由哪一条生产线产生的概率，这便是后验概率。

结合分类问题，这想表达的是已知样本特征 X，这个样本属于哪一类 c_i 的问题，公式改进为

$$P(c_i \mid X)=\frac{P(X \mid c_i)P(c_i)}{P(X)}=\frac{P((x_1,x_2,\cdots,x_n) \mid c_i)P(c_i)}{P(X)}$$

为了方便计算，假设

$$P((x_1,x_2,\cdots,x_n) \mid c_i)=P(x_1 \mid c_i)\cdot P(x_2 \mid c_i)\cdots P(x_n \mid c_i)=\prod_{k=1}^{n}P(x_k \mid c_i)$$

这也是“朴素”的由来，对问题做了独立性的假设，由此建立了朴素贝叶斯分类的牢固的理论根基。

4. 参与式学习（P）环节实现学生团队合作

（1）分组进行数据收集。

鸢尾花的实验数据可以通过两种途径进行收集。第一，UCI Data Sets：http://archive.ics.uci.edu/ml/datasets.html；第二，R 软件内置数据集。

（2）小组展示对数据属性认识。

通过对软件的操作得到图表，如图 1。

```
> summary(iris)
  Sepal.Length    Sepal.Width     Petal.Length    Petal.Width          Species
 Min.   :4.300   Min.   :2.000   Min.   :1.000   Min.   :0.100   setosa    :50
 1st Qu.:5.100   1st Qu.:2.800   1st Qu.:1.600   1st Qu.:0.300   versicolor:50
 Median :5.800   Median :3.000   Median :4.350   Median :1.300   virginica :50
 Mean   :5.843   Mean   :3.057   Mean   :3.758   Mean   :1.199
 3rd Qu.:6.400   3rd Qu.:3.300   3rd Qu.:5.100   3rd Qu.:1.800
 Max.   :7.900   Max.   :4.400   Max.   :6.900   Max.   :2.500
```

图 1　数据属性展示

Iris 数据集包括 5 个属性，150 个样本。其中，Sepal. Length 为花萼长度，数值类型；Sepal. Width 为花萼宽度，数值类型；Petal. Length 为花瓣长度，数值类型；Petal. Width 为花瓣宽度，数值类型；Species 为鸢尾的种类，分类类型 setosa，versicolor，virginica。

（3）师生协作数据建模。

```
# 数据收集
iris <- iris
# 准备数据
set. seed (1)
n <- sample (2, nrow (iris), replace = T, prob = c (0.7, 0.3))
train <- iris [n==1,]
test <- iris [n==2,]
# 数据建模
library (e1071)
model <-naiveBayes (Species~. , data = iris)
pred <- predict (model, test [1: 4], type = " class")
table (pred, test $ Species)
```

5. 后测（P）环节了解目标是否达到

平台提前设计好用于模型评价的问卷调查。

pred	setosa	versicolor	virginica
setosa	16	0	0
versicolor	0	15	1
virginica	0	0	17

从上面混淆矩阵可以看出，分类的效果十分理想，模型的泛化也比较好。同时问卷结果反映出学生知识目标和技能目标效果良好。

6. 总结（S）环节梳理与延伸

通过思维导图（如图 2）回顾本节课的主要内容，布置线上作业。

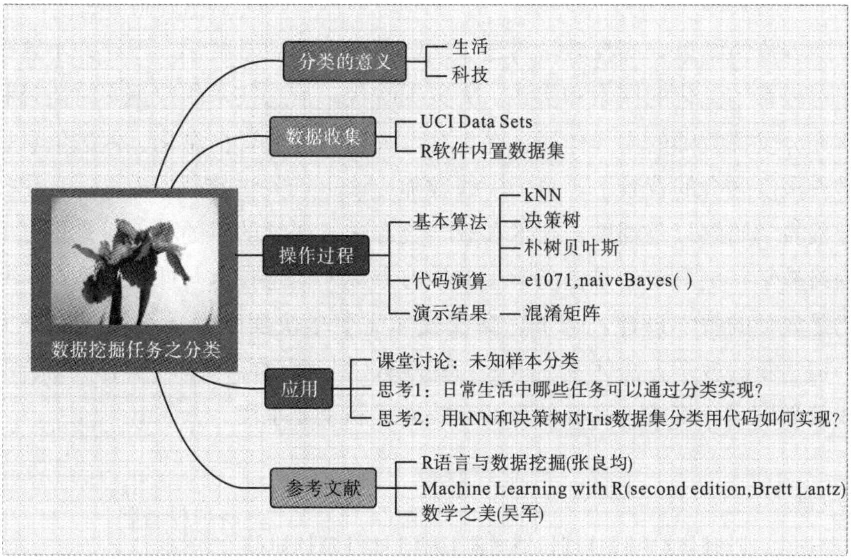

图 2　课程思维导图

四、应用效果与反思

BOPPPS 模型与当前绝大多数主流教学方式、模式、模型等一致，强调以学生为中心、以问题为导向的探究式教学设计理念，注重教学过程的参与互动。“学习时间可片段化，学习内容可碎片化”，鼓励学生自主学习，充分挖掘学生的能力，实现学习者个性化学习的需求。BOPPPS 模型应用于数学实践类课程，能强化培养团队合作以及运用数学方法分析问题和解决问题的能力。

BOPPPS 模型从理论上来说，是一种可以运用于各种教学形态的教学模式。但这并不意味着所有课程、所有内容都要严格按照模型的教学闭环，也不是说教学设计只能分成 15 分钟左右的“微课程”。从教学设计的时长来说，教学单元不可避免地有或长或短的状况，同时教学实践过程中也会出现其他不可预测的因素。15 分钟左右的教学小单元只能说是微课程教学设计的理想状况。因此，教师在教学设计时应灵活机动地基于不同课程、不同教学内容的需要，进行知识点与教学策略的重构或合并。也就是说，教师在实践中更多的是遵循

BOPPPS 教学模式的精神实质，努力去探索一种适合本校学生的，自己学科的，更具有可行性、有效性的混合式教学改革模式或模型。

五、结语

随着疫情结束，高校教学将逐步回归面对面的课堂教学，但这并不意味着停止对教育信息化的探索和实践。大数据时代，信息技术的数据实时监督和统计能充分发挥教师的主导作用。在教育部大力推进教育信息化、促进信息技术与学科深度融合的背景下，身为一线教师应该重点关注的是：教育信息化技术对课程教学始终只是辅助，技术和教学资源融入课堂的目的不仅仅是更好地推动网络教学，更重要的是提高学生的学习兴趣。信息技术与课程的整合，其核心仍是教师的教学设计。当下，高校教学需要尽快摆脱对传统模式的路径依赖，构建新的教学方法体系。未来，在线教学与面对面课堂教学有机结合的混合式教学模式，将成为高等教育的有效方式和重要手段。

参考文献：

[1] 胡铁生. 教育部刘利民副部长谈微课教学比赛［EB/OL］.（2012－11－21）［2020－07－26］http://blog. sina. com. cn/s/blog _ 73b64be601019yng. html.

[2] 崔海华，范冬云，BOPPPS 教学模型在实际教学中的应用研究［J］. 工业和信息化教育，2019（1）：43－49.

[3] Pang－Ning Tan，Michael Steinbach，Vipin Kumar. 数据挖掘导论［M］. 北京：人民邮电出版社，2010.

[4] 魏宗舒. 概率论与数理统计教程［M］. 2 版. 北京：高等教育出版社，2008.

启发引导式教学法在"会计学基础"教学中的实践

◎ 薛　军[①]

本文结合线上教学实践阐述了线上教学的优缺点，提出了提高线上教学效果的关键问题，并结合启发引导式教学方式在"会计学基础"在线教学中的具体应用，展现了该方法对线上教学效果提升的作用，总结了启发引导式教学法在线上教学应用中的关键点。

"会计学基础"是工商管理类专业的一门专业基础课，也是财会类专业的入门课程。本课程的教学目的是要帮助初学者掌握会计核算的基本方法，帮助初学者掌握一定的财务会计知识，并使初学者掌握一定的专业技能，具备一定的学习能力。突如其来的新冠肺炎疫情使得我们的教学主要采用线上教学的模式。通过这段时间的在线课程教学实践，笔者认识到线上教学与线下教学各有各的优缺点，线上教学不应成为昙花一现。如何将线上与线下教学相结合，如何提高线上教学效果，是一个值得大家研究的课题。本文结合"会计学基础"的课程实践，针对如何提高线上教学效果提出笔者的一些心得。

一、线上教学相关研究

在线教学作为一个新型的教学模式，与传统的线下教学在教学理念与教学模式上存在不同之处。教育界学者就如何将线上与线下教学相结合，如何提高线上教学效果，提出了众多观点。

余靓（2018）指出，线下教育在面对线上教育的时候，要做的不是排斥，而是相互融合。刘静（2019）探索网络课程与传统课堂深度融合的规律后，指出线上线下混合式教学对提高教学质量和效率的帮助。张淑丽和孙岩（2009）

① 作者简介：薛军，男，四川峨眉山市人，乐山师范学院讲师，研究方向：会计学、财务管理。

认为，启发引导式教学法能够很好地启发学生思维，凸显学生在学习中的主体地位。

综上所述，众多学者已经研究了线上线下教学模式的优缺点，指出线上线下混合式教学融合的必要性。本文结合线上教学实践，主要研究启发引导式教学法的优势以及在线上教学模式中的应用。

二、线上教学之优缺点

据本校统计，在线上教学期间，本校老师70%以上的老师采用的是“教学平台+QQ直播”的形式进行教学。笔者在这学期的“会计学基础”课程的教学中，采用的是“超星学习通学习平台+QQ直播”的在线教学形式。在这种教学形式下，通过其他学校一些优秀教学名师制作的慕课在学习通平台上做成课程资源，同时再结合QQ直播进行重点内容的讲解。通过这段时间线上教学实践，笔者认为线上教学具有以下优缺点。

（一）线上教学优点

通过这段时间的线上课程教学实践，笔者认为线上教学较与线下教学而言，有着线下教学不具备的优点，主要表现在：

1. 教学资源更为丰富

在传统的线下教学中，主要是以老师为中心，课程资源主要为教师制作的课件、教材、参考书目等，学生所接受的信息受制于任课教师的知识水平和教学水平。而线上教学资源更为丰富，除了可以观摩其他教学名师的慕课资源，还可以随时在学习过程中借助网络资源，学生所接受的信息来源更为广泛。

2. 反馈更为及时

在很多教学平台中，都有各种教学管理的活动模块，可以帮助老师及时了解学生的出勤情况，及时了解学生的学习进度情况；同时还可以建立习题资源，学生提交习题作业后，平台可以直接统计出学生的分数情况。这些平台自动化功能，可以帮助教师及时了解学生的学情信息。

3. 时空上更为自由

传统的线下教学，教学时间段和地点都较为固定，学生一旦因为一些客观因素不能按时上课，就将错过整节课堂的学习。而线上教学就克服了这个缺点，学生上课时间和地点更为灵活自由。在学习时间上，学生若错过了老师的直播课，下来可以通过视频回放进行学习，而且地点也更为灵活，只要有网络的地方，借助一部手机即能完成线上学习。

（二）线上教学缺点

1. 课堂管理困难

线上教学，教师和学生之间隔着电脑屏幕，学习效果更取决于学生的自觉性，它不像线下教学，师生面对面，教师可以很直观地观察每个学生的学习状态。所以，在线上教学中，学生有没有专心听讲，是否对着电脑屏幕干着与课堂无关的事情，教师很难察觉。从这几个月的线上教学实践来看，在引入启发引导式教学方法之前，学生由于缺乏教师的监督，学习自觉性有所下降。在刚开始线上教学的时候，学生觉得有新鲜感，出勤、上课情况都较好，随着时间的推移，笔者发现学生不按时上课，或者上课时不认真听课，以及旷课的情况逐渐增多，最多时有20％左右的学生迟到，10％左右的学生旷课，在课程互动中也有较大比例的学生答非所问。因而，线上教学课堂管理较为困难。

2. 学生适应较慢

线上教学，对学生提出了更高的要求，要求学生应具备较高的学习能力。而对于大学低年级学生，适应了高中的应试教育模式，习惯了被动的灌输式学习，自主学习的能力较弱，在线上教学中，无法独立地利用教学资源和网络资源进行自主学习，因而对于低年级学生而言，线上教学效果较差。

3. 硬件条件受限

线上教学，要求学生要有电脑或手机等硬件设备，当然这点在当代大学生中基本能满足。但同时，还要求网络要畅通，这点在一些偏远农村可能较为受限。笔者在线上教学过程中遇到过有学生反映家里信号不好，网络较慢，不能正常地按老师的步骤进行学习。

通过上述对线上教学优缺点的阐述，我们可以看到，线上教学与传统的线下教学相比，线上教学最突出的特点在于：由传统“教师为主”转变为“以学生为主”，强调学生的自觉性和自主学习能力。如何提高线上教学的学习效果，关键在于如何提高学生自主学习能力，激发学生学习兴趣，提高学生学习的自觉性。

三、启发引导式教学促进学生学习能力

启发引导式教学方法打破了传统灌输式的教学模式，是在倡导素质教育和能力培养大形势下应运而生的一种教学方法，这种教学模式，能够很好地启发

学生思维，凸显学生在学习中的主体地位。该方法采用“现象—疑问—探究—结论”的方式引导学生去自主探究学习，达到提高学生自主学习的能力。启发引导式教学对学生学习能力的培养主要表现在：

（一）激发学习兴趣

在该方法下，教师首先采用情景模式，将教学内容以学生可以直接感观的现象呈现给学生（可以采用案例、图片、视频以及演讲等方式进行呈现）。在这种方式下，首先将学生带入一定情景，激发学生兴趣，引导学生向更深层次内容进行探究。

（二）发现问题能力

在情景展示之后，面对现象，可以引导学生提出疑问，也可以采用“循循善诱”的方式引导学生提出问题，最大限度激发学生的疑问和思考。问题是最好的老师，善于发现问题，善于思考，这是学生自主学习能力培养的必备条件。

（三）引导学生思考

提出问题很重要，解决问题更重要，而要解决问题，离不开学生的思考，所以，探究的环节就是培养学生独立思考的过程。在这个环节中，可以引导学生进行小组讨论，在听取别人的想法后及时地反思自己的思考，做到更全面地思考问题。在这个过程中，可激发学生思考问题的兴趣，培养学生钻研问题能力和主动探究的能力。

（四）掌握知识内容

学生探究思考后得出的结论一般只是“知识的雏形”，不是完整、严谨的科学知识体系。教师可以在学生思考结论的基础上进行总结，进行“润色”，从而将成型的知识体系展现给学生。这时，学生将具有较大的成就感，并且通过自己思考探究得出的知识会掌握得更为深刻和全面。

所以，启发引导式教学法能够很好地提高学生自主思考、自主学习的能力，激发学生的学习兴趣，能够更好地适应线上教学的需要，提高线上教学的效果。

四、启发引导式教学法线上教学的应用

本文结合“会计学基础”中涉及会计核算对象和会计核算基本前提这个内容来谈启发引导式教学法的具体应用。

首先，为了提高学生的学习兴趣，在讲这个内容之前，给学生展示一个情景，以一个简短的企业账务工作视频作为情景，把学生带入本次课程的内容情景，激发学生的学习兴趣。

其次，引导学生思考问题：“为什么会计核算对象必须是能够以货币计量的经济活动?”“哪些经济活动是能够以货币进行计量的，哪些经济事项不能够以货币进行计量?”“以货币进行计量的信息能否满足于企业管理的需要”“在财务大数据背景下，企业经营管理需要哪些方面的信息?”通过这样一系列由浅入深的问题，逐步将学生带入本节课程内容的思考。同时，给予学生在网上查阅相关资料的时间。

再次，在线上组织学生进行讨论。由于学生针对这些问题查阅了相关资料，所以在讨论时，大多数学生都能给出自己的看法，得出的结论也逐渐趋于一致。在讨论中，学生逐渐理解“货币计量是会计核算的一个基本前提”“会计核算对象必须是能够以货币表现的经济活动”；同时，学生也逐渐意识到“某些不能以货币计量的非财务信息会计不能进行核算”“在财务大数据背景下，企业经营管理不仅需要财务信息还需要非财务信息”“传统的会计核算前提制约了会计信息的构成，不适应大数据背景下的信息需求”。这时，大多数学生都具有较大的成就感，对于问题的思考也越来越自信。

最后，将大家讨论的结论进行总结，将教材上成体系的知识展示给学生，同时，结合大家思考得出的结论，给予学生展示在财务大数据背景下，有关学者对传统会计理论的缺陷提出的质疑和重构会计基础理论的构想。经过这一过程，学生对教材内容有了更深刻的理解，同时也激发了他们对于会计理论发展的研究兴趣，跳出了教材内容的限制。

通过启发引导式教学法的引入，笔者发现学生学习兴趣逐渐提高，每次课提前在线等待上课的学生越来越多，迟到、早退、旷课现象逐渐减少。对于一些案例分析的作业，学生都能得出一些独到的见解，大一学生逐渐适应了大学的学习方法。因此，启发引导式教学法的引入，确实提高了线上教学的效果。

五、启发引导式教学法的应用关键点

（一）情景引入

情景引入至关重要，它是激发学生兴趣的钥匙，好的情景引入能够直接引发学生的学习探究的兴趣，为后续过程打下坚实的基础。

（二）问题提出

引导学生思考的问题要涵盖课堂内容，这些问题既不能过于简单，也不能超出学生知识能力水平，同时还应具有探究趣味，从而引导学生去独立思考。

（三）思考环节

线上教学具有线下教学不具备的优势，学生能够直接利用网络资源查找相关文献，对文献资料进行总结，经过思考加工，形成自己的结论。同时，经过讨论，能够不断地进行思考，进行完善，修正自己的结论。

（四）总结环节

总结环节应对学生思考的结论进行总结，较为自然地引出教材的知识体系内容。同时，各个学科又是不断发展完善的，结合当前大数据、智能化、移动化、云计算等信息技术背景引导学生对学科发展进行思考。

六、结语

启发引导式教学改变了传统灌输式教学模式，能够突出“以学生为中心”，激发学生的思维活动，凸显学生的学习主体性地位。提高线上教学的学习效果，关键在于提升学生自主学习潜能，激发学生的学习兴趣，提高学生的学习自觉性。启发引导式教学能够引发学生思维，切实提升线上教学效果。

参考文献：

[1] 余靓. 基于线上教育模式的中职学校教育教学改革浅探［J］. 当代教育实践与教学研究，2018（5）：58—58.

[2] 刘静. 基于MOOC的线上研讨式教学研究 [J]. 科教文汇，2019 (2)：55-57.
[3] 张淑丽，孙岩. 浅议培养技术应用型人才的启发引导式教学 [J]. 黑龙江科技信息，2009 (33)：174-174.

高校师生共建在线课程微课资源的实践

◎门 涛 秦洪英 李 林 李 彬[①]

在新冠肺炎疫情下，传统的线下教育大量转为线上教育，虽然各大在线教育平台提供了数以万计的在线课程，但是这些在线课程依然无法完全满足在线教育的需要，特别是高等教育仍然需要教师建设相当数量的课程资源，从而满足教学需要。本文基于学习金字塔理论，提出一种师生共建的在线课程微课资源建设方案。该方案在额外付出较小的学习代价前提下，既能提高在线课程质量，又能大量建设课程资源，为后续进一步开展个性化的在线教学提供有力的资源保障。

新冠疫情不仅影响着社会经济活动，也深刻影响着教育教学活动。教育部为此发布了一系列文件，出台了多项措施，促进各高校教学活动的正常开展。虽然教育部组织了众多在线课程平台并制定了多种线上教学方案，免费开放了2.4万余门在线课程，但是仍然不能完全满足我国普通高校全部在线教学要求，特别是个性化的在线教学资源缺口非常大，难以在普遍范围内实现“线上线下同质等效”的教学效果。

一、微课概述

在线课程资源种类繁多（如图1所示），在使用时教师需针对在线教学的特点，对教案、课件、习题、教学日历等教学资源进行重新设计并电子化，但是针对在线教学中最重要的微课视频资源，并不能在短时间内完成修改重制。

---

① 作者简介：门涛，男，四川资中人，乐山师范学院教授，研究方向：现代教育技术、数字媒体技术。秦洪英，女，四川仁寿人，硕士，乐山师范学院副教授，研究方向：现代教育技术、数字图像处理。李林，女，湖南祁阳人，乐山师范学院副教授，研究方向：数字媒体技术。李彬，女，四川眉山人，乐山师范学院副教授，研究方向：数字媒体技术专业、计算机基础教学。

在国外，McGrew（1993）提出的 60－Second Course 和 Kee（1995）提出的 One Minute Lecture 被认为是微课的雏形。在中国，佛山市教育局的胡铁生老师（2011）较早提出微课的概念。此后，焦建利（2014）、黎加厚（2013）、张一春（2013）、郑小军（2013）等都对微课进行了定义。虽然没有统一的概念，但是普遍都认为微视频是微课的核心资源，也就是说，微课视频是在线课程不可缺少的内容。

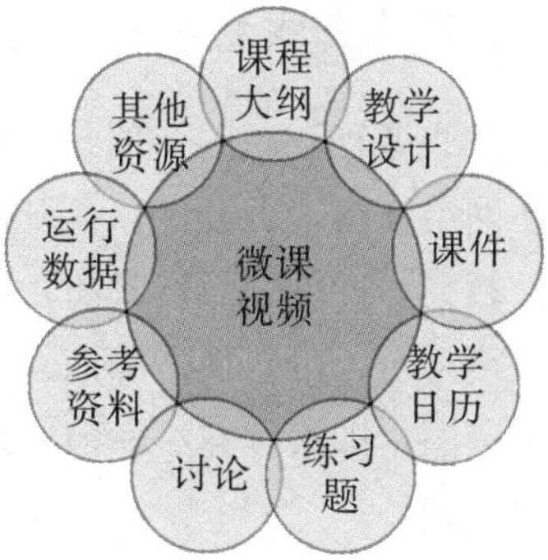

图1　在线课程资源示意图

一门在线课程的微课视频，少则几十个，多则上百个，是在线课程建设工作量最大最难的部分。如果课程建设经费充足，一般邀请专业公司拍摄制作，如果建设经费不多，则主要靠老师自己制作。针对目前地方高校建设经费不足的问题，本文提出了一种师生共建微课视频资源的方案，该方案基于教育金字塔理论，在提高学生学习效率的基础上，化整为零，通过简单的微课制作技术学习，在只需要老师付出少量额外精力的前提下，大量制作在线教学视频资源，为在线教学服务。

二、师生共建微课的必要性

一般而言，课程资源建设，主要是由教师团队完成的。教师作为知识的传播者，长期以来在教学活动中起主导作用，教什么内容，怎么教，主要是教师根据自己的经验来决定，学生主要是被动地参与学习，这就容易导致学生学习主动性不够，学习效率不高。

（一）师生共建资源是以现代教育理论的需要

近年来，“以学生为中心”的教育理念逐步深入人心，从“教师为中心”

转变到“以学生为中心”，意味着学生在教学活动中的地位越来越重要，参与度也越来越高，更能激发学生个性化学习和自主学习。教育部的相关政策文件，也体现出了这种趋势。仅仅就课程资源建设而言，从最初的视频公开课、精品课、精品资源共享课，到目前建设的一流本科课程“双万计划”（教育部，2019），课程资源也从建设为主逐步过渡到应用为主；老师和学生在教学过程中的数据，已经成为课程资源的一部分。

（二）在线课程资源是实施在线教学的前提条件

虽然教学数据已经成为在线课程资源的一部分，但是这些数据的产生是有前提条件的：该课程已经在网络在线平台开课，而开课的基础在于本课程具有相对完整的在线课程资源。教案、课件、教学日历、练习题、作业这些教学资源，都容易电子化并上传在线平台，对普通老师而言，最难也是最花时间和精力的工作是建设课程的视频资源，即根据在线学习碎片化的特点对教学知识点进行拆分并制作相应的微课视频。

（三）在线课程资源数量不能满足在线教学需要

虽然目前全国各类在线平台提供了两万多门免费在线课程供高校教师使用，但是这些课程依然无法覆盖所有的学科专业，有相当多的课程没有免费在线资源可供使用，部分课程即使有相应的免费资源，内容也不适合自己学校和学生，教学资源依然不足；另外，即使有完整的优质在线资源可供使用，但是由于没有自己任课教师的资源，学习过程中容易与老师产生疏远感，潜意识中会认为任课老师“偷懒”。所以，任课老师或多或少都应该有自己建设的在线课程资源，特别是微课视频资源。

（四）在线课程资源是各学校质量工程的组成部分

在目前全国各高校全面重视本科课堂教学质量的背景下，不断提高课堂质量，提升课堂的“高阶性、创新性和挑战度”，从而打造“金课”（吴岩，2018），需要全方位开展质量工程建设，无论是在线开放课程、线上线下混合课程，都需要进行在线课程资源建设，而其建设的核心工作，就是教师对其教学内容的深度再加工，微课视频是其重要的表现方式。所以，从根本上而言，要建设高水平的在线课程资源，首先应建设高水平的微课视频。

三、师生共建微课的可行性

由于在线课程资源建设包含多个方面内容，有些内容是必须由教师完成的，如课程大纲、教学计划、教学课件、教学日历、作业练习、参考资料等，这些内容学生很难完成，也不应该由学生完成。对于工作量最大、技术含量最高的微课教学视频，学生却是可以参与或者独立完成的。

（一）大学生的信息技术水平足够完成微课制作

现在的大学生，作为互联网时代的“原住民”，从小就接受IT技术的熏陶，加上大学生必修的信息技术相关课程，使他们信息技术能掌握较为熟练；同时，学生刷抖音、刷朋友圈、刷QQ空间，也使得他们具备视频剪辑、图片美化的基本能力，这就为学生参与微课制作打下基础。

（二）学生参与制作微课有利于学生掌握相关知识

根据爱德加·戴尔（Edgar Dale）的学习金字塔理论（如图2所示），被动学习的内容平均留存率最高只能达到30%，而主动学习的平均留存率高于50%，作为主动学习方式的“讨论”和“实践”，在在线课程教学中已经充分发挥作用，而内容留存率高达90%的“教授给他人”，主要是在翻转课堂中进行体现（姜艳玲，徐彤，2014）。其实，学生针对某一知识点制作微课视频，恰恰是“教授给他人”的最直接体现。为了完成“教授给他人”这一目标，学生必须深入研究、消化相应知识，并通过自己的语言表述出来，制作成微课视频，在整个过程中，学生不仅熟练掌握了相关知识，而且根据自己学习的过程，清楚该知识点的重点、难点及学习突破口，在录制微课视频时，就能突出重点、难点，从而更加准确地达到知识传播的目的。

图 2　学习金字塔示意图

（三）学生制作的微课表现形式更加丰富

每一个学生都是一个独立的个体，他们思维活跃，不受传统教学方式束缚，在微课的表现形式方面，也不像老师那么单一，从而更能体现出创新性。对于知识性的讲解，学生可以自己制作 PPT，并录制屏幕和解说，就能完成微课制作；对于理论推导或者公式演算，学生可以在黑板前推演，或者在草稿纸上书写，同时通过手机进行拍摄完成微课；对于电脑模拟演示的内容，学生可以利用录屏软件，一边操作一边讲解，完成微课制作；对于音乐、美术、体育等课程，依然可以用手机完成微课录制。也就是说，适合微课教学的内容，几乎都可以由学生完成制作。这样就能把大量的工作分散到每个学生的学习任务中，从而化整为零，实现微课视频的快速制作。

三、师生共建在线课程资源的实践

为了验证师生共建在线课程资源的可行性，笔者选取自己主讲的“图像处理技术基础”进行实验，本课程是数字媒体技术专业基础课，每年开设于大一第二个学期，从 2015 年开始，连续五年在教学中实施师生共建计划，参与学生超过 400 人次，取得了较好的效果。具体的实施方案如下：

（一）在教学过程中制作微课教学视频

由于该课程是专业基础课程，学生也是大一新生，并没有任何微课制作经验，有的学生甚至不知道什么是微课。教学过程采用“线上+线下”混合式教学模式，学生在学习过程中逐步了解微课的表现形式和特点，到课程后期，用一次课时间简单介绍微课制作方法、软件、步骤、注意事项，然后布置作业，让学生花3～4周时间自主选题，完成一个本课程任意知识点的微课，并计入平时成绩。学生在作业的压力下，自主摸索微课制作技术，自觉钻研微课内容，最终通过录屏的方式完成微课制作。每一届学生，可以完成60～100个微课视频。其中有三分之一左右微课质量较高，可以用于补充下一届学生的在线学习视频。

（二）利用学科竞赛制作微课视频

通过在课程中制作微课，学生掌握了微课制作的基本方法，随着专业知识的积累、学生技术水平的提高，可以组织学生参加全国大学生计算机设计大赛、全国高校数字艺术设计大赛微课组比赛，以专业竞赛促进专业能力的提升。师生共同参与，精心选题、设计、制作微课，绝大部分可以直接用于线上教学。由此，每年可增加10个左右的优质微课视频。

（三）利用毕业设计制作微课视频

由于学生是数字媒体技术专业，其毕业设计选择微课制作，是符合其专业定位和人才培养目标要求的。在毕业设计过程中，指导教师通过选题、技术指导、过程控制等方式，保证学生微课制作质量。按照每个毕业生制作20个微课视频计算，多个毕业生就能制作完成整门课程的微课。

（四）组建微课团队帮助老师制作

通过微课制作的训练，在高年级中组建微课制作团队，他们具备丰富的微课制作经验和扎实的技术基础，可以帮助教师完成修改PPT、录制视频、后期剪辑等工作，教师专注于教学本身，就可以完成整门课程的微课制作。

经过五年的实践，“图像处理技术基础”课程的资源建设取得丰富的成果，具体成果如下：

截至2020年5月1日，“图像处理技术基础”已经在学银在线成功开课5期，微课视频数量超过230个，而且每年至少更新30个微课视频，页面浏览量超过280万，累计互动次数超过25000次；2017年被评为四川省精品在线开放课程，2019年被中国高校计算机教育MOOC联盟（简称CMOOC联盟）认定为联盟建设课程；教师和学生参加国家级、省级微课大赛，获奖60余项

（如图 3 所示）；毕业生多人考取现代教育技术研究生。

图 3　师生部分获奖微课截图

四、师生共建微课过程中的注意事项

虽然师生共建微课资源模式取得了较好的效果，但是在实施过程中依然有不少具体的细节需要注意。

（一）并不是所有微课视频都适合由学生制作

完全由学生制作的微课，其教学质量与老师相比还有较大的差距，特别是一些重点、难点等关键知识，学生很难讲得清楚。所以老师应该建设主要的、关键性的微课视频资源，学生建设次要的、补充性的微课视频资源（如实例、作业讲解、讨论分享等），既能保证在线课程整体质量，又可以补充扩展资源数量。

（二）学生制作微课前应该进行基本的技术培训

虽然学生具备基本的图像视频处理技术，但是基本没有真正制作过微课，需要进行基本的技术培训。这样的培训既可以由具备微课制作技术的任课老师担任，也可以由学校从事信息技术的老师担任，甚至可以让学生通过网络学习微课制作技术。这样的技术培训是必须完成的。

（三）学生微课制作团队深度参与教师视频制作

一般而言，主讲教师独立进行微课制作进度缓慢，大都因为工作量大、建设经费少。这些工作大部分都可以由学生完成，几乎每一个班级都能组建起这样一个学生团队，课程建设经费虽不足以聘请专业公司制作，但可以支付给学生劳务报酬，实现双赢的结果。

（四）教师应具有不断积累学生微课视频的意识

在线课程运行时，主要把学生的微课视频作为翻转课堂、混合式教学的资源加以利用，不宜作为新知识进行学习。上一年级的微课作品，用于下一年级教学时，即使互相并不认识，也能唤起学生的认同感，以榜样的力量引领学生学习、讨论，促进学生学习积极性提升，从而帮助学生深入理解掌握相关知识。

（五）建立师生共建在线课程视频资源的机制

师生共建在线课程资源模式，几乎适合于所有专业的学生，特别适合各学科的师范专业、现代教育技术、数字媒体、影视传媒等专业，微课制作所涉及的技术也是这些专业学生的核心能力。

五、结语

疫情背景下，高等学校对在线课程的需求大大增加，但目前依然存在课程资源严重不足的情况。本文提出了一种师生共建在线课程的方案，利用教师已有资源，充分发挥学生的主动性和创造性，以较低的建设经费和较短的时间建设较高质量的在线课程资源，为普通高校在建设经费紧张、教师技术能力不足、精力不够的情况下，提供了一条可行的课程资源建设方案，并通过实践证明其有效性。接下来的工作将研究如何提高师生共建微课的质量以及如何在教学中高效使用这些资源。

参考文献：

[1] McGrew L R A. A 60－second course in organic chemistry [J]. Journal of chemical education，1993，70 (7)：543.

[2] Kee T P. The one minute lecture [J]. EDUCATION IN CHEMISTRY，1995 (4)：100.

[3] 胡铁生. “微课”：区域教育信息资源发展的新趋势 [J]. 电化教育研究，2011 (10)：61－65.

[4] 焦建利. 微课与翻转课堂中的学习活动设计 [J]. 中国教育信息化，2014 (24)：4－6.

[5] 黎加厚. 微课的含义与发展 [J]. 中小学信息技术教育，2013 (4)：10－12.

[6] 张一春. 微课建设研究与思考 [J]. 中国教育网络，2013 (10)：28－31.

[7] 郑小军. 从“信息化热”到教学常态：教育技术人的范式转变 [J]. 中小学信息技术教育，2013 (10)：80－81.

[8] 教育部. 教育部关于一流本科课程建设的实施意见 [EB/OL]. (2019－05－01) [2020－07－29]. http://www.moe.gov.cn/srcsite/A08/s7056/201910/t20191031_406269.html.

[9] 吴岩. 建设中国“金课” [J]. 中国大学教学，2018 (12)：4－9.

[10] 姜艳玲，徐彤. 学习成效金字塔理论在翻转课堂中的应用与实践 [J]. 中国电化教育，2014 (7)：133－138.

课程实践

“教育政策法规与师德”课程在线教学探索与实践[①]

◎ 刘佳龙　廖华平[②]

在信息技术广泛应用的教育情境中，如何有效开展师德教育是高师院校面临的重要挑战之一。本文基于自主学习、对话教学、体验式教学的慎思，对“教育政策法规与师德”课程展开了在线教学的探索与实践，构建了“自主·对话·体悟”在线教学模式，以期为同类课程的深化改革提供参考。

2020年初，在疫情防控的非常时期，为进一步响应教育部提出的“停课不停教，停课不停学”的重要指示，我们结合师德课程特点、前期建设基础以及学生学习的实际情况，尝试了“自主·对话·体悟”在线教学模式的探索与改革。

一、“自主·对话·体悟”的建构基础

在传统的高校德育教学中，“独白”是最基本的教学形式（李娟，2015）。在德育课堂教学中，很多德育教师仍采用传统文科式的教学模式和方法，课堂成了教师“独白”的专场，原本鲜活的德育知识与案例变得枯燥乏味，单一的知识灌输与绝对化的知识观，使很多学生产生了厌烦与抵触情绪。2019年，我们对全校520名师范生进行了调查，68.65%的学生认为传统德育课程具有“道德说教和灌输”的特点，56.73%的同学认为传统德育课程“不利于发挥学生的主体性”。基于此，我们以自主学习、对话教学、体验式教学为基础，建构了依托信息网络技术的“自主·对话·体悟”在线教学模式。

---

① 基金项目：本文系四川省高校人文社会科学重点研究基地。四川中小学教师师德研究中心资助项目研究成果。本文已被《乐山师范学院学报》录用，收入本书时，有改动。

② 作者简介：刘佳龙，男，吉林通榆人，硕士，乐山师范学院教师教育学院副教授，研究方向：教师教育。廖华平，男，江西赣州人，硕士，乐山师范学院教师教育学院副教授，研究方向：教育管理。

（一）自主学习

在多元信息知识纷繁交杂的时代，自主学习已成为学生乃至成人必不可少的一种生存能力。在教育学领域里，我们一直将学生的自主学习能力培养作为一个重点目标来实施。以维果斯基为代表的维列鲁学派认为，自主学习本质上是一种言语的自我指导过程，是个体利用内部言语主动调节自己的学习的过程（庞维国，2001）。自主学习强调的是一种内生力，一种对所学知识的自主建构。德育课程的一个显著特点就是将外在的知识及他人经验内化为自我的一种认知过程，在这个过程之中，需要学生具有足够的能动性，尤其是在无人监督的情况下，能否做到自我指导和自我监控就尤为重要。网络教学的一个主要特点就是培养学生的自主学习能力，这就要求教师要借助信息交流平台发布自学任务，并做好监督保障措施，积极引导学生由“要我学”向“我要学”转变。基于信息网络的在线教学形式，着重培养学生自主学习能力和自主学习习惯，既是对传统教学模式变革的回应，也是对学生学习方式转变的时代挑战。

（二）对话教学

世界著名教育家保罗·弗莱雷在其著作《被压迫者教育学》中曾提出：“教育是一种具有对话性的活动。”“对话”的前提是爱、平等、谦逊与信任。所谓对话式教学就是通过师生之间平等而富有启发性的交流，以使学生的思维和认识有所发展的教学方法（孙刚成，杨晨美子，2019）。对话教学所秉持的是“人文关怀”和“以生为本”的教育理念。德育教学强调的是教师的引导和学生的共鸣，单一德育知识的灌输和绝对化标准答案的禁锢，只会使德育教学效果不尽如人意。因此，教师与学生应打破传统的“教师德育知识讲授主体，学生德育知识输入客体”的模式藩篱，建构以平等的地位和角色进行德育知识经验的对话与交流模式。网络交流平台（诸如QQ群、微信群等）是一种虚拟的平台，不需要师生面对面的交流，这样可以在一定程度上减轻学生的畏难和恐惧心理，学生可以更好地将内心的真实想法表达出来。因此，这种“隔空式”的对话教学，是师生之间、生生之间、生我之间对客观存在的德育知识经验的深入剖析与交流，是不同主体之间心灵智慧的碰撞，也是营造和谐师生关系的重要保障。

（三）体验式教学

体验式教学是通过实践来认识周围事物，用亲身的经历去感知、理解、感悟、验证教学内容的一种教学模式（张蓉，2006）。体验式教学强调情境的营造和学生的自主体验，即在教师的指引下，调动学生已有的认知和情感，在师生相互配合下共同营造情境，使学生在情境中产生体悟和共鸣，从而加强学生对知识与经验的吸收与内化。德育教学的核心实际上就是要学生能够认同教师传授的道德价值观，在认同的基础上激发学生自身道德认知的觉醒、道德情感的融入、道德意志的坚定以及道德行为的实施。在网络教学中引入师德标兵和教育纠纷的案件视频，能够最大限度上还原事件的真实情景，在学生观看的过程中，教师对学生世界观、价值观、人生观引领的同时，更要重视学生对鲜活而真实的师德案例的体验、感悟与反思。因此，在信息化时代，体验式教学既有利于德育课堂良好学习氛围的营造，更有助于学生自主能动性和自主学习活动的落实。

二、“自主·对话·体悟”的实践探索

（一）教学对象与学情分析

参与“自主·对话·体悟”在线教学模式的学生主要是我校 2018 级师范专业的学生。这些师范生之前都学习过“教育学”和“心理学”，因此具有一定的教育知识的积淀，在看待师德范例和分析教育纠纷案例时，基本能够联系前置基础知识，从教育科学的视角着手分析问题。由于这些学生分布在各个学院，由理科生、文科生和艺体生构成，学生学习水平参差不齐，不同学院的学生对教师职业认可度和对教师职业道德的认识程度也各不相同。因此，对于“教育政策法规与师德”这门课程的学习，很多学生的学习目标不够明确，学习动机不足，参与课堂教学的积极性不高。为了加强学生的合作学习，每个教学班都划分了学习小组，指定一人作为小组长，教师每次布置的任务都由学委和小组长负责任务分工、组织协调、监督完成等。

（二）教学内容梳理与分类

自 2015 年教师资格证国家统一考试实施以来，越来越多的考生加入教师资格证考试的大军之中。“教育政策法规与师德”这门课程作为教师资格证考试的重要组成部分，是由“教育政策法规”和“教师职业道德”两门课程合并而成。该课程主要由三大模块构成，即教师职业理念、教师职业道德、教育政策法规。前两个模块的学习要求学生在理解、掌握的基础上，分析具体的教育

教学事件，从而促进师范生高尚教师职业道德的养成；最后一个模块要求学生在识记、理解具体教育法律条款的基础上，能够分析具体的教育法规案例，进一步树立依法执教的理念。每个模块的教学，除了教师对核心知识点的讲解之外，还要给学生提供与课程内容紧密相关的教学案例和教学视频，在学生全程参与的过程中完成知识的学习。

（三）教学过程设计与实施

1. 自主学习环节

自主学习环节的最主要问题在于学生学什么、学多久、如何检验自学效果的问题。按照在线教学的设计，我们给学生留下了充足的自主学习时间，以确保课堂教学的有效性。按照我校安排，一次大课上课时间为 90 分钟，中间有 10 分钟休息。考虑疫情期间在线教学的特殊性，我们基本上安排 90 分钟的课连上。学生自主学习时间的安排主要是依据课程内容而定，具体分为两种：一种是对于新一章内容的学习，教师一般会提前布置自主学习资料，比如在学习“教师职业道德规范解读”这一章之前，教师会让学生提前阅读教师职业道德规范的学术文章，每个学习小组负责收集相关的案例和视频等。另一种是对于课上新知识的具体学习，教师一般会安排 15～20 分钟的自主学习时间。这一期间学生主要是根据学银在线对应课程章节的教学视频自主学习，学生在学习过程中既要思考教师提前发布的问题，又要做好知识笔记。为了有效开展自主学习，我们布置任务时，要求学生先自学、后小组讨论学习，彼此交流学习心得，查漏补缺。一般在开展自学之前，教师会根据学习内容提前布置思考问题，让学生带着问题去学习，例如：什么是爱国和爱国主义？在和平时期，我们该如何爱国？对于自学效果的检验，主要是通过在线随机提问和问题的深入讨论来完成。学生回答问题的及时性和准确性，就可以在一定程度上判断该学生自主学习的效度和信度。

2. 对话交流环节

借助于信息网络平台的对话交流是“自主·对话·体悟”在线教学模式的核心环节。在线对话交流的最大困难是如何将与课程内容密切相关的话题有效开展下去，这一方面需要教师的引导，同时还需要学生自主学习的积累和学生积极地思考与参与。对话交流环节的开展并不是独立割裂的片段，而是在前面学生自学基础上的进一步的延伸。这一环节持续的时间大概是 30～40 分钟。具体对话的过程如下：

（1）师生对话。学生花 15－20 分钟自主学习之后，教师会对学生自主学习教学视频效果进行检验。同样以“爱国守法”这一节为例，教师首先会抛出这样一个问题：“通过教学视频的学习，你认为什么是爱国主义?”

生1：爱国主义就是拥护中国共产党的领导，贯彻落实国家的方针政策，遵纪守法，与祖国荣辱与共等表现就是爱国主义的具体体现。

生2：爱国主义是将爱国的种种行为上升到理论层面，是一种思想和高尚的道德品质。

生3：爱国主义是个人心中的一种信念，不做损害国家的事，拥护热爱祖国。

教师总结：谈到爱国主义，我们首先要了解一个词“认同”，我们心理学中应该学过这个知识点。所谓认同（identity)，回答的是“你认为自己是什么样的人”“你认为自己归属于哪个群体”的问题。所谓爱国主义是指个人或集体对祖国的一种积极和支持的态度，揭示了个人对祖国的依存关系，是人们对自己家园以及民族和文化的归属感、认同感、尊严感与荣誉感的统一。

生4：老师，我其实不是很理解“主义”一词。

师：我们可以把“主义”理解为一种理念、思想、信念，“主义”往往是人们推崇的理想观点或主张，比如“共产主义”。

生4：清楚了，这样理解就具体很多啦。

这一环节主要是师生之间的对话，教师在学生回答问题的基础，给学生解惑，给学生及时进行点评、总结和升华。

(2）生生对话。在对话期间除了教师与学生的交流之外，学生与学生之间的对话，意义更为深刻。如教师在抛出：“请大家继续思考，关于爱国，社会中的哪些现象是‘真爱’？哪些现象是‘假爱’呢?”

生1：真爱就是付诸行动，把爱国体现在生活中的方方面面，在网上乱发牢骚，不干实事是假爱。

生2：你说的没错，我理解的真爱就是疫情期间各行各业的平凡人都在奉献着自己的力量。假爱就是，嘴上空喊口号到处批判，自己毫无行动趋炎附势两面三刀。

教师总结：大家对爱国的真与假认识还是比较到位的，但这里我要强调一点，对于我们同学来讲，看待问题和做事的时候一定要三思而后行，特别是大家处于青春年少的阶段，一腔的热情不要被一些别有用心的消息所误导，网络给我们开阔眼界的同时，也会让我们的内心变得浮躁。大家一定要提高自己的站位，要有大局意识。

(3）生我对话。在教与学的过程中我们往往关注的是师生之间和生生之间的对话与交流，生我对话经常会被忽视。生我对话是学生思考问题时扪心自问的一种心理活动，是将已有的知识经验和新学知识相交融的一种价值判断。生我对话之于学生既是一种心灵的启迪，又是一种对自我信念的坚守。例如："请大家思考，我们选择教师这一职业的初衷是什么呢?"

生 1：想跟年轻人在一起永远年轻，保持一个年轻的心态，和最单纯心的相处，和最年轻的血液融合等。

生 2：想去支教，因为大山深处孩子们的淳朴与对外面世界的向往，因为老师曾教会我知识与道理，总觉得自己也有这份义务与责任将其传承下去。

生 3：和年轻人待在一起，自己也会变年轻吧，慢慢看着学生成长还挺有意思的。

教师总结：教师是太阳底下最光辉的职业。正因为我们热爱所以我们才会选择。爱因斯坦曾说过这样一句话：对于一切来说，只有热爱才是最好的老师，它远远超过了责任感。看似这一问题是师问生答，实则是我们（指学生）对自己的一种内心追问，别人不能够代替我们做决定，我们将来的选择与决定一定要走心，也就是说要按照我们自己内心最真实的想法去做。

3. 体验感悟环节

如果说自主学习是一种学生对师德感知的积淀，对话交流是一种学生对师德理解的内化，那么体验感悟则是一种学生对师德领会的升华。由于课程性质和内容的特殊性，学生在学习领会的过程中必须要有真实的师德案例作为支撑，如师德标兵、最美教师、中国十大感动人物等。例如在讲授"爱岗敬业"这一节内容时，我选择了悬崖小学支教教师——感动中国人物李桂林老师的电视访谈视频，让学生提体验和感悟。

生 1：真的是难以想象，是什么信念才让李桂林老师能够数十年如一日坚守在教师岗位上呢？太让人感动了。

生 2：我知道这个学校和老师，我就是凉山州的学生，我们那大山里条件的确很艰苦，李老师的事迹让我更加热爱我的家乡，以后我也会回到大凉山做一个好老师。

生 3：李老师是值得我们学习的好老师，我想他是真正的热爱教育事业，真正的喜欢教书，更热爱大山里的孩子，希望所有的孩子都能遇到这样的好老师。

体验感悟环节是"自主·对话·体悟"在线教学模式中的升华部分。教师职业道德的学习并不是要求学生的死记硬背和被动的认同与肯定，而应该是学生发自内心的赞同与心悦诚服。因此，在这一环节的设计过程中一定要贴切课程的主题，同时在案例的选择和观看后的交流也要符合课程内容的自身逻辑和学生的身心发展规律。第一，这一部分案例的选择与收集必须要与授课内容紧密相关，一定要是真实发生的典型案例，在观看之前，教师要点明主题，布置好相关观看任务。例如根据视频内容结合所学知识，撰写一篇不少于800字的观后感。第二，教师要及时组织学生开展观后交流，学生可以根据自身的体会与感悟发表自己的看法，教师引导学生结合课程内容进一步升华感悟，从而达到师德知识内化的效果。

三、“自主·对话·体悟”的实践反思

在疫情防控期间，深入贯彻国家“停课不停教，停课不停学”精神的背景下，“自主·对话·体悟”在线教学模式对提高学生自主学习能力、激发学生学习兴趣、活跃课堂教学氛围、拉近师生交流距离、营造和谐师生关系、提高课堂教学效果具有现实意义。但从具体的实践操作层面来看，教师层面和学生层面还需要进一步改进和完善。

（一）教师层面

首先，教师要积极更新教育理念。教师作为课堂教学的主导者和引领者，要与时俱进，尽量摒弃传统的教学理念的束缚，积极探索在线教学的理念与思路。特别是在今后的教学中如何有效地将信息媒体技术有效地应用于教学之中。其次，教师要不断地扩充自己的知识储备。教师能否驾驭好课程，除了具备专业的理论知识和充分熟悉所授课程内容之外，还要不断收集和学习相关的学术文章、教学案例等课程资源，这样在课堂教学中才能够游刃有余。再次，教师要不断地提高自身的各种能力。在线教学需要教师具备常规的教学能力之外，还要具备一定的信息技术能力、课程设计能力、课堂管理能力、提问和质疑能力、分析和总结能力等。最后，教师要积极营造和谐的课堂氛围。疫情防控期间，学生的身心都有极大的压力，加之繁重的课程学习压力，学生往往会出现抵触情绪，这就要求教师要学会换位思考，多从学生的角度考虑课程的教与学。

（二）学生层面

在线学习模式对学生来讲是一种全新的挑战，学生的认可度和接受度是决定课程实施成败的重要因素。首先，学生要转变长期以来形成的“被动式”学

习惯性。“自主·对话·体悟”在线教学模式设计的一个核心思想就是对学生学习主体性和主动性的尊重。在自主学习环节，学生要积极克服自由散漫的学习环境带来的惰性，在没有教师和同学监督的情况下，自主学习效果主要取决于学生的自我约束能力和自我监督能力。因此，学生要在了解自主学习意义的同时，要有意识地培养自己独立思考、独立阅读、独立学习的能力和习惯。其次，在对话交流环节，学生不要急于回答教师抛出的各种师德问题，而是要思考教师的提问和课程内容之间存在什么样的逻辑关系，教师提问的目的又是什么。在对话过程中学生要学会取长补短、接纳不同意见，积极思考自己的回答和其他同学的回答有什么异同，不同答案的思考视角又是什么。最后，在体验感悟环节，要求学生要善于联想，思考案例视频与自己所学的知识点存在什么的联系，思考教师设计这一环节所要实现的目的是什么。同时学生也要学会换位思考，在角色互换的过程中，体会和领悟师德知识的价值和意义。

“自主·对话·体悟”在线教学模式应用于“教育政策法规与师德”课程的教学具有重要的现实意义和价值。一方面，可以规避传统师德课程教学的灌输、独白、枯燥的弊端；另一方面，可以培养学生自学能力、对话能力和感悟能力。尽管这一教学模式还存在很多不足，但我们相信在不断地探索、实践、改进、完善的过程中，一定会摸索出一条适合学生发展的有效途径。

参考文献：

[1] 李娟. 从独白到对话：高校德育的“破”与“立” [J]. 教育探索，2015（10）：105－107.

[2] 庞维国. 论学生的自主学习 [J]. 华东师范大学学报（教育科学版），2001（2）：78－83.

[3] 孙刚成，杨晨美子. 发达国家研究生教育教学改进的典型方式及启示——以美国、德国、英国、日本为例 [J]. 黑龙江高教研究，2019（7）：126－132.

[4] 张蓉. 体验式教学模式浅析 [J]. 四川教育学院学报，2006（6）：63－64.

“文化人类学”课程线上教学实践分析与思考

◎ 张　洁[①]

新冠肺炎疫情对教学的客观要求促进了全国教育教学信息化的发展，加快了高校教育教学信息化改革的步伐。在“停课不停教，停课不停学”背景下，本文结合线上教学实践过程，以“文化人类学”课程线上教学方法、设计、学生互动等为研究内容，对线上教学存在的问题进行分析，并提出有针对性地建议，为今后多样化教学组织形式提供更丰富的教学参考。

2020年初的新冠肺炎疫情在短时间内席卷了全国。面对突发情况，教育部积极提出“停课不停教”“停课不停学”的应对策略，由此展开了一场生动、多样的线上教学革命。社会工作专业教学自20世纪80年代恢复招生以来，专业教育发展较快，但是专业教学资源和教学平台搭建较少，专业教学信息化建设较缓慢。同时，“文化人类学”课程在社会工作专业课程设置中已由原来的“专业选修课”调整为“专业基础课”，在2015年已初步形成了“线上+线下”混合式教学模式。此时，“完全线上”教学的组织形式对该课程教学又提出了新的挑战。

一、“文化人类学”课程教学特点

“文化人类学”课程是一门人文社会科学研究的基础性课程，对社会工作专业学生而言，文化人类学学科流派及观点、人类行为与社会文化互动研究、田野调查专业方法是学习的主要内容。课程教学特点如下：

① 作者简介：张洁，女，重庆北碚人，硕士，乐山师范学院法学与公共管理学院讲师，研究方向：民族社会学、社会工作。

（一）“以学生为中心”的教学理念

以“学生为中心”的教学理念，注重以学生发展、学生学习和学习成效为中心（罗映红，2019）。本门课程的主要教学目标是在教学互动良好的情况下，培养学生独立思考能力、审辩性思维能力和专业知识综合运用能力，主要设计有课前准备、讲授或演示部分知识、问题提出、讨论或互动、总结五个教学步骤。通过学生对知识的好奇，启发学生探索，注重于对所学知识的应用和分析以及拓展。

（二）综合性和专业性较强

文化人类学作为人类学的一门分支学科，主要是强调从文化的角度研究人类群体的共性和特性，探讨人与环境、人与社会、人与自我的关系，其中包含着物质文化和精神文化的所有范畴，政治、经济制度，婚姻家庭、社会组织、宗教、艺术等都是其研究的核心内容，具有综合性（周大鸣，2009）。同时，该门课程的技能学习中包含了访谈、倾听、观察、记录、回应等技巧掌握和资料搜集方法，更体现了其专业性。

（三）教学方法和形式多种多样

在2015年社会工作专业教学综合改革工作中，本课程已经转变了传统教学模式思路，将过去“章节式”授课形式改为“专题式”讲授。教学组织形式更加丰富，有随机提问、2人讨论、小组交流、团队协作等多种形式。同时，增加了影视欣赏、纪录片分享、经典名著阅读、文献学习、自学汇报等教学实训内容，填补师生对话中经常缺少的“共同语境”，增加教学过程中的互动，让学生在课堂上能接收到更多知识，启发好奇心，激发学习兴趣和学习主动性，让“线下+线上”的混合式教学模式有了初步的实现。

二、“文化人类学”线上教学实践过程分析

（一）阶段性表现明显

第一次“完全线上”的教学组织形式经历了适应期、稳定期、波动期和反思期4个心理阶段的变化，如表1。

表 1　线上教学不同心理阶段表现分析

阶段	教师心理	学生心理
第一阶段 适应期 (1～3 周)	对线上教学组织形式变化的适应，对网课软件学习的功能适应，对该门课程线上教学模式的选择	对线上教学学习的应对适应，对新的网课软件操作的适应，对老师教学方式的适应
第二阶段 稳定期 (4～7 周)	基本熟悉线上教学“套路”，教师重心回归课堂本身及学生学习整体情况，结合线上教学的特点不断调整教学设计，以期达到最佳效果	基本适应了线上教学的学习操作和方式，增强了与老师的互动交流
第三阶段 波动期 (8－12 周)	担忧线上课程的成效；继续探索各类教学知识线上实现的可能，做好“完全线上”的心理准备	学生久居家中的心态有了变化，请假、旷课的学生数量高于前几周，学生互动的表现减弱
第四阶段 反思期 (13 周～结束)	完成教学进度，总结、思考整个线上教学实践过程，设计新的考核、考评形式检验教学成效	学生线上学习完全适应，学习态度逐渐有改善，期末作业、各科考核接踵而至

（二）课程设计思路分析

该门课程线上教学内容结合教学资源丰富，教学形式多样的特点进行了重新调整。坚持“以学生发展”为本的教学思想，培养学生审辩性思维能力，提高对专业知识的掌握。针对线上教学形式，笔者有两点新的认识。

1. 将知识点与网络信息汇集分类

线上教学无论是直播或者录播，还是语音讲授，相比较线下教学而言，主要目的不是讲授知识，而是引导学生自主学习。所以在“超星学习通”平台创建了“文化人类学”课程后，首先就是将已有的与课程相关的任何资料和信息都进行归类整理，主要分为 PPT 课件、视频学习资料、影视作品、期刊文献、阅读书籍等，分专题进行梳理和编排，让学生能够结合各类信息更好地理解所学知识，能够反复学习、随时查阅、不断思考。

2. 更新知识点和资料的连接性

该门课程线上课程视频资料是具有人类学学科背景的老师给专业学生进行上课的内容。而社会工作专业学生没有人类学专业知识积淀，有些专业术语和表达其实是很难接收的。所以，在线上教学过程中，需要非常注重学生对知识接收和理解的成效。这需要结合视频学习资料和重要知识点的连接性，引导学生更好地理解学习资料。例如，设置视频学习后思考的问题，将视频资料中提及的内容进行讨论，或是将学习的知识点与社会工作专业关注的问题结合在一起进行深入分析。

三、线上教学的主要问题

居家式的“完全线上”教学形式对于多数教师而言都是第一次，不仅需要教学形式的转变，更需要教师们从思想上进行转变，对现代化的线上教学组织形式有更多的接纳和包容。笔者线上教学采用的方式是“超星学习通＋QQ（腾讯）语音”结合的形式，其余网络资源作为课程资源补充资料。就本门课程而言，主要表现以下几个问题：

（一）教师线上教学技能不足，教学设计、组织变化大

在此之前虽有接触过慕课的培训，也开展了“线上＋线下”的混合式教学模式，但对于“完全线上”的教学形式，仍需要不断摸索线上教学操作技能，例如，如何管理学生学习，了解学习掌握情况，发布作业，讨论，考核等。教学组织形式的变化，也需要调整教学设计内容，转变线上教学思路，这为教学组织造成更多困难。同时，熟悉并掌握各类软件的优势，取其所需，需要一定时间的学习。很多原本线下可以直接完成的讨论、分享、实验，为了获得比较好的效果和掌握学生学习情况，只有通过作业的形式来完成。这一系列问题加大了教师教学难度和学生学习的压力。

（二）课堂互动不稳定，少数学生成“主导”

在社会科学类课程教学中，讲授是主要的授课形式。为了保证课堂质量，充分调动学生思维能力，考查之前的知识点或学习中的知识点，经常在授课中设置一些简单的问题，以期与学生互动。但是线上教学中，学生对于老师的提问，很多时候是不能及时给予回答的，等待过程会拖延课堂时间。分组讨论，线上花费的时间也比线下多。在线上教学时间长之后，就会发现，班级中“活跃的”一直是那几个学生。有些学生也确实因一些客观因素而影响过程学习。有时也因为学生“刷屏”太快，而忽略某些话题。同时，如果老师要去仔细核实是否每人都有回应，那又要花费较长时间。所以，老师是没办法掌握一部分学生实际学习情况。

（三）课程实训介入不够，教师引导和指导减少

专业课的实训项目视、听类学习，独立完成的实训内容部分，无论线上或

线下学习都是比较容易操作的。例如，影片赏析，从中分析问题，提出专业性建议，学生完成度较好。但是，如果是操作类项目，而且需要团队合作完成的，线上只能部分实现，而且老师无法更好地进行现场观察和指导，对于实际情况掌握不足。例如，访谈法训练属于实践类项目，需要找人做访谈。线上随意找陌生人存在不安全，而且不一定能找到合适的访谈对象；线下就更容易操作。还比如，小组共同设计访谈提纲，学生小组讨论后提交，线上批改后返回修改，来回 2～3 次，才能修改成功。而线下教学可以课堂直接指导每组学生，节省时间，沟通流畅。

四、线上教学的对策及建议

（一）加强技术更新和帮助，多维度进行教学交流

信息技术是线上教学的重要支撑，需要专业技术人员的加入和指导。同时，技术人员也可以通过全程参与和监控，掌握教学系统存在的问题，不断掌握师生需求，优化和升级教学系统。作为专任教师，更应该积极学习线上教学各软件技术，接受更多新的设备、设施功能，以服务于教学所需。例如，直播、录播的穿插，比一直让学生视频自学效果好。同时，利用学校或校外资源，多与同行、前辈、技术员、相关专业教师进行教学交流，获取线上教学更多方法和信息。例如，学校的“教学工作简报”、一线教师风采等报道，一定程度上向老师们进行了单向交流，可以不断反思自己的教学问题和方法。线上教学交流 QQ 群的搭建，也是教师间进行教学交流很好的场所。甚至可以较多地关注和参与一些校外教学关系群的交流平台，掌握整体线上教学情况，帮助自己查漏补缺，提升教学技能，提高在线教学的整体效果和质量。

（二）培养学生自觉学习意识，发挥主观能动性

线上教学由于师生距离较疏离，不能面对面地掌控学生学习实际情况，需要学生具备较自觉的学习意识。社会学习理论中，正强化能够促进行为的再现。所以，通过表扬、奖励的方式，更能激励学生的学习兴趣，或者通过问题式教学的形式，让学生充分发挥主观能动性，回答并获得成就感，加强学习的自主性（宋灵青，许林，李雅瑄，2020）。例如，对于课程中留言的学生要给予及时回应，对答对或答题较好的学生要给予表扬；分组时，为了营造较好地学习氛围，让自觉性较好的学生带动较差的学生；多设计一些能启发学生思考

的新的讨论话题，或者有“共同语境”的讨论，鼓励学生多说、多思考。另外，在时间分配上思考预留时间要更合理，便于学生作答。对学生表达、陈述提出更高要求，从逻辑性、问题针对性、可行性等方面进行评价。让学生在不断训练中增强自信心，提高应答能力，缓减紧张情绪。

（三）增加实训选择和方式，加强指导

对于无法“线上”实现的操作类实训项目，随着实际情况的变化（疫情转好），有些项目是学生可以实现线下实践的。不过，老师对于实践的要求和说明要更具体。例如访谈训练，学生在家可以 1 人设计和开展 1 次访谈；或者 1 组设计，每人开展 1 次访谈。组织方式可以根据实际情况调整，目的是让每个学生体验访谈的过程，发现自己实践中的不足，才能更好地达到技能训练的目的。确实无法实现的实训，还可以替代或新增其他实训项目，让学生在条件允许的情况下，自行选择实训内容。一方面让实训项目更多元化，不受局限；另一方面，学生选择空间更大，更容易激发兴趣。同时，教师指导一定要到位。小组实训可以分组进行督导，如果是单独实训项目，就需要单独指导。对于个别较困难的同学也可以单独指导。只有这样，才能更好地保证学生实训的效果。

五、思考与展望

近年来，以慕课、超星学习通等为代表的新的教育教学平台迅速崛起。互联网、多媒体等现代信息技术已经在不断融入“教”与“学”的教学互动中，5G 和人工智能（AR/VR）技术在教学中的研发与应用，能较好地改善在线教学网络不流畅、复制传播较慢、时空限制等问题（左惟，2020）。信息技术正深刻地改变着大学教育的传统面貌。高校教学信息化改革已成为高校学科建设、专业发展、人才培养考核的重要内容。“开放共享”“协作教学”“终身教育”等理念也正在突破传统教育观念的束缚，线上教学需求不断增大，这对教师和学生都提出了新挑战。此次“完全线上”教学的形式具有特殊性，我们可以不断总结线上教学的不足，与线下教学进行对话，补充。在未来的教学改革中，更好地发展“线上”“线下”各自优势，实现优质教学资源共享、促进教育公平、提高教育教学质量。

参考文献：

[1] 罗映红．高校混合式教学模式构建与实践探索［J］．高教探索，2019（12）：48－55.
[2] 周大鸣．文化人类学概论［M］．广州：中山大学出版社，2009.
[3] 宋灵青，许林，李雅瑄．精准在线教学＋居家学习模式：疫情时期学生学习质量提升的途径［J］．中国电化教育，2020（3）：114－122.
[4] 左惟．趋势与变革：高校开展线上教学的几点思考［J］．中国高等教育，2020（7）：10－12.

QQ投票对在线SPOC教学模式的作用分析

——以“变态心理学”为例

◎ 邓雪薇[①]

探讨通过QQ投票提醒学习对在线SPOC教学模式的作用。采用不等组实验设计，A班为实验组，使用QQ投票的方式提醒学习；B班为对照组，使用在QQ群发布学习要求的方式提醒学习。结果发现：(1) 采用不同方式提醒学习后A、B两班视频学习完成率的增加情况差异显著（$t=2.1, p<0.01$）；(2) 在考试成绩方面，第一次单元测试A、B两班成绩差异不显著（$t=1.26$，$p>0.05$）；第二三四次单元测试及期末测试A、B两班成绩差异显著（t(第二次) $=3.99, P<0.05$; t(第三次) $=6.10, P<0.05$; t(第四次) $=5.64, P<0.05$; t(期末) $=3.23, P<0.05$)）。结论：对于在线SPOC教学模式，QQ投票能够有效提高其视频学习完成情况；视频学习完成率高的班级考试成绩会更好。

一、引言

2020年，新冠肺炎疫情使得每一个人的生活、学习和工作都发生了巨大改变。“停课不停教，停课不停学”使得教学从“在场”变为“在线”，此时如何提高在线教学的质量，如何保证在线教学时学生的参与度等问题成为每一名教师不得不思考和克服的问题。

“变态心理学”是心理学专业的专业必须课程，教学目标是使学生能够建构起心理异常的诊断体系，能对各种常见心理问题的病因、病程表现等作出合理的判断，并将知识应用于实践中。疫情原因使得该门课程必须得在线教学，在此情况下如何提高该门课程的教学质量变得极为重要。

---

① 作者简介：邓雪薇，女，应用心理学硕士研究生，讲师，研究方向：心理健康教育。

加州大学伯克利分校教授阿曼多·福克斯最早提出SPOC教学模式。SPOC教学模式以“以学为主、因材教，因需教”为原则，把即时学习、即时练习、讨论互动、实践练习、合作学习等教学形式结合起来，具有丰富的课程资源、线上学习、线下教学等特征（岳敏，王铁生，路美弄，等，2019；杨丽，张立国，2016）。与传统教学相比，SPOC教学模式更能激发学生的自主学习能力，使得学生能够在课前将重要知识提前完成，而在正式课堂上能够有更多时间去答疑、练习、讨论分析等。

同伴压力是指个体感受到的需要遵循同伴的规定去思考和行动的压力，或是个体受到同伴的鼓励或要求做或不做非个体意愿的某种行为时感受到的压力（田禄梅，夏大勇，李永梅，等，2016）。一些研究表明大学生的宿舍同伴、班级同伴会对个人的学业成绩具有较强的影响（权小娟，2015），其中班级同伴对学业成绩的影响要强于宿舍同伴的影响（张羽，杨斌，张春生，等，2011；包志梅，2020），同伴群体对大学生的学习动机、学习兴趣、克服学习中困难的态度、完成学习任务及作业情况，参与学习有关活动、对待考试的态度等方面均有影响。疫情使得现实的同伴接触和交流均被打破，所有的交流均通过网络来实现。因此，在网络时代可考虑通过网络利用同伴压力来提高学生的学习压力。

近几年腾讯推出了QQ投票功能，学生常用它来投票决定去哪里吃饭、选班干部等。在疫情期间，所有的教学均采用在线教学模式，那么也可考虑利用在线方式去督促学生学习，而QQ投票则具有此种功能。QQ投票是公开的，学生通过投票可以看到班里都有谁完成了学习任务，在基于同伴压力的情况下，同班同学的学习完成情况则会督促个体去学习。因此，可采用QQ投票的方式进行督学。

因新冠肺炎疫情的影响，所有教学，无论是视频资源的学习，还是课堂讨论、互动、练习等均需线上进行，那么，在这种情况下如何提高SPOC教学法的教学质量呢？本研究欲探讨QQ投票对在线SPOC教学模式的作用。

综上所述，提出研究假设：

假设1：QQ投票后的视频学习完成率显著高于常规提醒后的视频学习完成率。

假设2：QQ投票组（A班）的考试成绩显著高于常规提醒组（B班）的考试成绩。

二、研究方法

（一）被试

整体选择2018级心理学两个班级为研究对象，A班49人，B班45人。以2019－2020学年中第一学期的教育心理学期末考试成绩为两个班的基线成绩，A班的成绩为76.20±10.86；B班的成绩为75.04±13.30，对两个班的平均成绩进行独立样本T检验，结果为$t(92)=0.46$，$p>0.05$。

（二）实验设计

采用不等组比较设计，实验组为A班，对照组为B班。实验组采用QQ投票法进行提醒学习；对照组采用在QQ群里发布消息的方式进行提醒学习，称之为常规提醒。

（三）实验过程

步骤一：提前一周将下一周的教学微视频传至超星学习通，同时通过QQ群告知A、B两班的学生即将学习的内容已经上传，可开始视频资源的自主学习。

步骤二：上课的前一天晚上的20：00—22：00通过QQ群进行提醒学习。A班通过班级QQ群进行学习情况投票，学生可投完成或未完成票，无论是投完成票还是未完成票，投票后可看到整个班级有多少人已完成，以及完成的人是谁。B班通过班级QQ群进行常规提醒，如“请同学们记得在上课前完成抑郁障碍的学习”。

步骤三：在每一次上课前10分钟查看超星学习通所记录的A、B两个班级的学习完成情况，并做好记录。

步骤四：课堂教学采用超星直播或者腾讯会议进行直播，主要内容为对视频学习进行答疑、练题、案例分析、模拟评估、讨论分享等。

步骤五：每三章或四章进行一次单元测试，通过超星学习通的考试来进行，不提前发布考试信息。

（四）数据处理

通过SPSS22.0进行数据处理。

三、结果

（一）提醒学习前视频学习完成情况分析

将A、B两班在提醒学习前和提醒学习后的视频完成情况绘制成柱形图，如图1所示。从图1可知，无论是提醒前还是提醒后A班的视频学习完成率均高于B班。

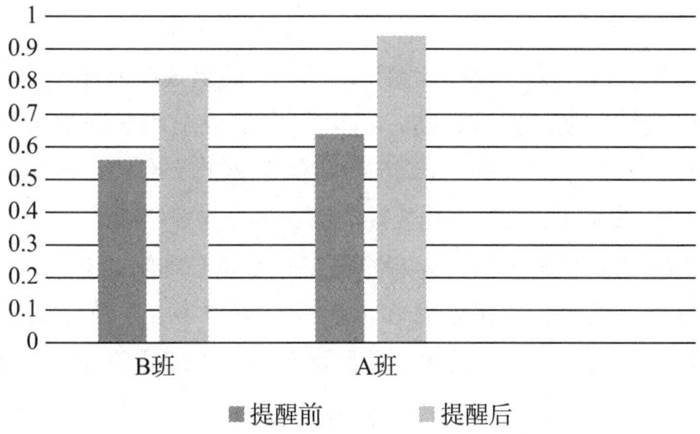

图1　A、B两班视频学习完成情况分析

对A、B两班的提醒学习后视频学习完成率的增量进行独立样本T检验，结果见表1，$t=2.10$，$p<0.05$。

表1　提醒学习后视频学习的增量（$N=58$）

	M	*SD*
实验组A班	0.30	0.14
对照组B班	0.25	0.14

（二）变态心理学考试成绩分析

对A班和B班的四次单元考试成绩和期末考试成绩进行独立样本T检验，结果见表2。

表 2　变态心理学考试成绩分析（$N=94$）

	$M\pm SD$		T
	A 班	B 班	
第一次单元测试	76.55±8.49	74.08±10.48	1.26
第二次单元测试	77.71±12.19	67.13±13.11	3.99 *
第三次单元测试	75.73±7.20	63.75±12.37	6.10 *
第四次单元测试	67.04±13.4	51.4±13.15	5.64 *
期末考试	88.53±7.92	82.47±10.14	3.23 *

注：* 表示 $p<0.05$

从表 2 可知，除了第一次单元测试时 A、B 两班成绩差异不显著外，其他三次单元测试成绩和期末考试成绩，实验组 A 班成绩均显著高于对照组 B 班成绩［t（第二次）$=3.99$，$P<0.05$；t（第三次）$=6.10$，$P<0.05$；t（第四次）$=5.64$，$P<0.05$；t（期末）$=3.23$，$P<0.05$］。

将教育心理学的期末成绩，即基线成绩和变态心理学的五次考试成绩绘制成折线图，如图 2 所示。由图 2 可知，基线成绩和第一次单元测试成绩，A、B 两班成绩相差无几；而从第二次单元测试开始，A 班成绩要明显高于 B 班。

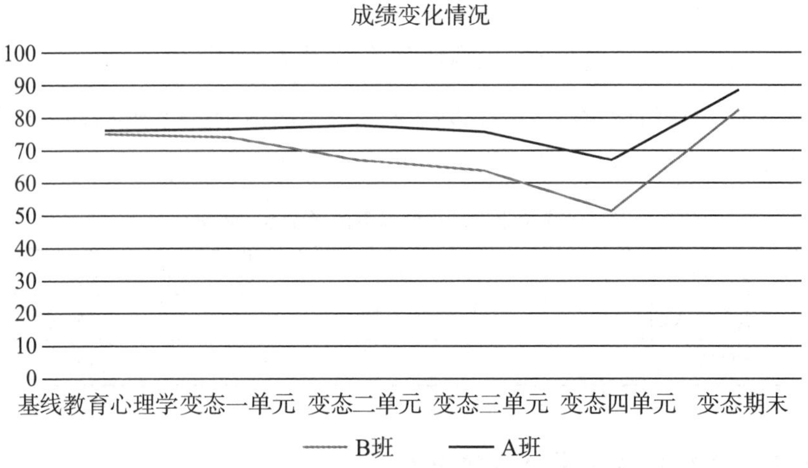

图 2　考试成绩变化情况分析

四、讨论

（一）视频学习完成情况分析

在视频学习方面，在提醒学习前和提醒学习后，A 班的完成率均高于 B 班，且对提醒学习后视频学习完成率的增量进行分析时发现采用 QQ 投票进行提醒学习的 A 班显著高于 QQ 群常规提醒的 B 班。QQ 投票和 QQ 群提醒学习均可以提醒学生还有学习任务没有完成，督促学生进一步学习，但是 QQ 投票的效果会更明显。

研究表明大学生的学习态度、学习目标、学习行为等主要受同伴群体的影响（黄泽龙，卢静，2011；范伟强，余冲，肖欣，2015）。这可能和同伴压力有关，无论是感知到的还是真实的同伴压力都可以改变学生的行为（彭夏，2015），同伴压力对本科生的学习具有正向作用，若同伴的关系是“共同进步型”，则会促进个体的学习（包志梅，2020）。

对学生的访谈也提到了这种无形的同伴压力：“看到别的同学都完成视频学习了，我会觉得不好意思，为自己的懒惰而愧疚，所以得赶紧去完成学习。”所以当学生知道同学有完成学习的，但自己未完成时，可能会愧疚、焦虑等，而这些情绪会促使学生尽快去学习，所以，通常在 QQ 投票后的第二天早上就会只剩下极少数学生没完成。

（二）考试成绩分析

从教育心理学的基线成绩来看，A、B 两班的成绩差异不明显。基于此，每一次单元测试前不告知考试消息，全部在上课时进行突击性考试，使得学生不能做相关准备，希望借此来了解学生通过视频学习和课堂互动对知识的掌握情况。对四次单元测试和期末考试的成绩进行分析，除了第一单元测试时 A、B 两班成绩差异不显著外，其他四次考试，A 班成绩均显著高于 B 班成绩。

研究表明同班同学的学习能力对学生学习成绩有非常重要的影响（张羽，杨斌，张春生，等，2011），同宿舍的同伴也对个体的学习成绩具有正向作用（梁耀明，何勤英，2017）。

综上所述，在 SPOC 教学模式中，QQ 投票提醒的方式可以提高学生视频学习的完成率，而视频学习完成好的学生，其考试成绩也会更优秀。

（三）线上SPOC教学策略分析

在线使用SPOC教学法进行“变态心理学”的教学，采用了如下教学策略来提高教学质量。

1. 合适且有亲近感的视频资源

中国MOOC有首都师范大学上官芳芳老师“变态心理学”课程，但大多数学生并不喜欢看网络资源，他们感觉老师很远，没有亲近感。所以所有的视频资源均由任课老师自己录制，通常老师提前一星期将重要知识录制成5－15分钟左右的短视频，并上传超星学习通。在录制视频的过程中，录课教师最好出镜露脸，学生反馈如果老师不露脸，他们会将老师的讲解声音当背景音，很容易走神，而露脸则能使之更容易集中注意力。

2. 督促学生完成视频资源学习

无论是实验组班级还是对照组班级，在每次课的前一晚督促学习前完成率通常在30％～60％之间，完成率并不高。所以在这时通过QQ投票或者在QQ群里发布学习要求来督促学习。最终，上课前，QQ投票督学后完成率基本在95％以上，甚至100％；通过QQ群提醒学习后完成率在85％左右。

3. 开展丰富多样的课堂教学

答疑、练题、案例分析、讨论、模拟评估是“变态心理学”课堂内最经常使用的互动形式。

（1）答疑非常重要。每一次课的第一件事就是针对视频学习进行答疑，有时甚至需要1节课的时间答疑，可以尝试让其他学生对问题进行解答，效果常常不错。问问题也反映出前期视频学习的情况。A班问问题的人次和问题种类明显比B班要多。

（2）练题以巩固基础知识。每一节课都多准备些题，包括单选、多选、填空和判断题，通过超星学习通的选人功能随机选学生进行回答。一方面通过练题巩固基础知识，作为答疑的补充和扩展；另一方面可以督促学生坚持上课。

（3）案例分析可综合评估学生对知识的掌握情况。一方面提供非常确定属于某种心理障碍的案例让学生能够掌握对此种心理障碍的诊断要点；另一方面提供似是而非的案例让学生学会去分析不同心理障碍的核心症状，学会区分不同心理障碍，并能够进行鉴别诊断。

（4）对一些比较有争议和现实意义的话题开展讨论能够增加学生的参与感。例如，“性别与心理障碍的关系”“为何肥胖的人越来越多”等话题的讨论就激起了学生的极大参与热情。

（5）模拟评估。线上教学如何采用角色扮演进行模拟评估？笔者探索了两种方式开展教学。最初，通过超星学习通将学生随机分成两人一组，一人扮演评估者，一人扮演来访者，两人通过 QQ 打字进行某种心理障碍的演练，然后将 QQ 聊天记录截图上传在超星学习通里，教师再去阅读分析他们的演练过程并提供反馈意见。因这种模拟暴露出来一些问题，又尝试通过腾讯会议连麦的方式，教师分别扮演了来访者和评估者，学生也扮演了来访者和评估者，其中教师的扮演给学生起到了示范作用。

4. 选用合适的在线直播软件

最初使用超星学习通进行直播，但因其卡顿和延时的弊端，学生强烈建议换成了腾讯会议。腾讯会议可以随时连麦和视频，这使得模拟评估得以顺利进行，并有意想不到的收获。例如，在“心境障碍”一章的模拟评估时，教师扮演评估者，学生扮演来访者，二者连麦进行对话，其他同学旁听和记录，有同学听的时候在聊天窗口将老师的示范内容记录下来并发送给全班同学，使得所有人能够再一次温习。

五、不足与反思

首先，研究采用的是准实验室设计类型，额外变量的控制方面不够，如班级之间固有差异会影响实验结果，其他任课教师也反映 A 班学风比 B 班要好些。

其次，课程时间安排和不同的放假时间会影响学生的学习，A 班是周二和周五上课，B 班是周一和周三上课，中间间隔时间不同，可能会影响视频学习完成情况；另外，假期可能会打乱学生的上课情况，进一步打乱其学习情况。

最后，在线考试难以保证学生的真实水平，学生翻书、翻课件比较常见。

基于以上原因，若想进一步探讨 QQ 投票对在线 SPOC 教学的影响需要进一步控制相关额外变量，且可考虑复学后继续使用 QQ 投票的方式来督促学习。

六、结论

QQ 投票具有公开性，能够让学生通过投票看到班级他人的学习任务完成情况，具有自主学习、自我督学的潜在激励作用。较常规提醒学习而言，QQ

投票提醒能够有效提高学生课前完成视频资源的学习；较常规提醒学习的班级而言，采用QQ投票提醒学习的班级考试成绩更加优秀。

参考文献：

[1] 岳敏，王铁生，路美弄，等．高校SPOC翻转课堂的教学模式探究［J］．科技创新导报，2019（31）：209－211．
[2] 杨丽，张立国．SPOC在传统高校教学中的应用模式研究［J］．现代教育技术，2016（5）：56－62．
[3] 黄泽龙，卢静．同辈群体对大学生学习心理影响的调查研究［J］．西北医学教育，2011（7）：1237－1239．
[4] 范伟强，余冲，肖欣．同辈群体对大学生学习心理的影响——以南昌高校为例［J］．经济研究导刊，2015（11）：76－78．
[5] 彭夏．同伴压力对音乐学习的影响［J］．艺术科技，2015（3）：139．
[6] 田录梅，夏大勇，李永梅，等．积极同伴压力、自尊对青少年不同冒险行为的影响［J］．心理发展与教育，2016（3）：349－357．
[7] 权小娟．大学成绩的同伴影响研究：基于多层次模型的分析［J］．清华大学教育研究，2015（5）：66－77．
[8] 张羽，杨斌，张春生，等．中国高校班集体制度对学生成绩影响的实证研究［J］．清华大学学报（哲学社会科学版），2011（26）：133－141．
[9] 包志梅．本科生学业成绩的同伴效应研究［J］．中国高等教育，2020（6）：25－31．
[10] 梁耀明，何勤英．大学生学业成绩的宿舍同伴效应分析［J］．教育与经济，2017（4）：83－87．

基于电磁学的在线教学探讨

◎朱　林[①]

新冠肺炎疫情期间，全国高校开展在线教学。本文基于笔者两个多月的培训学习、教学实践摸索，分别从教学模式、教学工具、教学管理等方面针对电磁学的在线教学进行探讨。

新冠肺炎疫情期间，为保证高等教育工作的持续开展，教育工作者纷纷响应“停课不停学，停课不停教”的号召，积极开展在线教学工作，其中不乏网课“小白”经过突击培训、刻苦钻研，在“教育主播”之路上摸爬滚打，在线上教学的实践之路上艰难探索，笔者就是其中之一。现就这段时间进行电磁学课程在线教学的体验及所悟所感与大家交流分享。

一、课程特点及学情分析

笔者本学期执教物理学本科专业普通班和免师班两个班的电磁学课程。电磁学作为物理学专业的一门重要的专业必修基础课程，是物理学专业的光学、电工学、电动力学等后续课程学习的基础。电磁学与力学联系紧密，对向量代数、微积分要求较高，因此需要学生具备一定的力学和高数基础。电磁学课程内容繁杂，概念和公式多，定理和定律多，模型多，“场”的观点贯穿始终，抽象且逻辑性强，师生普遍反映该课程教学难度较大（任思颖，2018）。

本校电磁学课程开设在大一下学期，除向量代数外，学生已学习了力学及高等数学的微积分，基本满足学习电磁学需要的知识储备要求。经过一学期的大学学习生活，学生已逐渐适应大学的学习，自学能力得到提高，自我管理能力进一步增强。作为成长于数字时代的“00后”，他们普遍乐于接受新事物，

---

① 作者简介：朱林，女，四川乐山人，硕士，乐山师范学院数理学院，讲师，研究方向：大学物理教学。

学习信息技术能力较强。但不容忽视的是，我校学生入校要求较低，学生学习基础一般，免师班更有不少来自教育欠发达地区的学生，教学过程中应注意学生的接受能力，不能一味从其他学校照搬经验。

二、教学模式

初次尝试在线教学，如何从传统教学方式及时转型，是亟需思考且要通过摸索及不断改进加以解决的问题。近年来网络在线课程建设如火如荼，各种在线教育平台应运而生，但真正在教学中经常应用这些在线教育资源尚未形成常态。笔者之前仅对在线课程有一定的了解，并未实际开展过在线课程教学。开课之前，经过学校的培训和指导，很幸运地在中国大学 MOOC（慕课）找到了理想的电磁学在线课程——北京理工大学胡海云教授带领的大学物理教学团队制作的国家精品课程。在网课开展过程中，采用怎样的教学模式才能合理运用教学资源以达到既定的课程大纲要求？笔者经过一系列的挫折后，通过不断摸索总结才得到较为理想的结果。

（一）课上 MOOC+习题的模式

开课之初，抱着尝试的心态打算直接用慕课资源进行教学。教师备课包括熟悉慕课里的教学资源，制作并上传慕课视频相关内容的小练习到慕课平台。这是基于检验学生学习效果的考虑，虽然慕课里也有一些练习和检测，但不如自定的练习有针对性且更适合本校学生的水平。上课则采用安排学生课上学习指定慕课视频并及时完成笔者补充在相关内容后面的练习（这部分教学在慕课平台完成），然后利用课堂剩余时间在 QQ 群内进行小结和评讲练习的模式。

很快这种模式下的教学暴露出一系列问题。随着各高校相继开课，大量学生在上课期间涌入教学平台，导致平台空间极度拥堵，学生常反映“进不去、被弹出或者视频播放不流畅”等问题，影响视频学习的顺利进行；学生要在规定的时间内完成一系列学习任务，网络问题又容易导致学生紧张焦虑，难以安心学习；此外，学生理解接受能力参差不齐，学习进度不一，有的已提前完成了学习任务，有的教学视频都还没看完，会影响到后续的小结和作业评讲环节的开展。就课程本身而言，同一门课程各高校制定的教学大纲要求存在差异，且慕课里的教学进度、课时安排与本校设置的不一致。采用上述教学模式开展网络教学不到两周，教学进度明显落后于计划，学生也反映学习效果不理想，改变教学模式迫在眉睫。

（二）课下 MOOC+课上 PPT 讲授的模式

网上关于电磁学课程的在线教学研究很少，难以找到可以直接借鉴的实例，于是笔者干脆转为利用自制多媒体课件进行课堂讲授的传统教学模式，只是将学习场所由教室换成了 QQ 群，慕课作为课前预习和课后拓展的学习内容。这样一来，学生的接受度提高了，但新的问题很快又浮现出来。所有的教学内容都在课堂上讲授，教学内容多，重点不够突出。教师讲学生听，被动学习，学生依赖教师的讲解，学习主动性不足，对课下慕课学习不够重视，慕课学习参与度明显下降，没有充分发挥慕课的作用。

（三）课下 MOOC+课上讨论/习题的模式

根据电磁学的课程特点和学生的学习情况发现，放手让学生看视频，看完后很可能全盘接收，主次不分，知识点散乱，难以将各知识点串联起来构建完整的知识框架。学生没有真正掌握所学知识，在解决问题时就只会模仿例题，不会灵活变通。但如果在教学过程中教师发挥好“导学、促学、助学”的作用，是能够充分利用网络教学资源的同时又完成本校课程大纲要求的（李爽，李梦蕾，赵宏，2020）。

受到“翻转课堂”的启发，经过不断思索，探索出以下教学模式（图 1）。课前：第一步，根据教学大纲和教学计划确定教学内容，制作各章的导学 PPT 或 Word，通过一系列的问题引导学生沿着每一章的知识主线学习、思考并解决这些问题。第二步，在 QQ 群中发布公告，提前布置接下来要学习章节的任务及任务完成期限，包括课前学习筛选出来的合适的视频内容、教学 PPT、思考题、练习题，这些任务都要求学生课下自主完成。第三步，收集学生学习情况的反馈意见来设计教学方案。课堂上，根据学生自学过程中遇到的问题及导学课件中提出的问题有侧重地在课堂上一一解决，可以根据问题的难易程度和学生解决这些问题的情况，或简单讨论，或重点分析甚至详细讲解。当依次解决完导学课件中的这些问题以后，学生对该章的知识结构以及与前后章节之间的联系也有了清晰的认识。再通过对思考题、习题、涵盖重要知识点的例题的讨论练习加深对知识的理解，巩固所学知识。最后带着学生一起对该章内容进行小结，建构知识框架，分享各自的收获。当然，由于各高校制定的课程大纲要求不同，慕课视频不一定涉及课程所有相关的内容，这时可以结合自制教学课件在课堂上补充讲解。

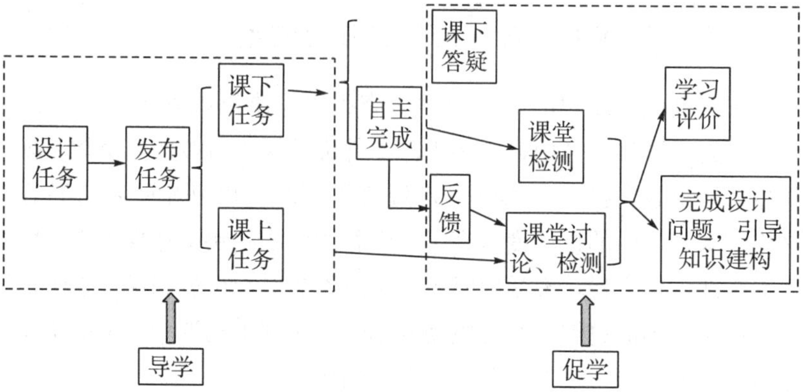

图1　“导学”“促学”内容

个人认为教师“导学”任务最为重要，特别是问题设置环节涉及学生学习内容的侧重点、学习主线、各知识的逻辑关系等教学因素，其学习导向作用很强。以电磁学“第三章静电场中的电介质”为例，该章对存在电介质时的静电场的讨论是“第一章真空中的静电场”和“第二章有导体时的静电场”这两部分内容的延伸，导学任务包括解决“静电场中的导体和电介质有哪些相似之处和区别”这类问题，引导学生采用“类比法”，既可以巩固前两章所学知识，又通过类比加深对电介质在电场中极化现象的理解（梁灿彬，秦光戎，梁竹健，2012）。借助问题的引导，学生对电介质极化现象的认识经历了从宏观到微观、从现象到本质、从一般到特殊的过程，层层深入，各部分内容环环相扣，体现了电磁学逻辑性强的特点。

采用这种教学模式以后，学生学习有了明确的目标，为了完成布置的任务，自主学习也更有动力和约束性，较好地利用了优质的网络课程资源，又兼顾了本校的课程大纲要求和学生的学习水平。此外，课下自主学习课程内容，学生的时间安排更为灵活，受停电、断网、突发事件等不利因素的影响较小，学生普遍反映较好。从课堂教学来看，突出了教学重难点，教学更有针对性，课堂学习效率明显提高，有更充裕的时间进行课堂练习和讨论，师生互动情况良好，课堂气氛也更为活跃。不过采用上述教学模式也仍然存在一些问题，比如各章涉及的知识点很多，侧重于对重难点的教学可能就难以同时顾及所有的知识细节，少数自觉性较差或自学能力较低的学生的学习效果不理想。

（四）关于电磁学课程教学模式的思考

近年来，以慕课（MOOCs）为代表的在线开放课程迅猛发展，对当今高等教育教学模式带来了巨大冲击。“疫情”期间“停课不停学”成为推动“课堂革命”的重要契机，线上线下混合式教学模式常态化将是教学模式发展的必然趋势，同时为了适应社会发展对大学生要求的不断提高，高校人才培养方案不断调整，像电磁学这类专业课程的课时一再缩减而教学要求不变，进一步提高了学生课下学习的要求，教学模式改革势在必行。“翻转课堂”为我们提供了很好的教学参考，值得借鉴。“复课”后应以该轮电磁学课程教学经验为基础，推进线上线下混合式教学模式的应用，教师从知识的“讲授者”转向学生学习的“辅导者”。作为本校优质网络教学资源缺乏的普通二本院校，不妨充分合理利用各种平台共享资源。教师需要借助合适的在线教学平台，课前备课包括对这些网络资源的搜寻、筛选、整合，准备导学课件、与视频搭配的练习、测验等资料，发布学习任务，收集学生自学后提出的问题，根据学生课前学习反馈的信息设计课堂教学，课后还有在线讨论、答疑等环节，工作量有增无减。采用线上线下混合式教学模式教学的难点在于把握“线上”和“线下”的比重，要充分考虑课程特点及学生水平，不能简单照搬、套用别人的做法，需经过不断摸索、反复实践才能找到真正适合的教学模式，这才是“教无定法，贵在得法”的内涵所在。

三、教学工具

“工欲善其事，必先利其器”。网络教学的顺利开展离不开适用的教学工具，而教学工具又包括硬件和软件两大类。硬件方面，除了手机、电脑这两种基础“装备”，考虑到电磁学公式多、图片多的特点，课上需要频繁推导公式、作图，开课前就同时准备了手写板和微课通数位板。通过试用发现手写板画图效果较好，但书写公式符号需要频繁提笔离板，书写不顺畅，内容显示不完整。及时换成微课通数位板，其书写效果及兼容性俱佳，不管是结合红烛电子教鞭软件还是与腾讯课堂里的画板功能一起使用，都可以实现无缝对接。此外，微课通数位板配套的摄像头和降噪话筒集成装置也比普通笔记本电脑自带的设备效果更好，使用后学生之前反映有杂音干扰的问题迎刃而解。

软件的选择也经过了不断的尝试和更换。起初打算借用超星或慕课平台进行课堂教学，但开学初期，上课时段全国各大高校学生大量涌入这些平台，平台不时出现无法正常使用甚至崩溃的情况。转而选择 QQ 软件，使用 QQ 群里的打卡或收集卡功能进行考勤，还可以将打卡情况转换为 Excel 文件保存，结合 QQ 群分享屏幕功能和红烛电子教鞭软件就可以很方便地进行课堂直播了。再使用 Castrecorder 直播录制工具将上课的内容录制成视频，两节课的视频不到 100MB，方便学生因各种原因缺课而补学或复习时使用。后来改为使用更加方便的腾讯课堂，里面签到、举手、答题卡、画板等功能齐全且操作简单容易上手，一节课下来就能熟练运用了，还能自动生成可下载的 Excel 考勤表。举手和答题卡功能方便课堂提问和讨论，能及时收集学生答题情况，了解整体掌握知识的水平。答题卡功能也可以用于其他情况调查或集体投票。画板功能可以和数位板结合进行板书，上课之前选择“生成回放”功能，软件就会自动录制屏幕上“分享区域”内的画面及同步声音，下课后 24 小时内自动生成回放，方便学生课下学习。此外还可以利用腾讯课堂布置和评阅作业，书面作业通过手机拍照上传图片就可以提交，教师评阅后自行下载即可。腾讯课堂集多种功能于一体，一个软件足以支撑起直播教学，即使偶尔遇到教师端因网络差出现的上课卡顿或掉线的情况，只要网络情况有所改善，重新进入软件继续上课即可，生成的回放视频只录制连贯的教学内容，不会像 Castrecorder 软件一样将上课时因网络差出现的黑屏、卡顿或掉线后与教学无关的内容录制下来。可见，合理应用教学工具是对教师“促学”“助学”的有力支持（李爽，李梦蕾，赵宏，2020）。

腾讯课堂具有上述诸多优点，据粗略统计，笔者所在学院约有一半课程采用该软件进行直播授课。当然腾讯课堂也有待改进完善的地方，比如使用过程中有时个别学生端没有根据教师的操作弹出答题卡，遇到这种情况可以提醒学生在讨论区回答。此外班级管理方面仍需完善，不能显示记录每位学生参与答题的情况，不方便对每位学生的学习效果进行统计和评价（陈红普，凡妙然，2015）。

四、教学管理

教学管理涉及教学计划管理、教学组织管理、教学质量管理等基本环节，科学的教学管理是网络授课顺利开展的重要保障，也是发挥教师“促学”功能的核心所在。课前准备要充分，提前熟悉慕课内容，对教材内容理解透彻，再根据课程大纲和教学计划安排后续教学内容和教学进度，并将教学计划细化到每次课。严格考勤，保留考勤记录，通过 QQ、短信等方式提醒学生按时上课，对无故不按时上课的学生单独联系谈话，督促未上课学生课后学习视频。同时，课上也可能有“挂机”行为，即学生打开程序但并未参与课堂学习甚至将手机放置一旁。对此可以根据集体讨论参与情况进行初步筛查，再对不积极参与讨论的学生进行点名抽问，不能及时做出回应就有“挂机”之嫌。通过不时“敲打提醒”，课堂纪律一直保持较好。

采用课堂问答、抽查课后练习、慕课平台评阅练习、学生互评等多种考评方式检验学生的学习效果，进行综合评价并记录在册。也可以通过班委收集意见或不记名投票等方式让学生对教师的教学进行评价，有助于教师进行教学反思并及时对教学进行适当的调整。师生互评，教学相长。

课后及时记录总结当天的教学情况，包括上课内容、教学任务完成情况、学生知识掌握情况等，还要对下次课的教学任务提前计划安排。过程资料的记录整理也是教学管理的一部分，如将上课板书的纸质手稿按照日期排序保存，方便课后查看上课内容，查漏补缺；课前制订教学计划安排和课后总结便于分析教学中存在的问题、教学任务是否较好完成；上课视频除了方便学生复习，也可以作为课堂质量评价、学生学习效果评价的重要依据。整个教学过程中各个环节的设定和实施操作都需要合理的计划安排，保证教学有条不紊地进行。

五、教学思考

经过两个多月的网络授课，除了教学方面的收获，笔者在师生交流方面也感触颇深。网上教学，师生可能远隔千里，没有了面对面的交流，但可以通过网络将彼此连接在一起。在关注学生学习的同时，也应给予学生更多的情感关怀。笔者授课的班级中多数同学来自农村，有的身处偏远的少数民族地区，网络差，不时停电断网；正值农忙季节需要帮家人分担农活；有的面临家人生病需要陪护的困难；还有的遭遇亲人去世的打击。在这些客观困难面前，绝大多数学生都在坚持学习，确实上不了课的也想办法请假，课后补上落下的课程。同学们“迎难而学”的精神也鞭策着笔者更加用心对待教学，提醒笔者给予学生更多的关心帮助。即使不见面，也可以通过电话、网络和学生沟通联系，或答疑解惑，或善意劝导，或鼓励支持，或安慰帮助。在与学生打交道的过程中，班委发挥了桥梁的作用，除了协助班级教学管理，有的同学因各种原因不愿或不方便直接联系教师，班委就代为传达，反映情况，让学生的意见和具体情况能及时传达给教师，使教师能尽快解决处理，遇到不能解决的则及时向学院反映求助。教师的职责不仅仅是丰富学生的知识，也是对学生心灵的润泽，关爱学生，不分形式，无关距离。

学校不开学，学生不返校，网课还将继续进行。医务工作者在一线抗击新冠肺炎疫情，作为教育工作者的一员也应做好自己的本职工作，“迎困而教”，适应新形势，应对新挑战，勤于学习，不断探索，勇于创新，为迎接大学教育新时代做好充分的准备（赵可金，2020）。

参考文献：

[1] 任思颖. 网络教学平台在线开放式课程建设研究 [J]. 黑龙江科学，2018 (9)：30－31.

[2] 李爽，李梦蕾，赵宏. 在线课程质量观和质量要素的质性研究——基于专家、实践者和学习者的视角 [J]. 中国远程教育，2020 (3)：42－50.

[3] 梁灿彬，秦光戎，梁竹健. 普通物理学教程电磁学 [M]. 北京：高等教育出版社，2012：83－106.

[4] 陈红普，凡妙然. 腾讯课堂在线教育运行模式的思考与启示 [J]. 现代教育技术，2015 (11)：86－92.

[5] 赵可金. 新冠肺炎疫情下的大学在线教育及展望 [EB/OL]. (2020－04－26) [2020－08－05]. https://www.eol.cn/news/dongtai/202004/t20200426_1723536.shtml.

基于高校音乐专业表演类课程的在线教学思考

◎ 赖苑华[①]

2020年初，新冠肺炎疫情突然暴发。受疫情影响，各高校无法如期开学。在此情况下，各高校先后开展“停课不停教”活动，引导师生充分利用网络及相应的软件和工具，及时将传统课堂教学转移到网络上。本文就基于高校音乐专业表演类课程网络在线教学的优势与不足进行探讨。

2020年初，新冠肺炎疫情突然暴发。在教育领域，疫情给高校教育带来巨大影响。受疫情影响，各高校在无法如期正常开学的情况下，积极引导师生充分利用网络及相应的软件和工具，及时将教学转移到网络上，有序开展“停课不停教”的网络在线教学。网络在线教学以互联网为基础，打破了时间和空间的局限，为各高校在疫情下开展正常教学工作带来了便利，保证了高校教学工作的正常有序进行。

一、高校音乐专业表演类课程的特殊性

高校音乐专业与其他专业相比是一个比较特殊的专业。音乐专业的课程涉及音乐理论课程和音乐演奏课程两大类型（朴荟霖，2018）。音乐理论课以老师理论讲授为主，并在期末通过笔试考试考察学生的学习情况。学生则通过完成书面作业和笔试考试来反馈学习情况。音乐演奏课程则以演奏为主，属于技能课，需要学生现场进行技能展示，由老师进行现场教学指导，是一个实操性非常强的专业。音乐演奏课程在期末以学生技能考试时的现场表演来考评学生的学习情况。高校音乐专业表演类课程除了有上述特点之外，更注重在舞台上进行表演实践，对表演者在表演过程中技术技巧和完整度的要求高，对演奏和演唱的声音音色和表演中的情感处理与表达的要求更高。在教学过程中，器材

① 作者简介：赖苑华，湖北武汉人，武汉大学艺术硕士，研究方向：高师钢琴教育。

设备和场地环境因素对表演者的表演有直接影响，好的器材设备能增强表演者的表现力，激发表演者的表现欲望。对指导老师来说，不同的设备传递出来的不同效果，也会影响老师对表演者表现的判断。因此，音乐表演类课程对设备与环境的要求都很高。

由于音乐表演专业自身具有的上述特点和特殊性，所以网络在线教学在音乐专业表演类课程的教学实践中存在着鲜明优势和明显不足。这些优势和不足值得教育者重视和思考。以下就从几个方面来进行分析。

二、网络在线教学在音乐专业表演类课程上的优势

网络在线教学是近年来涌现出来的一个新鲜事物，是多媒体教学形式的一种。网络在线教学立足互联网，依托网络技术和专门的社交软件，实现了老师和学生可以在同一时间的不同空间里隔空面对面上课。

（一）网络在线教学的实时性

音乐是时间的艺术，声音被演奏或演唱出来是无法在自然界保留下来的。即便可以通过现代录音器材对声音进行录音保存，但由于录音过程中对声音进行压缩与还原处理时存在声音失真现象，并不能完美地反映真实的声音效果。不仅如此，在声乐演唱过程中，演唱者口型状态、舌头位置、口唇部及喉头肌肉的松紧程度都会对所发出声音的音高、音质和音色产生影响（王艺瑾，2017）。如果学生仅仅通过录音向老师汇报学习成果，会影响到老师对学生学习效果的判断。所以音乐专业表演类课程必须进行面对面地教学，让师生之间能互相听到真实的声音，看到真实的状态。

音乐表演是一个二度创作的过程，即表演者通过技巧与情感的处理将音乐表达出来供观众欣赏，这是一个主观创作与客观表现相结合的过程。音乐表演也是一个具有创造力的过程，表演鼓励多样性和发展性。受主客观因素影响，表演者在多次表演的过程中会不断进行改进和发展，不可能一成不变，所以音乐表演教学更需要面对面的教学。

网络在线教学最大的一个特点就是可以实现实时同步教学，使老师和学生在同一时间里虽然处于不同空间，但仍然可以通过网络进行面对面地隔空上课，为疫情期间音乐表演专业教学实现了可能性。老师和学生不仅可以互相听到，看到，还可以相互直接交流。老师可以观察到学生表演时的身体状况，比如：钢琴老师可以看到学生弹钢琴时的坐姿和手形，还可以看到学生所用的指

法是否正确，手指触键的速度和角度是否合理；声乐老师也可以看到学生演唱时的站姿和面部表情情况，看到学生的口唇状态情况，如开口的大小和方向等。所以，网络在线教学能够满足高校音乐专业表演类课程教学的基本需求。

（二）网络在线教学的可互动性

高校音乐专业表演类课程的课堂具有现场性和互动性。不论是器乐演奏还是声乐演唱都无法仅仅通过理论讲授来达到教学目标和学习效果。学生在课堂上进行音乐作品表演时，不管是演唱还是演奏都需要老师以最快的速度捕捉到学生在表演过程中存在的问题，进行点评，给予指导，及时纠正，这样才能帮助学生及时改正错误，做出调整，进行正确的演奏或演唱。这样才能达到良好的课堂效果，课堂才有意义，否则就是纸上谈兵。比如学生在演奏中常出现的音高错误、节奏错误或者指法错误等有代表性的问题，需要老师及时提醒和纠正。再比如在演唱西洋歌曲时常出现外语歌词发音错误，演唱中国歌曲时咬字不到位、归韵不充分或者演唱者发音位置不对，或者声音状态不当等问题，也需要老师及时进行指导和纠正。网络在线教学为这样的互动型课堂提供了必要支持。

在网络媒体时代，师生之间通过网络在线教学能实现充分的互动，学生可以通过网络在线平台观看老师教学直播，师生之间可以通过文字或者语音交流的形式进行直接交流。学生可以及时对教学中的问题进行反馈，老师也可以及时了解学生对知识点的掌握情况，探查学生的上课效果。网络在线教学良好而及时的互动性，便于老师现场指导学生的音乐表演，为音乐表演专业课的开展提供了可能，也为实现教学目标提供了必要支持。

（三）网络在线教学的真实性

网络在线教学作为当前防疫形势下学校教育的一种主要手段，在保证教学秩序上也起到了良好的效果。学校通过网络在线课来掌握学生的出勤情况，是一种最便捷有效的方式。首先，可以保证上课人员的真实性。师生在网络上面对面上课能够保证双方都是本人出席，对师生双方都有约束力。课堂的互动也可以督促学生一直认真听讲，参与课堂教学活动。其次，可以严肃课堂纪律。师生在网络上面对面上课可以保证双方都能按时上下课，不随意迟到、早退，互相监督。再次，保证教学的真实性。网络面对面在线教学，督促师生双方在课堂上不做与教学无关的事，不讲与教学无关的话题，保证课堂教学真实有效。

总而言之，网络在线教学的真实性保证了远程课堂教学的严肃性，强有力地保证了教学的正常进行。

三、网络教学在高校音乐专业表演类课程上的不足

网络在线教学因为具有实时性，能及时地传递信息而为高校音乐专业表演类课程提供基本保障，又能以很强的互动性为高校音乐专业表演类课程提供必要支持。在满足前两点的同时，网络在线教学还能有助于检验参与课堂人员的真实性，有助于严肃网络教学的纪律。在这些基本条件都得到保障的情况下，高校音乐专业表演类课程自身所拥有的一些特殊性，也使网络教学的局限性显现出来。高校音乐专业表演类课程不仅是知识的传播与接受，更要求学生们要在舞台上进行表演实践和练习积累，这首先就需要相应的舞台环境和舞台设备。比如在钢琴表演的课堂上，教室的面积大小、乐器型号的大小、声音共鸣的条件和场地环境不同都会对网络在线教学产生影响（刘佳，2015）。参与高校音乐专业表演类课程的师生在网络在线教学实践中也发现了这些不足和遗憾之处。

（一）乐器设备条件存在局限性

音乐表演专业主要分为声乐演唱和器乐演奏方向（刘佳，2015）。器乐演奏对乐器的要求非常高。以钢琴为例，立式钢琴与平台钢琴的区别很大。首先，二者在体积上就有明显的差异。不同体积的钢琴共鸣箱的大小不同决定声音的音量大小、共鸣效果和音色效果都不一样。其次，立式钢琴与平台钢琴在中踏板的功能上完全不同。这种不同是由两种钢琴使用的击弦机不同造成的。立式钢琴中踏板是止音踏板，用于减小钢琴弹奏的音量。平台钢琴的中踏板是选择性延留踏板，可以有选择性地延留某个音（徐梦晨，2019）。立式钢琴的中踏板仅起到使钢琴音量减弱的弱音功能，并无延留音响功能。对比可知，立式钢琴的中踏板与平台钢琴的中踏板功能用途完全相反。正因为两种琴中踏板的用途不同，所以在演奏高难度曲目时，立式钢琴面对特殊选择性延留音时不能达到演奏要求，无法表现出乐谱中要求的效果，这时必须使用平台钢琴演奏（Patricia Fallows-Hammond，1998）。所以立式钢琴通常多用于日常练习，而平台钢琴多用于舞台表演。同时，平台钢琴价格昂贵，占用面积也很大，普通家庭不易配备。钢琴表演方向的学生要实现舞台表演的学习与训练，多是依托学校的教学设备资源，在学校的舞台和平台钢琴上进行表演训练。而在网络

在线课中，因为学生在家上课，通常使用的都是普通立式钢琴甚至有些学生家里因为条件所限只有电子钢琴，所以在高难度曲目教学时，有些部分的演奏因为器材所限，无法达到原本的演奏要求，只能退而求其次使用其他演奏方式来代替，不仅不符合原作要求也与舞台表演用琴的演奏不同。这种乐器上客观条件的不足，使得网络在线课在高校音乐专业表演类课程的授课效果上受到影响。

（二）音响设备条件存在局限性

一般的网络在线教学课堂对音响设备的要求以能够满足正常的沟通需要为主，对声音的要求并不高。而对音乐表演专业课来说，对音响效果的要求则很高。以声乐表演专业为例，音乐是一门关于声音的艺术（侯潜草，2019），声乐表演除了讲究表演的外在美，如舞美、灯光、造型、服装、表情、动作和情绪以外，最根本地是要讲求声音的质感和美感，这对表演者的演唱水平要求很高。同样，要对声音进行训练首先就必须听到真实的声音效果。而目前常用的网络在线教学平台的声音效果一般，声音失真度比较大，这样就对声音的辨别影响大。从声乐表演专业上来说，演唱时的共鸣音根据在人体中所处用的共鸣腔不同就分为：头腔共鸣、鼻腔共鸣和胸腔共鸣三种（黄玉林，2019）。这三种不同的共鸣方式唱出来的声音位置、音量大小、音色亮度都不同。学生在上课的时候需要老师根据其声音迅速而准确地分别声音位置是否正确、声音共鸣程度如何、声音的明暗度如何，声音的色彩如何，从而对学生进行指导。所以，在现场上课指导中，声音真实而立体。而网络在线教学平台里只能反映出声音中的基本要素（如音高、节奏、时长和强弱），很难把声音反映得特别细致，因此会影响老师对学生的指导效果。同样，器乐演奏方向的学生对演奏出声音的音色要求也非常高，或明亮或饱满，或散乱或虚浮，或温柔或坚硬，都需要老师对声音做出相应的判断和指导，而这些因素在网络在线教学平台无法完好而真实地呈现，对课堂效果影响很大。

（三）场地条件和环境存在局限性

高校音乐专业表演类课程的重要目的在于训练学生的音乐表现能力，使学生能更好地进行音乐表演。要实现这个目标，音乐表演专业课的一个重要方式就是舞台实践。音乐是发自内心的情感表达，舞台环境会给表演者带来很大的影响。比如：白天或是晚上演出，表演者精神的兴奋状态不一样；室内还是室外演出，表演者的演奏欲望也不一样；观众的多与少更是对表演者表演心态存在较大影响，有些表演者是观众少时表演得好，观众多时会紧张。而有些表演者则是观众越多越兴奋，会发挥出超常水平。再比如室内演出中剧场的大小和高度，舞台的大小同样也对演奏者有影响。而演出场地的灯光环境也会影响表演者的表演。世界著名小提琴演奏家和教育家，匈牙利人卡尔·弗莱什在其著作《小提琴演奏艺术》一书中专门有几个章节论述演出场馆的场地环境对演奏者的影响。疫情期间，剧场、舞台、灯光、更大更好的乐器等这些硬件条件都无法实现，专业课只能在学生自己家里上课，不仅空间相对狭窄，设备无法达到效果，还得承受左邻右舍的扰民意见，因此，高校音乐专业表演类课程在网络在线教学中无法达到预期的表演效果。

四、高校音乐专业表演类课程网络在线教学的建议

网络在线教学为高校教学的正常进行提供了重要支持和保证，为学生们提供了继续学习的条件。对于高校音乐专业表演类课程而言，虽然课程本身有一定的特殊性，但是限于目前的客观环境，网络教学模式还是高校实现“停课不停教”的首选上课方式。针对网络在线课程在高校音乐专业表演类课程方面的一些局限性，本人提出如下建议。

（一）提高教学设备档次

工欲善其事，必先利其器。网络教学只是疫情非常时期的一种非常规上课方式，其上课的效果肯定没有现实中面对面上课效果好。因此，师生双方都要主动提高教学设备的档次。

第一，上课使用的视频设备的清晰度要足够高，能让师生双方在课堂上看清对方在课堂表现中的一些细节。比如，能让老师看清学生的表情和面部细微变化。再比如，学生能看清楚老师的动作示范。

第二，上课时使用的音频设备如耳机和话筒等的声音质量要好。首先要确保声音干净清晰，没有杂音。其次可以在条件允许的范围内选择购买和使用音质更好的设备，这样不仅能使学生在网络课堂上的表演效果更好，也能通过设备更真实地反应学生的声音情况，方便老师在课堂上对学生进行指导。在课堂以外，也有利于师生双方做音乐表演类课程相关的音乐作品欣赏，促进学生音乐素养积累。

第三，上课时使用的设备性能要稳定且易于正确安放及使用。在网络在线课堂上，设备的稳定度是最重要也是最基本的课堂保证。网络设备的稳定性是

保证一节网络课堂顺利进行的决定性因素，音频设备的稳定性是保证一节网络课堂成功进行的必要因素，视频设备安放及使用的正确性对一节网络课堂的成功有至关重要的作用。比如上课时的视频拍摄角度要正确，并能根据当节课的实际情况及时便利地作出调整，确保画面及视角等满足课堂教学的需求，使视频能拍出最好的视觉效果。同时，设备要能方便安放和移动，为一些特殊时候的用途提供便利。比如器乐表演课上，当老师和学生对乐谱上的标记和具体指法的使用有疑问时，可以把设备移近来对乐谱和手指进行观察，必要时还可以把设备取下来进行俯视、侧视等多角度观察。再如声乐表演课上，老师要求学生唱歌时要把口腔打开到一定程度，使老师能近距离观察学生喉头的活动甚至口腔内小舌头的位置等。这些特殊而精细的要求都要能通过视频设备调整远近和角度得以实现。有了稳定的网络、清晰的视频和通畅的音频，师生双方才能上好一节高校音乐专业表演类网络在线课。

（二）选择远程教学软件

在网络在线课堂上，除了硬件设备的因素外，选用适当的软件对课堂质量的提高也是有相当大的帮助。在常用社交软件中，QQ、微信、钉钉等作为日常联络交流的工具，虽然也可以通过视频聊天功能来实现音乐表演专业的网络在线教学，但就音质和画质效果来说，这些软件仅满足日常对话，不能完全满足音乐表演的需要，也不便于查阅相应的乐谱等资料。师生之间对乐谱的阅读要通过调整设备来实现，非常不方便。在这个特殊时期的网络在线教学实践中，中央音乐学院、中国音乐学院、上海音乐学院、武汉音乐学院、四川音乐学院、浙江音乐学院等各大音乐专门院校都在使用的一款名为“一起练琴”的教学软件，该软件非常适用于高校音乐专业表演类课程的专业远程教学，在实践中也受到老师和学生们的欢迎和好评。这款软件作为一款音乐类网络远程教学的专用软件，不仅画面完整清晰，音质效果好，更重要的是，此软件里自带很多专业乐谱，能满足老师上课时的乐谱使用需求。该软件还有专门的录屏功能，能将上课情况录制和保存下来，便于学生反复观看学习，也便于老师回顾学生的上课情况。专业的音乐类远程教学软件才能使高校音乐专业表演类课程的课堂效率得到大幅度提升，使课堂效果更好。

（三）创造良好课堂氛围

虽然当前受疫情影响，高校音乐专业表演类课程只能在师生双方各自家里上课，上课环境和硬件设备条件不能和学校专业的教学场地相比，但是师生双方都应积极主动地提高教学环境，创造良好的课堂氛围。在网络在线课堂实践中，很多老师非常注重自己上课的教学环境：有专门的上课空间，使课堂环境安静、整洁且严肃，而不是家中随意或杂乱的一隅；有相应的灯光布置和环境创设，使视频中的课堂环境明亮而优美；有专业的教学音响设备和高档的乐器配备，使课堂音响效果更好，能让学生有更好的声音体验；老师也对学生的上课环境提出要求，特别要求学生用窗帘做幕布，有相应的灯光进行氛围烘托，帮助学生尽量营造舞台氛围。这些都是在实践中能做到的良好课堂氛围创设，也是值得借鉴和推广的网络在线课堂环境创设经验。有了好的环境，学生们在高校音乐专业表演类课程的网络在线实践课中才能有更积极的表现，才能促师生之间有更好的配合，达到更好的课堂效果。

五、结论

受突如其来的新冠肺炎疫情影响，全国高校普遍采用全新的网络授课模式。互联网技术的进步不仅打破了时间、空间的限制，还为师生间提供了可以直接参与交流的教学平台。高校音乐专业表演类课程因为专业的特殊性，从主观和客观的各个方面有着比其他专业更高的要求和较大的制约，但是只要学校认真引导，师生齐心协力，共同主动地去探索新工具，尝试新经验，努力营造更有利的网络在线课堂环境，积极配合进行互动教学，高校音乐专业表演类课程一定能通过网络在线教学有效地开展起来，发挥积极的作用。

参考文献：

[1] 朴荟霖．中国高校流行音乐专业建设研究［D］．长春：东北师范大学，2018.
[2] 王艺瑾．艺术嗓音医学在声乐学习中的应用［D］．广州：华南理工大学，2017.
[3] 刘佳．高校音乐专业技能课程教学的理论思考与实践探索［J］．戏剧之家，2015（1）：156.
[4] 徐梦晨．钢琴演奏中踏板的类别和运用研究［J］．北方音乐，2019（1）：73.
[5] Patricia Fallows－Hammond．钢琴艺术三百年［M］．冯丹，姚纯青，译．重庆：西南师范大学出版社，1998.
[6] 侯潜草．艺术类高校音乐表演专业弦乐室内乐课程教学研究［J］．艺术教育，2019（8）：71－72.
[7] 黄玉林．论科学歌唱的三腔共鸣［J］．艺术评鉴，2019（8）：83－85.

基于“播音与主持实践”课程的在线教学思考

◎姜　壮[①]

“播音与主持实践”课程是播音与主持艺术专业学生的核心课程，课程以培养学生掌握广播电视节目制作与播出能力为目的，线下实践是课程核心。新冠肺炎疫情防控期间，在线教学保障了学生“停课不停学”，能够按时完成学业进度。针对如何完成课程教学目标，乐山师范学院通过调整该课程的教学方式、教学内容、管理方式等多种手段，以学生为中心，有效实施了在线教学，增强了学生自主学习、探究思辨的能力。

针对新冠肺炎疫情，教育部发出倡议，各大中小学校利用网络平台，“停课不停教，停课不停学”。如何在疫情防控期间有效保证线上教学秩序和教学质量，成为各高校亟待解决的问题。“播音与主持实践”课程是乐山师范学院播音与主持艺术专业（简称播主专业）大学三年级学生的专业必修课，2017级的100名播主专业学生也面临着如何进行网络学习的问题。该课程主要以理论知识学习与业务实践训练相结合的方式进行教学，在对该课程多年的建设中我们发现，学生理论知识的掌握程度直接影响其是否可以通过理论指导实践的方式提升相关业务的实践能力，而利用在线课程的教学方式不仅可以较好地解决这一问题，并且能促使课程在创新变革中进一步优化教学方式，增加学生课堂中动手实践的时长或频次。对此，我们结合该课程及相关专业学生的特点，在原有在线课程资源及往年课程线上线下教学实践经验的基础上，重新调整了2019～2020春季学期“播音与主持实践”课程的教学实施方案。

---

① 作者简介：姜壮，男，山东烟台人，艺术硕士，乐山师范学院文学与新闻学院讲师，一级播音员，研究方向：广播电视、播音主持。

一、“播音与主持实践”课程在线课程建设情况

根据《普通高等学校本科专业类教学质量国家标准》及播主专业2019版人才培养方案的需求，践行以学生为中心的教学改革路线，“播音与主持实践”课程从2019年初开展了利用网络教学增加学生课堂实践的改革研究，并依托超星学习通平台初步搭建起相关章节的课程框架，现有知识点短视频51个，实践展示长视频8个，时长413分钟。因疫情的影响，我校加速推进了该课程的上线测试过程。通过拆分学生所学理论部分，将该课程分为课前可学习与必须课堂讲授两部分，结合学生学习习惯和在线课程特点，每个视频的时长设计为3至5分钟，以单个知识点为切入点进行在线授课，学生将部分理论学习时间前移，进而增加线上课堂学生实践和教师指导的时间。

二、疫情防控期间的课程调整

（一）教学方式调整

“播音与主持实践”在线课程的建设，是以学生在校期间进行线上学习与线下实践相结合为前提的。在疫情防控期间，学生无法返回学校，只能通过网络进行线上学习，仅凭现有在线课程资源，是无法满足该课程的教学需要的。如何适应每周4个学时的教学安排成了此次在线教学需要攻克的难点。

1. 混合式教学模式应用

任课教师通过利用在线课程平台+钉钉直播课与超星直播辅助相结合的方式进行理论课程讲解。教师先通过钉钉直播课堂的方式，系统全面地在线讲授课程理论。直播过程中插播已有在线课程短视频，以短平快的方式讲解知识要点，教师再通过在线提问的方式收集学生疑问并进行问题剖析和解答。此外，针对学生回课作业完成情况，通过连麦等方式进行点对点式在线指导。

2. 调整课件形式

在线进行理论教学，课件效果十分重要。首先，以往课程的教学课件都是以投影或电脑屏幕为展示平台，显示面积较大；而在线教学中，部分学生通过手机客户端进行学习，屏幕较小，原先在一个画幅内展示较多文字信息的课件就很难让学生在手机屏幕上看清楚。其次，部分课件设计枯燥，原本在线下教学就很难吸引学生注意力，学生在家线上学习就更无法被课件吸引。对此，就

需要优化课件设计，一方面保证整体内容音像图文并茂，从视觉、听觉多个层次吸引学生的注意力；另一方面调整内容排版，减少画幅内信息，增大字号，保证课件内容有效传递。

（二）教学内容调整

1. 调整模块顺序

实践是“播音与主持实践”课程的核心环节，是需要学生在经过理论学习后，通过实践掌握各种广播电视节目的业务技能，从而令学生可以直接对接播出机构独立制作合格的节目。然而，无法返校、家中没有实践设备和场地成为阻碍学生实践训练的门槛。

因课程本身已根据不同播音主持节目类型进行模块化教学设计，所以根据疫情防控发展阶段和课程章节的难易程度，任课教师将使用设备简单、实训作业完成难度较低的课程模块前移，将已有在线课程资源较多、实践操作演示视频较多的内容前置；将运用设备较为专业或实践操作复杂的模块后置。如将需要专业设备的虚拟演播室训练模块移至学期末段，因无法在家中完成相关实践训练，只能通过在线视频演示的方式进行讲授，学生实践训练环节留待开学完成。

2. 调整实践训练形式

在线上授课中，教师将广播类的音乐、综艺节目模块前置，学生只需要有电脑和话筒或手机在课下进行录制和剪辑，完成广播成品节目的录播，教师可在课上进行作品评讲。对于直播节目的实践训练，则通过课上使用钉钉在线会议功能实时连线完成节目直播训练和教师点评。电视节目方面，将大屏互动模块前移，学生通过使用家中电视播放训练课件、手机拍摄视频的方式进行大屏互动训练。随着国内疫情防控形势不断好转，各地纷纷下调风险防控等级，该课程在学期中段开始进入外景报道模块的教学与实践训练，学生在保证安全、做好防护的前提下，走出家门完成课程实践内容。

3. 补充教学内容

“播音与主持实践”在线课程因受疫情影响提前上线，现有课程视频涵盖了本学期教学 2/3 模块的教学重点，但仍存在部分课程内容资源无法满足教学需要的情况，特别是需要在实验室示范与讲授相结合的部分。在开学初期，这些内容是不具备的，又由于学生和教师均无法返校，任课教师无法在学校实验室内录制演示视频或直播授课。因此，通过与媒体单位合作，录制部分实践演示长视频，将知识点和实践流程细致、全面地进行讲解。

4. 增强学生自主学习

为避免在线教学出现“老师讲、学生听”的单一教学模式，增强学生自主学习、探究思辨的学习能力，该课程在模块化教学的基础上，增加了文献综述环节。要求学生以所学模块的节目形态为基础，从2000年起，每5年一个期限对节目的发展、主持人风格的变化、受众群体的演变等进行分析讨论，并以制作节目的形式完成内容输出。文献综述环节不仅可以为不同模块提供训练素材，同时通过学生的分析研究，促使学生更加深入理解相应节目的发展规律和所学知识的内在关联。

5. 建立模拟教学系统

在广播音乐节目制作模块中，线下教学需要使用专业的硬件和软件系统。RCS广播播出系统和调音台是该模块直播训练环节必备却又无法在学生家中使用的专业软硬件系统。为保障教学进度的完整性，避免过多课程内容在一学期内多时段拆分学习与实践，任课教师根据上述软硬件系统的工作原理，利用学生常用软件Adobe Audition对训练素材进行拼接剪辑，达到系统模拟的操作状态，一定程度上保证了学生的实践训练体验。

（三）教学管理方式调整

平时“播音与主持实践”课程一直采用线下钉钉打卡进行课堂考勤。本学期因学生在家线上学习，能否维持良好的课堂秩序和达到较好的上课效果是任课教师面临的巨大挑战。第一，考勤通过钉钉和超星学习通采用分时段拍照加定位比对的方式，确保学生在固定地点进行学习。第二，在课程教学中，在每个知识点短视频后设计一个相关问题，通过与学生进行互动，不仅加深了学生对知识点的理解，也可以保证课程进行中学生能够持续跟进。第三，在学生作品回课过程中，先进行学生小组互评，每个小组都需要进行总结梳理，教师对各小组的评价进行打分，从而在小组竞争中促进学生对知识点的思辨，提高学生上课注意力。

疫情防控期间播主专业学生仍然每天坚持参加晨练，对于上午上课的班级，任课教师都会在晨练期间提前开始直播，转播与授课模块相对应的中央人民广播电台节目，丰富了学生对所学知识的理解和认知。

三、在线教学反思

“停课不停学”是在疫情防控期间的应急方案，在线教学是迫不得已的执行方式。然而在线教学与线下教学有本质上的差异，在2个多月的在线教学过程中出现了诸多问题，值得我们通过对网课实践进行反思，从而对网课的未来加以展望（张禹石，孙军，2020）。

1. 保障教学进度与教学目的产生冲突

在执行在线教学过程中，部分课程内容由于教学设备、教学环境等诸多因素影响，理论上无法完成教学进度。教师虽可通过各种教学方式将理论知识传授给学生，但无法代替学生进行实践训练和总结体会。即便所有的实践内容学生都可以通过视频反复琢磨，依然无法代替学生在真实设备上的操作感受。所以，在非常时期在线教学应以课程可操作性为前提进行教学安排，过分强调是否完成教学进度有所不妥。

2. 固定课时的安排

在线教学与线下课堂教学的最大区别在于教学环境不受现实空间局限。特别是理论教学过程中，课堂上课程进展情况完全由教师把控，原本小班教学的课程，因场地、设备等因素的影响只能逐班轮流进行授课，但在线教学则可以让理论教学大班化。将多次重复的课程一次完成，并且保留更多时间给学生探讨与思辨。因此，在条件允许的情况下可以适当调整部分理论的教学课时。

3. 师生心态的变化

教师与学生对于线下课堂教学内心都存在着敬畏之心，因为学校、教师、学生三者之间有着制约和监督的关系。而线上教学，虽然三者关系依然存在，但存在感急剧降低。学生不认真听讲老师很难发现；教师上课松懈，提早下课，学校很难监督到位。很容易使得在线课程变成学生凭自觉学习，教师靠良心上课的“教学飞地”。保障教学质量，一方面需要学校管理部门高效率的监督教学质量，主动收集汇总教学反馈，及时处理教师失职失德行为；另一方面需要增强教师责任感，引导教师提升教学水平，加强师德师风建设。

4. 在线课程建设支持力量不足

疫情发展催化了高校在线课程的快速建设，但不同高校的支持力度却差距甚远。一门优良的在线课程需要做大量的内容策划、脚本设计、素材收集、前期拍摄、后期制作等一系列工作，这是一项庞大的系统性工程，简单的PPT+自拍录屏的形式，是无法满足时代发展需要的。所以，建设在线课程不仅需要学校对课程平台的投入，更需要在课程内容建设上予以较大的政策和财力支持，才能让教师在课程建设中有动力。

5. 在线教学要以学生为中心

“停课不停学”的出发点是让学生在疫情防控期间安全地进行学习。但学生是否具备在线学习的条件？学生是否接受在线教学的形式？学生是否满意在线教学的效果？教学本应以学生为中心，这些问题值得我们去关注。为此，我们对乐山师范学院2017级播主专业的100名学生进行了问卷调查，对已进行10周的在线教学情况进行分析，结果如表1所示。第一，从调查结果上看，网络质量是影响学生学习的重要因素。有6%学生网络质量很差，无法参与直播课程的教学，一定程度上影响了学生的学习进度和参与度，这部分同学是需要教师在教学过程中予以关注的。问题2中15%的学生反馈网课卡顿影响上课质量，这需要教师在教学设计中尽量使用消耗流量小、传播速率快的教学方式。第二，网络教学内容有待提升。31%的学生认为在线学习资源较少，需要教师丰富相关教学资源。第三，部分学生不接受在线学习方式。在问题2和问题3中显示有17%的学生不喜欢在线上课，38%的学生更喜欢线下教学。从问题4中我们可以得到一定的答案，但仍需教师课后与学生做好沟通交流，才能保证学生上好每一堂课。

表1　在线教学情况调查结果

序号	问题	调查问卷结果
1	你上课地点网络状况怎样？（单选）	良好（74%） 不稳定（20%） 很差，只能下载后回放（6%）
2	在线学习中有何困惑？（单选）	没有（37%） 不喜欢在线上课（17%） 网课卡顿影响上课质量（15%） 学习资源较少（31%）
3	线上学习和线下学习你更喜欢哪种方式？（单选）	线上（62%） 线下（38%）
4	在线教学期间你的学习情况？（单选）	会主动安排每天的学习（21%） 会认真完成学习任务（44%） 会积极和学生或老师交流（18%） 对在线学习提不起兴趣（17）%

四、结语

疫情防控期间在线教学的普遍应用，是保障学生生命安全的应急教学方案，并且也突出了传统教学不能企及的优势。不受地域的限制，通过一台电脑、一部手机就可以开展教学活动，解决了因疫情防控而不能出行聚集的问题，师生在家就可以完成教学任务，也丰富了学生的学习方式。现在网络资源丰富，可供选择的平台也较多，大多都是以直播加录制的方式展开教学活动。学生不仅可以参与课程的直播教学，还可以通过回放上课视频进行自主学习，使得学生学习知识的途径更广泛，尤其是对一些能够严格自律的学生来说，通过线上自主学习效果会更好。线上教学还可以丰富教师的教学方式，这次开展的网络教学也是对教师信息技术应用水平的一次检验和提高，促使教师"勇于上阵，主动取经，共同学习"。同时，老师在探索的过程中，亦能通过互联网获取到更多优质的教育资源，例如微课、教学课件、习题库等可以丰富其教学资源，对教师的教学水平提升有着很好的推动作用。因此，如何在特殊时期和疫情之后更好地推广在线教学以及线上线下混合教学都值得我们深入持久地进行研究，从而推进教学改革的发展和进步。

参考文献：

[1] 教育部. 利用网络平台，"停课不停学"[EB/OL].（2020－03－09）[2020－08－06]. http://www. moe. gov. cn/jyb _ xwfb/gzdt _ gzdt/s5987/202001/t20200129 _ 416993. tml.

[2] 张禹石，孙军. 网课的实践反思与未来展望 [J]. 课程教学研究，2020（8）：54－58.

混合式教学模式的研究与实践

——以“几何画板与课件制作”为例

◎ 罗天琦①

本文以乐山师范学院数学与应用数学专业“几何画板与课件制作”为例，从前期准备、课程实践到教学反思，阐述疫情期间的混合式在线教学模式。实施过程中，结合课程特色、学情、教学条件和实验项目属性，整合多种平台优势，以周为单元开展主题式任务驱动学习。PBL 项目合作学习丰富了网络教学，激发了学生的学习兴趣和主动性，拓展了课外学习时间，较好地达成了教学目标。

为应对新冠肺炎疫情，教育部于 2020 年初发布了《关于在疫情防控期间做好普通高等学校在线教学组织与管理工作的指导意见》（教育部，2020），提出高等学校在疫情防控期间“停课不停教，停课不停学”的要求。乐山师范学院校长王辉于 2 月 24 日开讲“云中课堂第一课——写给全校师生的一封信”，号召大家争做求知路上的最美“逆行者”。

高校课程门类繁多、专业性强，教师应该因课制宜，针对不同的课程和学情选择不同的教学模式、教学平台进行教学设计与实施。混合式教学是将在线教学和传统教学有机结合的“线上+线下”的教学模式，旨在将学习者的学习由浅到深引向深度学习。何克抗（2004）指出混合式教学设计中，要充分发挥网络学习方式与传统教学的优势，而网络学习作为一种学习方式要依托传统教学模式，如何将两者的优势进行混合是关键。

本文以“几何画板与课件制作”课程为例，对在线课程教学方式探索中的教学准备、教学设计、教学过程、教学效果、教学评价、教学反思等进行研究与实践。通过综合运用超星、腾讯 QQ 等网络教学平台和微课录制技术进行实

---

① 作者简介：罗天琦，女，四川峨眉山市人，乐山师范学院副教授，研究方向：数学教育、微分方程。

践，基于项目的不同性质，设计了教学单元和在线课程教学模式。经过十周教学实践，发现任务驱动和翻转课堂更有效地激发了学生的学习兴趣，实现了课堂时空上的拓延，学生有了更充足的思考和实践的时间，对知识的掌握也更加扎实。以下对课程准备和实施过程进行具体介绍。

一、前期准备

凡事预则立，不预则废。非常时期，在返校时间无法预计的情况下，教师应研读课程教学大纲，充分调研学情和教学条件并进行分析，对课程进行总体规划，制订教学计划、实验教学计划，并有必要设计多种预案。

几何画板与课件制作是我校数学与应用数学专业数学教育方向的学科专业方向课程，属于一门实践性极强的专业限选课。理论和实践课时约为一比一。几何画板是一个适合于数学教学和学习的工具软件平台，可以用于平面几何、平面解析几何、代数、三角、立体几何等学科的教学和学习，在中学数学教学中运用广泛。本课程主要介绍几何画板软件的基本功能、相关操作及几何画板的技巧与应用。通过课程学习和上机实验，学生能够熟练掌握几何画板软件的基本用法，学会一些特殊功能和技巧，能利用软件进行几何问题探究；掌握实用的学科工具类软件的优秀范例，能将教学设计和计算机辅助教育的理论知识与课件编制的实践结合起来，加深对专业课程的理解和认识。通过灵活利用几何画板和其他软件进行数学课件制作，达到提高课件制作能力，强化师范技能的目的。

本课程含实验 12 个，属性分别为验证性（58.3％）、设计性（25％）、综合性（16.7％）。验证性实验以学生操作、模仿为主，验证相关结论，通过练习掌握软件基本操作；设计性实验要求对所学知识加以内化进行灵活运用，强化技巧，培养创新能力；综合性实验旨在综合运用软件知识和其软件，将本课所学与“教学设计”等课程融会贯通，解决教学实际问题，提高教育技术能力。因此，不同的实验类型应以不同的模式开展。线上教学并不等同于让学生观看视频，教师的角色更不仅是“主播”。如何让线上学习真正发生，达成课程培养目标是值得教师思考的问题（徐建忠，周丽婷，2020）。

课程主要通过“超星＋QQ”平台，采用混合式教学模式，开展教学活动。在开课前期，在超星平台建课，组建学习 QQ 群。因课程实践性较强，需要上机操作，故进行课前问卷调查，掌握学生学习条件。先通过平台对学生进行问卷调查，了解学情和设备情况。然后，对学生进行科学分组，以便实施小组合作学习，以 3~5 人为一个学习小组。此外，选拔了组长和科代表，以便将任务安排分层具化、提高管理效率。

“几何画板与课件制作”无现成网络课程，需新建大量学习讲义和资料。教师在认真研读任教课程大纲、分析学情和教学条件后，在原有备课讲义的基础上，充分寻找和利用网络资源，整合学习材料，“因课制宜”进行教学设计，花费大量时间新建了一套全新的课程资源。

在此基础上，撰写并发布疫情期间课程学习指南，对课程性质、特点、内容、学习目标、学习方法等进行介绍。要求学生下载学习资料（见表 1）、安装软件、准时签到、观看学习视频、上机练习，按要求开展学习活动。

表 1　学习资料一览表

	资料内容	下载地址
1	电子教材（软件操作手册）	超星平台
2	几何画板软件	QQ 群
3	实验教学大纲	超星平台
4	实验报告模板	超星平台
5	讲义	超星平台
6	每周学习任务（内容、要求、作业安排）	超星平台、QQ 群
7	学习视频	超星平台、B 站

二、课程实践

根据教学大纲要求、学情和教学条件，对不同章节知识点进行灵活规划，网络教学以每周为学习单元，进行主题式任务驱动学习。根据课程教学计划，每周提前发布相关学习材料，精心撰写“学习要求”（任务清单），包括学习内容、学习目标、课前签到、学习方法、学习重点、学习难点、视频学习、作业及互评、直播答疑、联系方式等，起到导学案的作用。下面以第三周学习要求举例，原文件中含大量图示、规范的页眉页脚，重点内容均用底纹突出显示，此处略去。

案例：

“几何画板与课件制作”第三周学习要求

【学习内容】

§ 2.1 迭代的基本原理和控制方式

§ 2.2 迭代多边形

§ 2.3 迭代构造数据列表

§ 2.4 带颜色参数的迭代设计

【学习目标】

能理解迭代的基本原理、原像和初像的概念，通过运用迭代的基本原理，绘制简单的迭代图. 掌握带参数的迭代，设计创作带颜色参数的迭代，如摇曳的勾股树、KOCH 雪花、二元树、风火轮等，感受数学中的分形. 能根据迭代原理绘制圆的内接正多边形边数增加逼近圆的动画.

【课前签到】

按课表上的时间段，一周两次按时进入超星学习平台进行签到.

【学习方法】

在超星学习平台本课程中，学习 2.1、2.2、2.3、2.4 的讲义和电子教材，完成 7 个任务点，将讲义和教材例题在电脑上操作一遍. 选择性学习参考资料，超星平台和 B 站观看学习视频，并在电脑上操作.

【学习重点】

迭代原理，运用其进行设计.

【学习难点】

迭代原理的理解和运用.

【视频学习】

观看视频 P36～P43、P59～P60.

【作业及互评】

前 3 项作业提交截止日期为 3 月 14 日.

1. 利用迭代绘制圆的内接正 n 边形，实现圆的内接正多边形边数增加逼近圆的动画.

2. 用迭代绘制正五边形螺旋.

制作步骤见：“电子教材 2—1 迭代功能”P40 例 2.19；或讲义 2.2.

3. 等比数列前 n 项的图像表示.

制作步骤见：“电子教材 2—1 迭代功能”P41 例 2.20；或讲义 2.3.

4.【选作】画出菲波拉契数列 $a_1=1$，$a_2=1$，$a_n=a_{n-1}+a_{n-2}$.

制作步骤见讲义 2.3.

5.【PBL】项目合作学习（提交截止日期：3 月 17 日）

研究时间：2020－03－09 至 2020－03－17.

评价时间：2020－03－17 至 2020－03－21.

项目形式：

分小组进行，有学习条件的同学完成该项作业. 小组内每人设计一个关于颜色和参数的几何迭代.

项目要求：

（1）通过“动画”按钮进行参数控制，改变几何图形的迭代次数和迭代颜色.

（2）设计新颖美观，并用文字简要说明设计原理.

（3）组内成员设计不同.

提交方式：

将小组作业文件命名为“某班－第几组－迭代设计 .gsp”，文件内首页注明组别和组员信息，后续每位参与组员的作品单独一个页面，写上制作者名字. 在超星几何画板课程平台 PBL 区域提交截图和 gsp 文件.

评价指标：

（1）通过“动画”按钮进行参数控制，改变几何图形的迭代次数和迭代颜色（40 分）.

（2）版式美观，可操作性强（20 分）.

（3）设计思路文字说明（20 分）.

（4）创新性：和教材范例及讲义案例不同则获得该项分数（20 分）.

【实验报告】（提交截止时间 3 月 20 日）

分小组完成“项目 1”“项目 2”的实验报告，内容和格式见 QQ 群文件. 每组交 1 份，提交 Word 文件. 文件名以“项目 1－班级－组别”命名. 提交至超星平台相应作业区域，截止时间 3 月 20 日.

【讨论学习】

周内及时参与教师发起的讨论活动.

【直播答疑】

3 月 12 日上午 9 点 QQ 群内直播，各组依序通过屏幕分享进行项目展示，回答教师提问，并互相点评。请提前调试好设备，积极参与问答.

【联系方式】（学习平台地址和教师联系方式，略去）

上述学习要求提前一周定时发放，让学生对学习目的任务一目了然，养成学习规律，提高学习效率。

不同类型的实验教学模式不同。针对验证性实验，每周学习线索为“视频学习—操作练习—作业展示—互评讨论—点拨总结”。教师提前录制好软件操作视频，学生通过观看视频进行学习，通过上机完成实验项目进行操作练习，教师在此期间可以通过远程屏幕控制等进行答疑和针对性辅导。学生在超星平台提交课堂作业，教师批阅后开展作业互评。后半周，教师组织直播活动，对优秀的作业和新颖的设计思路进行展播，学生开展交流讨论，教师对重点、难点、疑点进行点拨和总结。值得一提的是超星平台作业互评功能，该功能设置可以同时进行生生互评和教师批阅。开课前两周，教师全批全改，掌握学情；学生同时进行互评，熟悉操作流程。此后教师减少每周作业批改量至1/2，保持生生互评。教师通过随机部分批阅和监控在线数据统计，能准确把握作业完成情况，以对后续直播内容准确把握。作业互评模式不仅提供了学生间相互学习的机会，达到交流和巩固知识目的，也减轻了教师的工作量，以便将精力更多用于实处。如每周需新建讲义等电子文稿十余项，多达上万字。

针对设计性和综合性实验，则应充分发掘平台功能开展PBL项目合作学习，实现翻转课堂。尤其是直播环节，并非教师在整个直播环节单纯讲授，否则在线教学只是线上“满堂灌”。正视在线教学异时空的现实，使用有效的教学模式重构教学，让远程教学能有效地触发学生学的行为。任务驱动下，让学生充分发挥学习自主性，从机械照搬转变为创造性运用。分组屏幕分享直播展示时，同学们从听网课到讲网课，从观众变主播，从“要我学”变“我要学”，兴致昂扬、热情高涨、积极讨论（见图1）。通过项目自评、互评、师评，合作学习促进了相互进步。

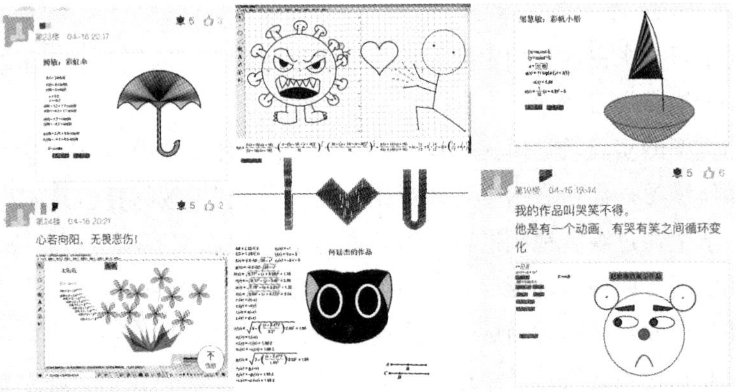

图 1　分组屏幕分享

不同章节教学重点不同。对于板书较多的章节和数学解题推导部分，PPT 播放对实时思维互动效果欠佳。直播时，综合运用数位板、平板、电脑、手机等多种设备，能有效监控课堂，弥补网络教学缺陷。外接数位板等设备的使用能实现数学教学流畅板书，模拟出现场授课“黑板+粉笔”的模式，促进师生思维互动，彰显数学学科特色。录制答疑微课视频时，也可用“纸+笔”的可汗学院模式，丰富微课形式，激发学生观看兴趣。

此外，直播时关注学情反馈，及时的反馈调控能避免学生挂机。例如：课堂提问；或实时布置课堂练习让学生拍照上传或分享屏幕；或开展讨论活动，让学生真正参与课堂，学有所思，学有所获。课后，安排科代表和组长收集信息，整理出典型问题，并及时调整以改进教学方式。教师以文字、语音、视频、微课等多种形式在 QQ 学习群内进行集中答疑和习题讲评，帮助学生巩固知识，灵活运用。

在“学生主体、教师主导”的思路下，各种教学手段的运用在于充分调动学生的学习积极性，以提高学习效果。在对教学效果进行评价时，采取过程评价为主，结果评价为辅，两者相结合的方式实现理论评价与实践评价相结合，重点在于评价学生的实际动手能力和师范素养能力。

三、教学反思

从广义的教育变革角度和学科经验维度，线上学习给传统教学带来了更多的思考与启示。

一是线上教学时，学生的认知模型是“了解—实践—理解”，即教师先将知识和知识发生的过程直接告诉学生，学生再通过练习理解知识，或是让学生先练习发现问题后再通过答疑辨析理解知识，有别于线下学习的“学习理解—巩固练习”。因此，通过线上学习先行者的优秀个案分享，把零散行为梳理提炼成可供其他学生复制、直接使用的经验模式非常重要。教师应有效地组织合作学习并监督调控，树立学习榜样，通过小组互助互评落实学习任务。自学反馈和互动指导两大板块交叉融合，可促进资源推送、自主学习、测评诊断、即时反馈、互动交流、个性指导等各环节的衔接，增强了深度学习，加速学生对知识意义的建构（姜卉，姜莉杰，于瑞利，2020）。

二是在线课堂跨越了空间限制。同传统教室授课相比，线上课程极易受到其他干扰源的影响。任课教师失去了教学现场的绝对控制，难以监管到每位学生（张晓蕾，贾春晓，李洪亮，2020）。因此，90 分钟的直播教学时间宜划分为三到四个时长 25 分钟的短课堂，给予中途休息时间。此外，教师可以利用视频录制工具进行同步录播，并在课后对直播课堂中的知识点加以剪辑，形成内容简短、节奏明快、导向精准的微课资源。微课可供学生反复学习，既实现了差异化教学，提高了课程效率，也为今后的金课建设打下基础。

三是网络教学中，要重视师生进行情感上的交流互动，以便于教师更好地掌握学情，及时调整教学形式。线上教学容易产生情感缺失，教师无法像线下教学那样根据学生的听课状态调整教学，师生交流互动方式单调，缺少面对面的感情交流。这就需要教师了解学生学习态度的变化，了解学生学习中的挫败感和成就感体验，通过直播互动和个别指导，提高学生参与度，增加交流时间，挖掘学生提出问题、分析问题、解决问题、团结合作和沟通交流的潜能，不断提高他们的实践动手能力。

四是注重学生学习习惯的培养和自控力的发展。规律的任务发布，有助于学生学习习惯的养成。提前制作并定时发布讲义和教学视频，学生可以反复观看直到理解为止，在实践练习中对于错误能自我校对和改正。线上检测能及时呈现错误原因及精准推送补充练习，这是线下测试无法实现的。教师则需要判断学生是否通过回看学习资源，梳理学习过程中的疑点难点；强化对错误原因的分析；在直播教学中组织学生开展讨论；对于典型错误集中答疑。此外，教师需对整个学习过程进行强有力的监督，帮助学生发展自控力，养成学习习惯。

此外，学生线上学习也存在“虚假化”“差异化”等问题。“虚假化”一是表现在课堂交流时学生存在附和现象，没有真实展示自己的思考，需要教师及时指出并引导。二是作业中偶有抄袭现象，原因是时间安排不合理未完成作业产生投机心理。因此，教师对作业进行仔细批改必不可少，能对学习效果进行有效监督。“差异化”则体现在学习条件和学生个体学习效果上。个别学生欠缺经历探究发现的过程，只是记忆概念知识，或者只进行了疑难点的解答，缺乏深度学习，极个别同学没有电脑开展实践练习。项目式合作学习能有效改进“差异化”。以项目为载体，通过问题研究、解释说理、实践操作，借助学习伙伴进行协同学习，取长补短，并由教师对小组长进行考核过关，再由组长对每个组员进行考核过关，对学困生实施个别辅导和分层练习。针对极个别学习条件缺失的同学，要求他们同步参与理论学习和实践观摩，并重点关注其课堂参与度，安排他们返校后集中进行实践练习和辅导。

四、结语

非常时期的教学经历也是教师自我学习和成长的过程。通过学校在线课程建设 QQ 群，能学习到先进的教学理念和优秀教学范例；在对课程不断进行教学反思的过程中，总结出单元建设问题与经验；在反复实践中熟悉各种平台功能并各尽其用。教无定法，贵在得法。任务驱动的混合式教学丰富了网络教学，拓展了学生课外学习时间，较好地达成了教学目标。随着疫情形式的逐渐好转，教学也在继续调整和改进。当前应对于复课后的“线上与线下”衔接教学进行深度思考和预设。唯有深度思考、科学计划，后期线上与线下教学的衔接才会有机融合、稳中推进。

参考文献：

[1] 教育部. 疫情防控期间做好高校在线教学组织与管理工作 [EB/OL]. (2020-02-06) [2020-09-05]. http://www.moe.gov.cn/jyb_xwfb/gzdt_gzdt/s5987/202002/t20200205_418131.html.

[2] 何克抗. 从 Blending learning 看教育技术理论的新发展（下） [J]. 电化教育研究，2004 (4): 22-26.

[3] 徐建忠，周丽婷. 基于单元整体设计的“新冠肺炎”专题在线教学 [J]. 中小学数字化教学，2020 (5): 40-41.

[4] 姜卉，姜莉杰，于瑞利. 疫情延期开学期间反馈互动式在线教学模式的构建 [J]. 中国电化教育，2020 (4): 40-41.

[5] 张晓蕾，贾春晓，李洪亮. “课前六备、课中六讲、课后六辅”在线课程混合式教学模式研究与实践——以基于“雨课堂+钉钉直播”的中等无机化学课程为例 [J]. 大学化学，2020 (35): 1-9.

信息技术通识课程在线教学的实践探索

◎ 秦洪英　门　涛　黄　健　杜丽君[①]

受疫情影响，在“停课不停学”的背景下，信息技术通识课程如何在线教学成为高校和教师亟待解决的问题。本文从课程在线教学内容建设、教师队伍建设、教学工具选择、教学实施、教学形式、存在的问题及应对措施、改进方向等多方面进行了实践探索，主要采用了多元化、多样化的思路进行教学实施，取得了较好的教学效果，为后续通识课程在线教学的优化奠定了一定的基础。

2019—2020 学年度下期，受疫情影响开展在线教学，是特殊时期的一项特殊举措，对很多教师来说既是一个挑战，同时也是推进学校课堂教学改革的一个契机。但如何才能更好地开展网上教学工作？如何把学生长时间地吸引到线上来学习？如何像线下课堂一样有知识的传授、情感的交流和能力的提升？只有实际解决好这些问题，“停课不停学”才能取得实质性的效果。计算机课程实践性、操作性很强，如果没有电脑，要开展好网上学习，是非常困难的一件事情。尤其是信息技术通识课程，重点培养的是非计算机专业学生具备信息化素养和基本信息技术应用能力和融合创新能力（牛晓望，2017）。对大多数学生来说没有计算机操作基础，又没有很好的网络环境及电脑条件，要想让学生通过网络在线学习提升学习兴趣和热情，是一件难上加难的事情，所以教师必须充分利用线上教学优势，整合网络平台和教学优质资源，以信息技术与教育教学深度融合，才能促进教与学的改革创新，推进学习方式变革。为此，笔者信息技术通识课程开课前充分发挥教研室团队力量，积极开展网上讨论，明确课程总体指导思想，树立“多元化”“多样化”思想，实现教学内容多元化、

---

① 作者简介：秦洪英，女，四川仁寿人，硕士，乐山师范学院副教授，研究方向：现代教育技术、数字图像处理。门涛，男，四川资中人，乐山师范学院教授，研究方向：现代教育技术、数字媒体技术。黄健，女，四川乐山人，硕士，乐山师范学院讲师，研究方向：图形图像。杜丽君，女，四川犍为人，硕士，乐山师范学院讲师，研究方向：图形图像。

教师队伍多样化、教学工具多元化、教学手段多样化等，努力向“双万计划”金课标准靠近，尽力实现“两性一度”总体要求。下面主要从教学内容、教师队伍、教学工具、教学形式、存在的问题及应对措施、改进方向等方面介绍信息技术通识课程在线教学的一些实践探索经验。

一、教学内容的多元化建设

在线教学的第一要务是选择一个好的平台，不仅能方便老师资源建设与教学，同时操作方便易用也会提高学生学习热情。因为我校已购买了超星平台，故而每门课程教学内容均由课程负责人在超星平台创建自己的课程，以借助平台功能方便管理。如果自己创建的内容不能满足学生学习需求，则结合其他平台资源进行扩展，创建速课。因为信息技术教研室是一个团队，每门课有自主编写的教材，有完整的教材电子书、Word版彩色原书稿、所有案例素材、PPT课件、习题、实践作业、视频等多种丰富的资源，可以完整地提供给学生自主学习，以此满足学生的多元化需求。

疫情期间各大平台都免费为学生开放，完全可以满足学生自主学习需求。但是对于学生来说，面对众多的平台可能无从下手选择，只能依靠老师进行知识的整合与选择，所以每门课程除了创建资源目录，提供相应资源，还需实时提供速课。当然随着知识的不断更新，在“两性一度”标准指引下，老师们还得充分发挥各人力量为学生搜集相关软件、PPT课件、好的案例、高质量的视频等放入资料包中，供学生使用。在注重课程资料的同时，也注重题库、作业库、试卷库三库建设，以及作业布置及作业互评、讨论区问题设置等巩固和更新所学知识。上课过程中根据各班同学实际情况进行不同选择与使用，以此保证教学内容可以满足不同学生的多元化选择。

二、教师队伍的多样化建设

通识课程一定要重视团队建设，优秀的课程只靠一位老师是永远不行的，时间精力都达不到要求，所以我们的通识课程在视频录制和习题制作两方面都安排多位教师参与，分为视频组团队和习题组团队。

在视频组，尽量挑选普通话好、语言表达能力强、讲课生动幽默的老师，每一个知识体系安排一位优秀老师主讲录制视频，同时注意老师的搭配，这样录制的视频跟制作电影选好演员一样，才会增加学生学习新鲜感和好奇感，从而提高学习效率。上课时教师还可以引导本班级同学参与到其他主讲老师的直播课堂，或者是观看优秀老师直播视频的回放，以多种方式获取上课视频资源。

在习题组，重新抽取没有参与视频录制的老师参与习题制作，仍然按照一位老师独立完成一个知识体系的方式进行，完成后多位老师再相互交叉审核习题，确保习题的准确性和完整性。

在课程负责人的带领下，通过团队分工合作，不同老师不同任务的组合搭配，真正实现教师队伍的多样化建设，从而达到提高教学效果的目的。

三、教学工具的多元化选择

网上教学工具非常多，如何选择好的适合本班教学的工具，是老师们首要考虑的问题。目前老师主要使用的教学工具有台式电脑、笔记本电脑、平板电脑、手机、手写板等，学生主要使用的工具有手机或电脑。平台主要选用超星平台、中国大学 MOOC 平台、学堂在线、QQ、群课堂、腾讯会议等，手机端主要使用超星学习通、QQ 或腾讯会议等。在工具众多的情况下，老师可以根据每次上课时的实际环境变化，在多个工具中进行切换和选择，以保证当时课堂的流畅度。当在跟国内学生上课时，一般手机选择超星学习通和 QQ 作为常用工具；当面对国外学生时，一般选择国际版腾讯会议作为课堂交互工具，课堂的活跃度和亲和力可以很好地体现。

四、教学实施及教学形式的多样化

网络教学非常依赖网络条件，如果网络条件达不到要求，要想开展好网络教学是不太可能的，所以，必须事先做好准备工作。一是做好学情分析，通过班级 QQ 群询问或手机学习通发放调研问卷咨询，详细了解学生的知识储备、学习习惯、学习期待和困难。二是精心设计教学，在教学内容的选择上，注重与当下现实的联系，强化课程的育人功能。在教学过程设计上，课前将教学资料推送给学生，发布自测题进行课前诊断性评价，以了解学生学习难点；课中利用提问抢答、头脑风暴、实时测试等方式进行课堂互动，实现难点的突破；课后通过指导学生完成课外作业来达成教学目标的。在课堂教学实施上还需有后备计划，防止停电、突然断网等突发情况，以保证教学任务的顺利完成。三是注重师生互动，围绕问题组织教学，引导学生参与讨论，增强互动性和带入感，从而提升课堂教学的有效性（王丽，于晓敏，刘娜娜，等，2015）。

根据各班情况不同，可开展多种形式教学：可参与老师直播；可直接看电子书，用文字交流；可直接看视频，回答老师提问；可看老师直播回放，再复述老师直播所讲主要内容；还可让学生直播。此外，可通过课堂问卷、抢答、选人、测验等方式督促学生学习；可要求学生拍照上传学习笔记，可要求学生上交作业等来巩固所学知识。

五、在线教学存在的问题与困难

笔者的学生多数来自凉山、甘孜、阿坝偏远山区，少数民族学生居多，家里网络信号不太好，家里条件困难的也不少。从2019级学前教育专科3班同学调查数据来看，全班48位同学，只有5位同学家里有电脑，地处偏远地区的同学占84.1%，地处网络差的环境的同学占75%，无网线及家庭条件困难的同学占54.5%。有些学生为了上网课，要从家里跑到山顶信号好的地方才有网络，有的要专门坐车到镇上才有网络。对于国际班的学生，也存在时差和网络问题，为了减少这类学生的困难，必须进行分层教学，布置不同学习任务，而且老师还得有相当大的耐心，这往往会极大地增加老师很大的工作量。

六、应对在线教学问题的措施

原本课程已建好的资源足够学生学习使用，但是因为学生在家条件差，情况不同，所以还得采用分类上课及不同模式。

（一）分类上课

分成两类学生上课，一类是能按课表实时跟进的学生，一类是不能按课表时间上课的学生。对于能跟进的学生，课堂上可以采用直播、抢答、分组讨论、选人、问卷、课堂测验、作业互评等各种课堂活动配合进行，学生活跃度高，也非常喜欢在老师的引导下快乐学习。但是另一类学生不能实时到课堂，对于这部分同学，课前事先录好课堂要讲的内容发放给学生，让学生在有网络有电的情况下进行回看，以免他们错过学习。有时也把其他同学参与课堂活动的实时场景录下来，让他们选择时间观看。

（二）不同模式

每堂课的教学模式基本采用“布置课堂任务—签到—直播—电子书—视频—勾画重难点—笔记—小节测验—课堂活动（抢答、选人、问卷、测验、作业互评等）—小结”模式进行，如图1所示，但因学生当天在家的上课环境与条件的差异很大，不得不进行不同环节的适当调节，形成不同的模式。比如：网络信号弱时，布置课堂任务后，签到和直播是无法进行的，只能让学生看电子书、勾画重难点、笔记、小节测验和小结，如图2所示；网络信号强时，上课直接可以开始直播，再进行签到看视频、做笔记、小节测验、课堂活动等，如图3所示。

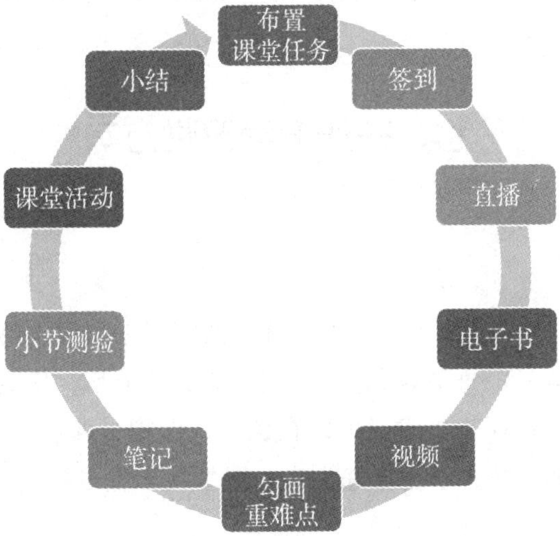

图1　在线课堂教学模式

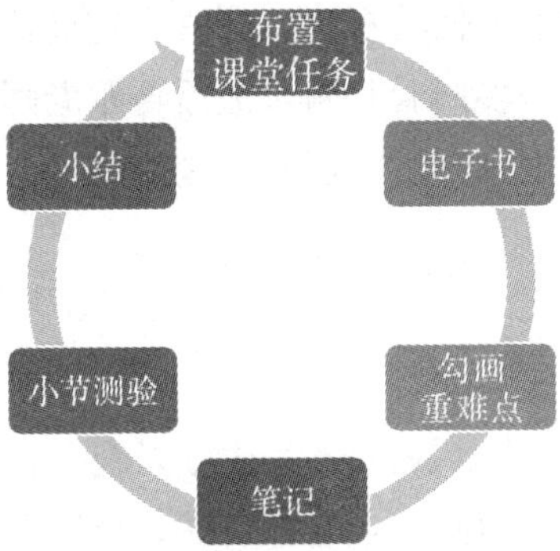

图2　网络信号弱教学模式

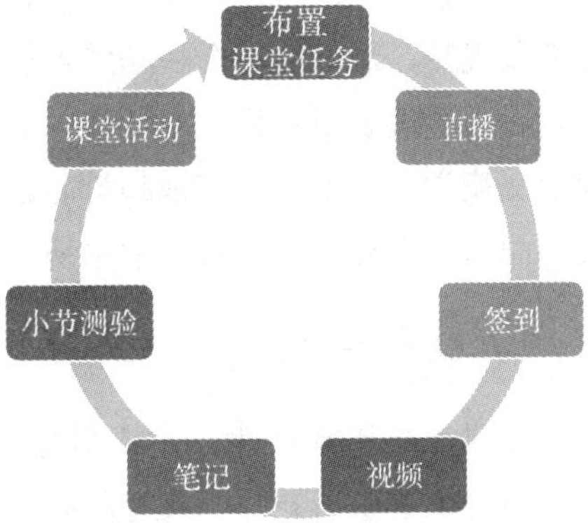

图3　网络信号强教学模式

为了尽量减少直播时网络的卡顿，经常采用超星直播客户端、QQ 屏幕分享、群课堂、腾讯会议等多个直播工具相结合来解决问题。每堂课先跟学生讲明白本次课的相应任务，然后隔着屏幕陪着学生一起看电子书或视频，帮学生勾画出重点和难点，并请学生做好课堂笔记，再做小节测验，然后进行课堂活动，一般通过超星平台的“抢答、选人、问卷、课堂测验、作业互评”等形式开展，这样学生的参与度比较高，感觉跟老师一直在一起，学生自觉性会提高很多，不然有的学生签到完了，就会离开课堂去做其他事情。课堂抽问时，尽量让学生用语音或视频答题，让全班感受到同学们的现场存在感。通过一段时间的实践，同学们都认可这种方式，积极主动发言，有时还主动给全班展示课堂笔记，课堂的学习氛围提高很多。更具有挑战度的是给特殊教育班的同学们上课，因为不能语音交流，也不会手语，只能通过文字和图片等方式进行，工作量成倍增加。

七、在线教学改进方向

（一）签到

课堂活动中，会发现抽问学生时，有些学生不在线了，说明有些学生签到完了，就没有再学习，每节课仅仅只是完成签到任务，其他课堂任务没有参与。所以，关于签到环节，建议可以在课前、课中、课后三个环节轮流开展，不定时地抽查签到，防止学生中途溜走，以督促学生更好地在线学习。

（二）视频学习

观看视频时，坚持以“学生为主，老师为辅”的原则，积极引导学生如何学习某段视频，最好能有个视频学习说明告知学生如何看视频，同时一定要让学生观看后整理学习笔记，把不懂的地方记下来，多回看几遍，最后再跟老师和同学交流学习，不然看完视频就忘记了，什么也没学懂。还有录制的视频一定要小而精，不易太长，否则学生易产生疲劳感。

（三）提高学习兴趣

在线课堂有其特殊性，建议多更新学习样式，以提高学生学习兴趣。比如，适当安排学生当老师，找有基础、网络条件好的同学当老师讲课，反转课堂角色，提高学生的参与度；另外老师也可以抛出话题，通过随机分组的形式进行讨论；也可以先花几分钟让学生谈谈在家生活细节，再拍拍生活写照分享到课堂群里，让大家透过屏幕见见真实的同学和老师，从而提升课堂气氛和活跃度，再进入课堂的正式学习，会达到教学事半功倍的效果。总之，多创新一些教学方式方法，满足现在网络时代学生的需求。

八、结语

本文就信息技术通识课程在线教学的内容、教师队伍、教学工具、教学形式、存在的问题及解决方式、改进方向等进行了实践探索，取得了较好的教学效果，但是也增加了教师的工作量，还有待进一步的改进。

在今后工作过程中需要继续探索与实践，结合“金课”建设标准，对在线教学进行深入的理论研究和实践研究，促进高校通识课程教育教学改革、提高教学质量。

参考文献：

[1] 教育部．教育部应对新型冠状病毒感染肺炎疫情工作领导小组办公室关于在疫情防控期间做好普通高等学校在线教学组织与管理工作的指导意见［EB/OL］．（2020－02－05）［2020－05－12］．http://www.moe.gov.cn/srcsite/A08/s7056/202002/t20200205_418138.html.

[2] 牛晓望．信息技术支持下的高校计算机通识课程改革分析［J］．信息与电脑（理论版），2017（16）：218－220.

[3] 教育部．教育部关于一流本科课程建设的实施意见［EB/OL］．（2019－10－30）［2020－05－12］．http://www.moe.gov.cn/srcsite/A08/s7056/201910/t20191031_406269.html.

[4] 王丽，于晓敏，刘娜娜，等．多元化教学在高校 Flash 动画制作课程中的应用研究［J］．高等教育研究学报，2015（4）：100－103.

[5] 张熙悦，王怀祖．“金课”背景下经济学课程多元化教学模式研究——基于“慕课＋翻转课堂”的运用［J］．现代商贸工业，2020（3）：150－152.

“讲好中国抗疫故事”融入“马克思主义基本原理概论”线上教学的实践探索

◎ 胥俐君[1]

新冠肺炎疫情是一场大考，高等教育在此期间亦面临诸多困境，思政课教师要善于转危为机，激活抗疫故事背后的情感力量，将“讲好中国抗疫故事”积极融入“马克思主义基本原理概论”的教学过程，落实思政课堂立德树人的教学目标。本文首先指出传统教学模式存在的问题，接着提炼出六点原则，最后进行“讲好中国抗疫故事”融入“马克思主义基本原理概论”线上教学的实践探索。

中国的抗疫成就举世瞩目，在这场疫情防控的人民战场中，涌现出大批脍炙人口的故事，丰富和深化了中国故事的内涵和意蕴，为思政课的教学提供了更多生动鲜活的素材。高校思政课堂在新型肺炎疫情的影响下，被迫摒弃单一的通过传统课堂教授课本的组织形式，在这个特殊时期，思政课堂更要经受住考验，积极转以新姿态、新形式、新内容来适应新的教学背景和教学特点，纯粹的线上教学模式应运而生。

一、“马克思主义基本原理概论”传统教学模式中存在的问题

（一）教学案例讲解枯燥

“马克思主义基本原理概论”是高校五门思想政治理论课程中理论性最强、学习难度最大的一门学科。在传统教学模式下，教师往往侧重于对理论的讲授，注重单向灌输理论知识，案例选取难以贴近学生生活，难以回应热点关

① 作者简介：胥俐君，女，四川射洪人，硕士，乐山师范学院马克思主义学院专任教师，研究方向：思想政治教育。

切、难以激发学生兴趣，容易加深学生对本门课程的刻板印象，认为这一门“高端的学科”抽象深奥且枯燥乏味，导致教学效果不尽如人意。刘丽琼在《思想政治理论课教学接受论》中也指出，以知识灌输为主要特征的传统思政课教学没有真正做到理论联系实际的教学原则（刘丽琼，2009）。思政课教师要立足于马克思主义理论，联系中国特色社会主义伟大实践，用中国话语、大众话语接地气地“讲好中国故事”，才能让学生听进去。

（二）教学方式保守单一

在传统教学模式下，“马克思主义基本原理概论”教师多是借助 PPT 按照教材的顺序进行授课，方式较为单一，学生容易忽略教师在传统课堂的教学内容，而依赖于期末考试前对教材的突击式学习。新媒体正以迅雷不及掩耳之势影响着当代大学生的学习方式。麦克卢汉在《理解媒介》一书中就指出“媒介”的变革将意味着一种信息传播的革命。思政课教师要勇于创新形式，勇于“供给侧改革”，突破“一言堂”，借助多种自媒体平台将理论知识与学生的兴趣点相融合。

高校思政课教师将“讲好中国抗疫故事”科学有效地融入高校思想政治理论课的线上教学，将思政小课堂和社会大课堂结合起来，正确对待线上教学的机遇和冲击，对于解决传统教学模式中存在的问题和提升思政课的价值引领，势必具有重要的意义。

二、将“讲好中国抗疫故事”融入线上教学的原则

思政课教师将在线直播讲授和已有的线上资源进行整合，为提升将“讲好中国抗疫故事”融入“马克思主义基本原理概论”的教学质量带来了积极影响，在这一思想的实施过程中，线上教学模式是一种手段，并未改变思政课教学的本质，在高校线上教学开展的新背景和新形势下，思政课教师要秉承初心，遵循思政课教学的客观规律，秉持将“讲好中国抗疫故事”融入线上教学的原则。

（一）突出引领性

2019 年 3 月 18 日，习近平在学校思想政治理论课教师座谈会上强调，办好思想政治理论课关键在教师，关键在发挥教师的积极性、主动性、创造性。思政课教师，要给学生心灵埋下真善美的种子，引导学生扣好人生第一粒扣

子。第一，政治要强；第二，情怀要深；第三，思维要新；第四，视野要广；第五，自律要严；第六，人格要正。（习近平，2019）在这一重要论述中，将“政治要强”作为思想政治理论课教师的第一重要素养来要求，为新时代思想政治理论课教师指明了方向，提供了重要遵循。

在中国抗疫过程中有许多充分彰显出中国共产党的先进性和强大的领导组织能力的具体故事，其用事实和成果生动印证了中国共产党为什么“能”、马克思主义为什么“行”、中国特色社会主义为什么“好”。思政课教师不同于各路“主播”，担当着至为重要的使命，应坚定正确的政治方向，不断厚植大学生的爱国主义情感，激励大学生紧跟党的方针路线，为实现中华民族伟大复兴的中国梦贡献力量。

（二）树立榜样性

高校思政课老师要善于挖掘和凸显具有典型性和榜样性的中国抗疫人物，“典型人物”作为故事的主人公。来源于人民群众的典型榜样人物率先吹响了时代奋进的号角，他们身上彰显了新时代中国特色社会主义主流的价值观和“文化成果”，是激荡起中国儿女内心深处澎湃之情的情感力量，且具有不可小觑的榜样示范作用。另外，榜样人物不仅包括主流媒体宣扬的先进人物，还包括教师和学生身边的榜样力量，尤其是“00 后”同龄人中的典型代表，这些普通却又不平凡的人也应得到学生的情感认同，这也有利于激发学生观察和体味生活。

（三）增强多样性

单一的教学媒介和纯粹的教师讲授已经远远不能满足高校学生对思想政治教育课堂的期待，更不能达到良好的教学效果。将“讲好中国抗疫故事”融入“马克思主义基本原理概论”线上教学，要运用学生喜闻乐见的方式，要丰富教学媒介和教学形式，突破单一枯燥的刻板模式，通过课前的问卷调研和课后的学习效果剖析，有针对性地选择学生容易接受和便于理解的方式来传播中国抗疫故事，利用视频、音乐、图片等多种媒介相互穿插并且辅以案例教学、微视频播放、音乐欣赏、热点讨论、经典诵读、主题辩论、专题演讲、直播、录播等教学形式，增强多样性。

（四）追求亲切性

笔者的学生是一批“00 后”，他们获取信息和知识的渠道是多方面的，他们的知识面不再局限于课堂和教材，他们的学习态度更加具有“个性”。一方面，思政教师可以筛选出更加契合年轻人思维的丰富鲜活的抗疫故事，让“马克思主义基本原理概论”课程在和中国抗疫故事的结合中变得更加生活化，让学生在线上教学缺乏监督的情况下，更加愿意主动和自主投入思政课的学习。另一方面，思政课教师应丰富线上课堂的教学话语体系，提升语言魅力，增加故事的感染力。当代大学生对网络词汇尤其敏感，思政课教师要善于将教材话语进行学术性和通俗性兼备的解读，使教学语言既有学术深度，也贴近学生生活，增强课堂活力。

（五）注重启发性

“讲好中国抗疫故事”不仅仅是讲，更要把落脚点放在“讲好”上，一定要讲出故事背后的内涵，给予学生启发性。思政课教师要精确找准故事与理论的契合点，不要只是阐述故事的情节，而忽略故事背后的理论支撑。思政课教师要将抗疫故事背后的意义和精神实质讲透彻，启发学生体会抗疫故事背后体现的制度和文化优势，也要冷静看到国际环境的复杂性，通过“讲好中国抗疫故事”，提升学生独立思考的能力，增强学生在网课背景下对“马克思主义基本原理概论”课程学习的自主性和创造性。

（六）彰显特色性

中国高等院校数量众多且类型多样，院校文化也逐渐成为各大院校综合能力竞争的重要方面。“中国抗疫故事”精彩纷呈，如何彰显出故事的特色性，就需要从地方特色和院校特色着手，这也是高校思政课教学改革的必然要求。思政课教师要积极开发、挖掘和利用地方和院校抗疫故事的特色资源，将地方和院校的优秀抗疫事件和抗疫人物有甄别性地融入“马克思主义基本原理概论”课程的教学实践，以此增强高校思政课的教学效果，同时进一步培育学生的乡土情怀和母校情结。

三、将“讲好中国抗疫故事”融入线上教学的实践

线上开展教学实践，应当基于马克思主义的基本观点、立场和方法，积极整合教材和故事资源，并充分利用学习资源丰富和教学管理效率高等有利特点，克服网络卡顿和缺乏监管手段等不利因素。教师应提前多次模拟教学流程，根据不同的专业择优选择线上教学工具和平台，结合中国在抗疫过程中涌

现出的真实案例精心设置的教学设计和发布详细的教学任务，不仅实现知识目标，还对知识内容进行情感和能力的升华，从而实现情感目标和能力目标。

（一）意识的能动作用

马克思主义基本原理指出，物质对意识起决定作用，意识对物质具有反作用，这种反作用就是意识的能动作用，主要表现在意识活动具有目的性和计划性、意识活动具有创造性、意识具有指导实践改造客观世界的作用、意识具有调控人的行为和心理活动的作用。

教学设计中，首先引入案例：乐山师范学院 2016 级化学专业一班的杨国章同学在寒假期间踊跃参加泸州市泸县奇峰镇的防疫志愿者行动。虽然最开始有一丝害怕被传染的犹豫，但一想到党员的初心和使命，他很快就打消了心头的疑虑。“疫情就是命令，党员就是旗帜”，他说，自己要用实际行动诠释共产党员“为人民服务”的宗旨。他每天向村民宣传疫情的相关信息，耐心劝导聚众打牌的村民，提醒村民们出门要戴口罩，担任村民生活必需品的代购员，及时准确将采购物品发放到村民手中……（来源于乐山师范学院官方公众号）

接着，教师发起讨论：杨国章同学在志愿服务的前期有过犹豫和担忧，最终是什么让他打消了心中的疑虑？在讨论发言中，教师要引导学生进行独立思考和分析，组织学生在直播平台的讨论区积极参与。

最终得出结论：意识能够对人的行为选择产生重要影响。我们要树立正确的、积极的意识，充分发挥主观能动性。

（二）事物的普遍联系

马克思主义基本原理指出，联系具有客观性、普遍性、多样性和条件性。这里着重突出联系的普遍性特点。联系的普遍性是指每一事物内部的各个部分、要素是相互联系的，一切事物都与周围其他事物联系着，世界是一个普遍联系的有机整体。

教学设计中，首先引入案例：3 月 12 日，意大利《共和国报》发布了一张中国医护人员的照片。不少意大利网友在照片下面评论点赞，“感谢中国伸出援助之手”。中国网友也在社交网络上纷纷点赞评论，“祝愿意大利早日战胜病毒！”14 日下午，意大利罗马 A 线地铁站附近的小区民众在阳台拉歌，一位意大利先生说道：“我不知道这里有没有中国邻居，但我想由衷地感谢这个国家，这个民族。”说完，他立刻播放起中国国歌《义勇军进行曲》，并高喊“GRAZIE CINA（谢谢中国）！”一时间，中国国歌响彻罗马上空，周围的邻

居纷纷鼓掌致意，场面令人动容。（来源于央视新闻）

通过呈现实景照片、播放微视频，再通过教师的动情阐释，引发学生情感共鸣，深化其爱国主义情感，最终得出结论：新冠肺炎疫情的发生再次表明，疫情无国界，在疫情面前，没有一个国家能够独善其身。人类是一个休戚与共的命运共同体，整个世界就是一个普遍联系的有机整体。

（三）对立统一规律是事物发展的根本规律

马克思主义基本原理指出，对立统一规律揭示了事物普遍联系的根本内容和变化发展的内在动力，从根本上回答了事物为什么会发展的问题。不能把哲学上的辩证矛盾与逻辑矛盾混为一谈。哲学上的辩证矛盾是指事物内部或事物之间对立统一关系的哲学范畴，矛盾双方既相互对立又相互统一。

教学设计中，首先引入案例：今天，我们拥有比过去任何时候都有好的生活，但也面临着比过去任何时候都要严重的生态和环境问题，人与自然似乎是相互排斥和相互对立的。但我们细细回想，当我们没有与自然环境和谐相处后，我们收获了什么。

接下来，教师引导讨论：人类与大自然究竟是怎样的一组关系？我们又应该怎样来处理好这样的关系？

最后组织学生结合案例发言，并对学生在线上直播平台发布的回答给予相应的点评，同时进行情感价值观的升华：人类和大自然是既对立又统一的矛盾关系，矛盾双方相互依存、相互贯通。坚持人与自然和谐共生，建设生态文明，引导学生从自己做起，协力建设美丽中国。

（四）量变质变互变规律

马克思主义基本原理指出，任何事物的变化都有一个量变的积累过程，没有量变的积累，质变就不会发生。单纯的量变不会永远持续下去，量变达到一定程度必然引起质变。

教学设计中，首先引入案例：来自全国各地的白衣战士们齐会武汉、社区里的志愿者们没日没夜巡查、各个哨点公安干警毫无怨言加班执勤、14 亿人口全面进入战疫情状态，全国上下齐心协力地一致配合，速度之快，规模之大，效率之高，举世罕见。这也进一步印证了中国取得抗疫成果的最根本原因是中国特色社会主义的制度优势和中国共产党的坚强领导！在方方面面、点点滴滴的努力付出后，我们才实现了从量变到质变的飞跃……

通过在线播放微视频，进一步讲述在抗疫过程中的感人事迹，在视频结尾进行事迹的剖析，并引导学生在直播授课平台的讨论区进行身边抗疫事迹分享，让学生对抗疫精神和量变质变互变规律有更直观和更深层次的认识。

最后，鼓励学生自主利用教师所推荐的线上优质慕课资源查漏补缺。

（五）唯物史观

马克思主义基本原理指出，唯物史观与唯心史观的对立，在历史创造问题上表现为群众史观和英雄史观的对立。与英雄史观相反，群众史观认为历史的创造者不是个别英雄，而是人民群众。人民群众是社会历史的主体，是历史的创造者。人民群众在创造历史过程中起决定作用，人民群众是历史创造者的原理是党的群众观点和群众路线的理论基础。

通过一个个生动真实的案例，展现一个个平凡而又伟大的事例，让学生在举国抗击疫情的特殊时期，更加真切地感受到了马克思主义的人民性和以马克思主义为指导的中国共产党以人民为中心的根本立场。中国的抗疫战争，是一场疫情防控的人民战争，始终以人民为中心。

四、结语

将“讲好中国抗疫故事”及时有效地融入“马克思主义基本原理概论”线上教学，充分用好“互联网+思政”，用最生动的故事帮助学生坚定中国特色社会主义道路自信、理论自信、制度自信和文化自信，这也是思政课教学与时俱进的应有之义。后续在条件允许的情况下，可邀请乐山本土一线抗疫医护人员和乐山师范学院一线抗疫人员亲临思政课堂，分享抗疫经历和真情感悟，进一步提升高校思想政治教育的实效性。

参考文献：

[1] 刘丽琼．思想政治理论课教学接受论［M］．北京：人民出版社，2009.
[2] 马歇尔·麦克卢汉．理解媒介：论人的延伸［M］．南京：译林出版社，2011.
[3] 习近平．用新时代中国特色社会主义思想铸魂育人　贯彻党的教育方针　落实立德树人根本任务［N］．人民日报，2019-03-19（01）.
[4] 中共中央宣传部．习近平总书记系列重要讲话读本［M］．北京：学习出版社，人民出版社，2016.
[5] 马克思主义基本原理概论编写组．马克思主义基本原理概论［M］．北京：高等教育出版社，2018.

“大学生创新创业理论与实践”在线教学的实践探索

◎ 郭美斌　代　丽　王应红[①]

在教育部“停课不停教”的号召下，“大学生创新创业理论与实践”课程教学团队开展了创新创业课程在线示范性教学实践探讨。教学团队深入分析了新冠肺炎疫情环境对在线课程教学带来的挑战，在充分把握外部为在线课程教学提供的有利机会基础上，发挥教学团队协同作战精神，将抗击新冠肺炎疫情的思想教育贯穿于整个教学过程。大力推进课程教学改革，将外部环境同大学生创新创业课程教学紧密结合，培养大学生创新创业素质与能力，为大学生创新创业课程在线示范性教学积累了经验，提供了可资借鉴的范例。

2020 年初，新冠肺炎疫情暴发，给各行各业和人们生活带来了严重影响。乐山师范学院积极响应教育部和四川省教育厅的号召，从 2020 年 2 月开始积极组织学校开展“停课不停教”的在线课程教学活动，“大学生创新创业理论与实践”课程教学团队正是在这一背景下开启了大学生创新创业课程在线示范性教学实践探索，并已取得初步成效。现将教学实践进行总结，希望能对大学生创新创业课程在线教学提供一些经验。

一、课程简介

“大学生创新创业理论与实践”课程是四川省教育厅于 2016 年批准的四川省高校首批大学生创新创业省级示范课程，是乐山师范学院经济管理学院为全校学生开设的一门通识教育选修课程。课程旨在向学生传授创新创业的基本理

---

① 作者简介：郭美斌，男，四川绵阳人，硕士，教授，乐山师范学院经管学院教师，研究方向：工商管理、创新创业。代丽，女，四川乐山人，在读博士，实验师，乐山师范学院教学部，研究方向：创新创业。王应红，男，重庆石柱人，博士，教授，乐山师范学院化学学院教师，研究方向：材料化学、创新创业。

论、基本方法等知识，培养学生创新创业方面的基本技能，同时提供学生参与创新创业实践活动机会。示范性教学一直是课程建设的重要内容，但在新冠肺炎疫情特殊教学环境下课程如何发挥在线示范性教学却是课程建设面临的新课题。

二、课程在线教学面临的挑战与机会

在特殊教学环境下开展在线教学，既面临诸多挑战，也存在一些有利机会。

（一）在线教学面临的挑战

1. 学习环境变化带来的挑战

常态教学环境相对稳定、简单，受干扰程度小，学生的学习条件齐备充分。而在线教学学习环境不稳定、复杂，受干扰程度大，学生的学习条件不齐备充分，会严重影响学生在线学习课程的效果。如没有安静学习场所、易受家庭成员干扰、网络信号差等，这是在线教学面临的第一大挑战。

2. 非教学场所教学带来的挑战

在线教学，教师是在非教学场所开展教学。首先教师会面临心理压力：一是来自在短时间内要掌握大量现代在线教育技术、方法等学习心理压力，二是来自推动课程教学改革的心理压力以及居家在线教学经常被家庭成员干扰的压力；三是在线教学过程管理难度大的压力。在非教学场所教学，教师在教学中不知道学生在想什么、在干什么，这是课程在线教学面临的第二大挑战。

3. 教学质量保障带来的挑战

在线教学的教学质量保障难。一是教学过程对学生的监控难度大，缺少常态教学环境下的教学监控方法和手段；二是教学互动难度增加，使用在线教学平台进行教学互动时经常发生拥堵卡顿的现象；三是课程实践教学难以开展，会影响到教学过程中对学生知识应用能力的培养。这是课程在线教学面临的第三大挑战。

（二）在线教学的机会

1. 加速课程步入云端教学的机会

云端教学并非新生事物，在国内外早有先例。它是将线下教学搬到网上，教师借助硬件设备、云平台、软件、内容和基础网络设施，通过直播、录播、音频、微课等满足学生在线学习的一种新型教学方式，主要特点是“高效、互动、开放、个性化”。一直以来，国家都在积极推动云端教学方式，但教师积极性不高，动力不足。在新冠肺炎疫情下，一方面学生无法正常返校，在“停课不停教”的要求下只能选择云端教学；另一方面国家教育信息化的前期投资已为云端教学打下了良好基础，这就为课程加速步入云端教学提供了机会。

2. 推动课程教学模式改革的机会

过去，课程教学模式相对单一，要么线下教学，要么线上教学。事实上，线下教学和线上教学各有优劣。而混合式教学模式将线下和线上教学的优势叠加在一起，是一种能将学生的学习由浅到深引向深度、创新学习的新型教学模式。在新冠肺炎疫情下，绝大多数课程都采用在线教学，这就为单一课程教学模式向混合教学模式改革提供了机会。

3. 免费获取大量课程教学资源的机会

在教育部倡导在线教学的指导下，我国各高校、网络教学平台都积极开放优质课程教学资源，为课程免费获取教学资源提供了机会。

三、在线示范性教学实践做法与总结

以“大学生创新创业理论与实践”课程为例，教学团队开展了在线示范性教学实践，取得了令人满意的效果，现将教学实践做法总结如下。

（一）在线示范性教学实践做法

1. 发挥教学团队协同作战精神

充分发挥团队协同作战精神，为课程在线示范性教学奠定了良好基础。常态教学环境下，课程教学团队交流相对少，一学期才 3～5 次，交流的方式主要是利用 QQ 群和微信群。而在此次在线示范性教学过程中，教学团队平均每周交流不少于 2 次，交流方式也多样，有 QQ 群、微信群、超星课程平台、腾讯会议、钉钉、YY 直播等。课程教学团队通过交流和研讨学习，在思想认识上形成高度共识，制定了课程在线示范性教学的优化方案。具体做法是：

一是深入分析课程在线教学的影响因素。教学团队侧重分析了教学条件、教学对象、教学实施者、教学方法与教学模式、教学资源等因素变化可能给课程在线教学带来的影响，并针对影响研讨相应对策。

二是制定了课程在线示范性教学实施方案。教学团队针对新冠肺炎疫情环境因素变化对课程在线教学的影响制定了课程在线示范性教学的实施方案，主要包括课程教学目标、教学计划、教学内容创新、教学方法与教学模式创新、在线课程网站建设、课程教学质量保障、课程教学应急处置等内容。与常态教学方案相比，主要特色是将课程与创新创业紧密结合，着力培养学生创新创业能力；充分利用免费教学资源丰富课程；严控课程教学过程质量；设置课程在线教学应急处置方案等。

2. 课程教学中彰显创新创业精神本质

创新创业精神是推动创新创业者在创新创业过程中必备的坚定、顽强、百折不挠的一种精神力量。在常态教学中，学生未经历过艰困环境，教学中不易培养学生创新创业精神。而特殊环境正好为学生提供了经历艰困环境的机会，课程将新冠肺炎疫情困境转化为创新创业的环境去培养学生的创新创业精神，激发学生开展创新创业的激情彰显创新创业精神本质。

3. 创新创业课程实战教学

创新创业本质就是去解决特定环境下社会、经济、文化和人们生活中的问题和困难，突破时空和地域的限制，创造出更大的价值。具体做法是：

（1）培养学生寻找创新创业机会。

创新创业要善于寻找和捕捉机会，把握住机会就等于成功了一半。从经验来看，每次环境的变化都会给创新创业提供诸多机会，教学团队在课程教学中积极引导学生从居家健身行业、电商行业、在线娱乐行业、远程办公行业、在线教育行业等去寻找创新创业机会，取得了较好的教学效果。

（2）引导学生选择创新创业项目。

创新创业项目是创新创业者为了达成创新创业目标和取得商业成果的载体。在常态教学中，学生往往为选择到有市场价值和前景的项目感到困难，根源在于对环境变化缺乏明显感知。在新冠肺炎疫情下，学生对环境变化感知明显。在教学中我们通过引导学生，运用头脑风暴法、六顶思考帽法、和田十二技法等创新方法帮助学生开发、选择创新创业项目，学生开阔视野、领悟快，在短短的1～2周时间内，每位学生平均都能选择到3—5个较为有价值的好项目。

（3）培养学生创新创业管理能力。

创新创业是一项艰巨的系统工程，涉及方方面面，需要创新创业者具备良好的管理能力。在常态教学下，学生缺乏压力感，难以扮演好特定环境中创新创业管理者角色，对培养学生创新创业的管理能力不利。教学中我们设定创新创业管理环境，培养学生创新创业管理能力，大大激发了学生学习的积极性，学生在学习中增强了管理者角色意识，对创新创业管理的感受真实，学习效果好。

4. 利用免费教学资源丰富课程建设

在常态教学下，各高校和在线教育平台的教学资源大都是封闭的或需付费才能使用，课程无法利用同类教学资源丰富课程建设。在本次教育部号召下，各高校和网络教育平台纷纷免费开放自己的优质教学资源，积极支持在线教学行动，这就为丰富课程建设提供了方便。我们利用免费教学资源丰富课程建设的具体做法是：

一是教学团队尽可能收集与课程建设相关的免费课程和课程平台教学资源信息，筛选整理出可利用的免费课程和课程平台资源。

二是组织教学团队成员快速浏览阅读免费教学资源，并结合课程建设需要进行筛选，确定出课程建设有用的免费教学资源。

三是教学团队集体学习、消化筛选出来的免费教学资源，丰富教学团队成员的课程知识、教学经验和教学技巧。

四是在保护他人课程和网络教学平台知识产权的基础上，利用免费课程教学资源和平台教学资源补充、丰富自己的课程建设。

5. 为学生打造便捷的扩展学习天地

教学团队考虑到学生没有教材、不能上图书馆查阅资料等困难，为学生着力打造了便捷的扩展学习园地。

一是在在线课程建设内容中增添了课程扩展学习资源库。为学生学习课程提供了营销、管理、财会、创新思维、创新人物和创业故事等知识扩展学习资源库，以满足学生扩展学习需要。

二是在课程在线教学中提供了探究式扩展学习园地，主要给学生提供一些探究式扩展学习专题。

三是提供学生个性化扩展学习课程辅导。学生根据个人扩展学习需要，提出个性化扩展学习课程辅导申请，教学团队将指定老师为该学生提供个性化扩展学习课程辅导。

6. 构建课程在线教学质量保障新模式

在线教学碰到的问题和困难要比常态教学环境下多得多，确保课程在线教学质量是课程在线教学的生命线。在课程在线教学中，教学团队除了紧紧抓住课程目标、教学内容和实施效果这三个教学质量保障核心进行教学质量监控外，还努力探索课程在线教学质量保障的新模式，构建了“平台—过程—服务—环境”四位一体在线课程教学质量保障体系，即把课程在线平台建设质量、学习对象学习过程监控质量、课程教学过程服务质量、课程教学内容与教学环境结合创新质量四者作为一个整体，相互协调配合，确保课程在线教学质量达到高水平的质量保障体系。

7. 引导学生居家隔离开展创新创业实践活动

在常态教学下，学生从没有几个月长的时间待在家，自然也没有时间去深究自己家乡的情况，从家乡去挖掘创新创业资源，寻找创新创业项目。课程在线教学利用学生居家隔离的时间，结合课程教学需要，引导学生围绕家乡开展挖掘创新创业资源和寻找创新创业项目等实践活动。如让学生了解自己家乡都有什么独特产品、文化遗产、生态资源等，以此来展开创新创业实践活动，让学生获得了创新创业活动的真实体验，受到学生的普遍欢迎。

8. 推动教育信息技术在课程教学中的融合应用

在常态教学下，课程教学也在采用现代教育信息技术，比如 PPT 投影、课程网站等，但应用的现代教育信息技术相对较单一。在课程在线教学中，随着现代教育信息技术的丰富，为了提高教学质量和教学效果，教学团队除了使用常态教学环境下的现代教育新技术外，还将 QQ 直播、腾讯会议、钉钉、YY 直播、超星平台等多种现代教学信息技术融合到课程教学中，大大丰富了课程教学的实现手段（刘建国，刘建佳，2016）。

9. 在课程教学中全面实施个性化教学

由于学生的学习环境和学习条件差异性特别大，学生对学习的个性化需求突出，教学团队在课程在线教学中全面实施了个性化教学。

一是针对边远山区学生，考虑到网络速度慢，教学团队就直接将学习资料打包通过电子邮件发送给学生，然后通过聊天工具对学生进行学习辅导。

二是针对城镇学生，教学团队主要通过多种在线教学手段开展教学，并进行在线学习辅导。

三是针对其他类别学生，教学团队根据他们的个人学习需求，分别选择适合的教学手段开展教学。

（二）课程在线示范性教学实践总结与完善

以“大学生创新创业理论与实践”课程为例开展的大学生创新创业课程在线示范性教学实践，是一次在特殊教学环境下面对众多教学新问题需要解决的创新性课程教学尝试，是突破常态教学环境下的教学模式与方法的探索实践。

1. 课程在线示范性教学实践成果总结

“大学生创新创业理论与实践”课程在线示范性教学实践主要取得的成果有：

一是推动在线课程网站建设以更好地适应变化的教学环境。首先是优化在线课程网站教学内容，使其能更好地满足学习对象的需要；其次是课程促进了学生创新性地将知识应用于实践，培养和锻炼了学生多方面的专项能力。

二是教学团队积极提高自身教学素质和水平。教学团队学习了大量同类免费课程资源，包括 PPT、教学视频、教学案例等，人均浏览阅读资源量达到 300 万字以上，是常态教学环境下的 8～10 倍，丰富了课程教学知识，学会并掌握了多种现代教育信息技术的应用；推动了课程教学模式与方法的创新，为未来全面实施混合教学模式夯实了基础。

三是课程教学培养了学生创新创业综合素质和能力。困境和难题对学生学习创新创业知识来说也是一种难得的历练，课程在教学中创设困境和难题培养学生创新创业精神，引导学生在困境中寻找创新创业机会，针对新冠肺炎疫情开发创新创业项目，使学生的创新创业综合素质和能力得到了极大的提升。

四是课程在新冠肺炎疫情环境下实现了多种现代教育信息技术的融合应用。教学团队成员每人至少掌握了 5 种以上的现代教育信息技术，并在教学中不断地演练，很好地将它们在课程教学中融合应用。

五是课程教学开辟了拓展学习天地。课程利用各高校和网络教学平台提供的免费教学资源，结合我校学生学习的特点和学习需求，在课程网站中开辟了创新创业拓展学习天地，为学生拓展学习创新创业知识提供了大量学习资源。

六是课程教学实现了进一步个性化教学。由于课程教学团队学习掌握了多种现代教育信息技术的应用，凭借掌握的多种现代教育信息技术实现了课程进一步个性化教学，使学生的学习需求得到更好满足。

2. 课程在线示范性教学尚需完善的方面

尽管课程在线示范性教学实践取得了颇丰成果，但也尚存在一些不足的地方需要完善。

（1）课程在线示范性教学实践内容尚需完善。

“大学生创新创业理论与实践”课程教学团队在课程在线示范性教学实践方面开展了卓有成效的探索，初步取得了一些成果，但由于时间短暂，难免存在不足之处。如课程在线示范性教学如何界定、课程示范性教学的评判标准是什么、课程示范性教学的内容体系的构建等问题，都需在后续的教学实践中进一步完善。

（2）课程在线示范性教学实践效果尚需检验。

“大学生创新创业理论与实践”课程开展在线示范性教学实践效果的检验时间较短，是否具有普遍推广价值，尚需时日来校验。

四、结语

课程团队通过对大学生创新创业课程在线示范性教学实践探讨，为大学生创新创业课程在非正常教学环境下如何有效开展在线教学积累了经验，提供了示范范例。课程团队严格贯彻国家各级教育部门的指示精神；认真分析非正常教学环境对教学的影响；发扬教学团队协同教学优势；虚心学习和广泛借鉴兄弟院校的优质教学资源；广泛试用各种先进现代教育技术，选取实用的教学技术平台；强化课堂教学沟通，增进师生的互信与感情；扩展个性化教学，提升学生的个性化学习需求满足感；搞好网上拓展学习天地。

参考文献：

[1] 教育部．教育部应对新型冠状病毒感染肺炎疫情工作领导小组办公室关于在疫情防控期间做好普通高等学校在线教学组织与管理工作的指导意见［EB/OL］．（2020－02－05）［2020－10－08］．http://www.moe.gov.cn/jyb－Xwfb/gzdt－gzdt/s5987/02002/t20200205.418131.html.

[2] 刘建国，刘建佳．基于优质网络资源的混合教学模式探索［J］．中外企业家，2016（31）：203－204.

应用效果

基于班级虚拟共同体的在线教学模式研究

◎ 杨小川[①]

本文首先从教师、学生、教学管理平台三个视角分析在线教学成效影响因素，然后从模式构建、解析、应用几个方面详细阐释了基于班级虚拟共同体的在线教学模式，并着眼未来在线教学发展提出了“推广网络助教，持续强化培训，完善保障体系，科学设计课程，用活社交平台”等建议。

2020 年初春突如其来的新冠肺炎疫情肆虐各地，各类学校秉承教育部“停课不停教，停课不停学”精神、纷纷采取在线上课方式积极应对。4 月中旬各地中小学开始复课，4 月下旬部分高校开始分批复课，9 月全面复课。疫情终究会过去，但在此期间全面实施在线教学方式对高校教学理念带来的“革命性”冲击却不可逆转。如何总结疫情期间在线教学经验，结合不同校情，着眼未来构建符合高等教育发展趋势的教学模式，拓展教育教学内容，改革完善评价机制，提升治理方式和效能，重新界定人才培养标准和价值判断等都值得所有高教人去持续探索。

一、在线教学成效影响因素分析

从“停课不停学”在线上课开始，围绕在线教学存在什么弊端、教学质量提升有哪些影响因素、如何构建一个适当的教学模式等问题的讨论就没有停止过。由于高等教育对象基本成年，且很多不在地方教育职能部门管辖范围之内，所以学生家长、教育职能部门对教学质量影响因素相对较小。主要的影响因素包括三个方面。

---

① 作者简介：杨小川，男，四川乐山人，硕士，工商管理教授，乐山师范学院经济管理学院副院长，研究方向：中小企业发展。

（一）教师教学视角

（1）教师在线教学认识偏差，主要表现为：①对教学信息化发展趋势缺乏正确判断。认为在线教学等于疫期教学，纯属应急，不会长久。②对在线教学敷衍对待。认为在线教学无非是建个 QQ 群、微信群进行教学（刘强，彭娜，2020），没有技术含量，随时等着正式复课“回到过去”教学模式。③在线教学就是看视频。老师录制教学视频，直接交给学生即可，监控等于“网上打卡”（吴砥，2020）。

（2）教师教育信息化准备不足，主要表现为：①教师从以学校课堂教学为主阵地，转向过去仅作为辅助作用的在线教育为主阵地，表现出明显不适应。②中老年教师对在线教学组织、上课仪态、技术应用类培训准备不足，呈现焦虑状态。③绝大多数教师缺乏在线教学经验，不能快速适应并发挥网络技术应有优势。

（3）在线教学方案科学性、适用性不匹配。开始阶段尚有部分教师坐等学生返校复课，备课不力；过半教师制订了教学计划，备课时调整了教学进度，但是对实验、实践、实训课程的教学形式、内容、模式等缺乏正确评估和设计，导致前半期进展顺利，后半期时间安排捉襟见肘，教学缺乏衔接。

（二）学生学习视角

（1）平台学习过程不可视。不少非社交媒体类网络在线教学平台，不方便进行可视化教学，还得采用“学习通+QQ”等类似搭配方式方能顺利完成教学任务。不可视带来的直接后果就是学习互动差，学生学习主观能动性不强，学习效果难监测，也不便于教师及时调整教学进度、教学方式。

（2）学生自主学习能力不足。学生在线学习自律性差，参与度难以保证。有专业咨询公司调研结果显示，近四成学生承认在线学习主动性差，五成学生需要外力督促才能完成在线学习任务（王冬冬，王怀波，张伟，等，2020）。

（三）教学管理平台视角

（1）从管理视角看，教育管理部门、学校管理部门对在线教学课程质量的管理重在“规范在线管理、提高质量标准、强化过程监督”。

（2）从教育技术平台视角看，完成教育技术信息化和教育信息化教学的契合还任重道远。为积极响应教育部号召，校外教育信息化企业加大投入，开放平台，拓展限额，为学校提供技术支持；校内教育信息技术支持部门做好各种教育应对工作，主动联系平台、抢占资源、适时培训、争开网课、指导实践、释疑解惑（刘革平，刘选，2020）。但是“数字半文盲”的教师和“数字土著”的学生在线沟通交流存在隔阂：教师要么照搬传统，变成在线说教、灌输；要么变成缺乏专业内涵的在线“网红”。

二、基于班级虚拟共同体的在线教学模式构建

（一）模式构建

在线教学师生时空分离，彼此都在摸索中前行，如何促进教师提升在线课程教学质量，以及学生自主学习成效，值得认真探究。经过反复摸索，本研究构建了“基于班级虚拟共同体的在线教学模式”（如图 1），旨在根据课程内容需要，依托专业网络教学平台和社交平台，构建虚拟班级，分层、分类、分时提供高质量在线课程和个性化辅导，整体提升“教与学”质量。

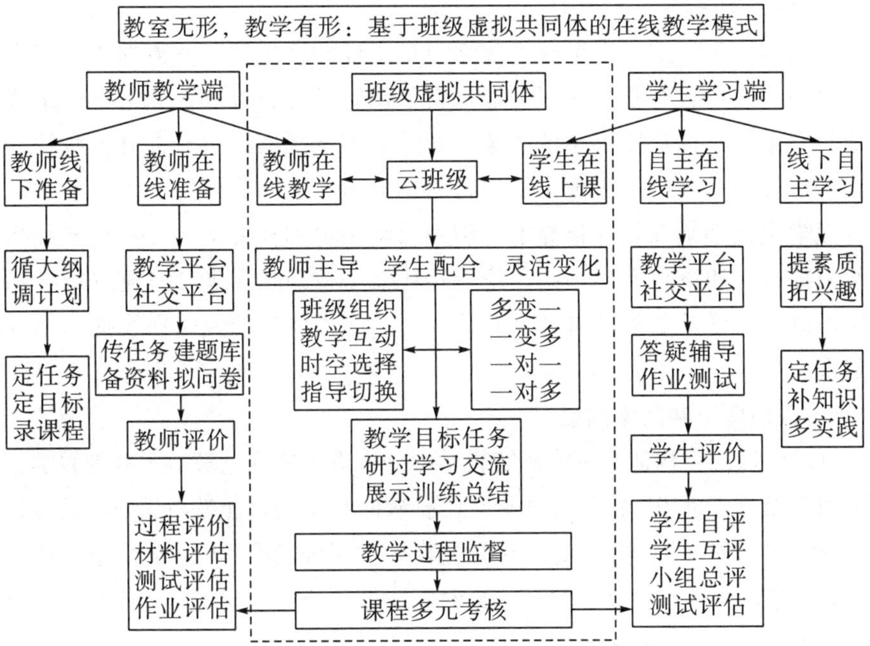

图 1　基于班级虚拟共同体的在线教学模式

（二）模式解析

基于班级虚拟共同体的在线教学模式主要包括三大部分：教师教学端、学

生学习端以及双方在线教学“班级虚拟共同体”交集部分。

1. 教师教学端

（1）做好线下教学准备。“停课不停教”不是将传统教学直接照搬到线上进行网络教学，需要教师针对专业特点、课程特点、知识结构分布、教学大纲要求等进行综合分析，按照大纲总目标总任务要求，以及课程知识内容和能力素质培养要求权变地调整教学计划，重新确定教学任务，细化教学目标，录制视频，制作课件，从实际出发合理选择契合时代背景的教学资源，做好线下准备工作。

（2）做好线上教学准备。在线教学不同于线下教学，需要教师根据自己的兴趣爱好、课程性质选择方便展示、沟通且能高质量呈现课程内容的网络教学平台和社交平台。通过自学和学校集中培训，熟悉操作流程，通过平台提前完成上传教学任务、各种测试题库、案例研讨资料、互动问题设置、问卷调查设计等工作。同时准备好该课程考评过程中需要的教师评价材料，如过程评价标准和评价表格、小作业小讨论的材料评估标准等。

2. 学生学习端

在线学习，学生表现出较大的学习自主性和自由度。一方面可以根据自己的兴趣、爱好进行自主学习，通过自己制定学习目标和任务的方式来弥补专业教学中知识面广度不足的劣势，通过自主选择实践项目提升自身综合素养。该阶段能最大限度表现出学生自制、分析、创新、研发、动手能力。另一方面学生还必须在教师指导下，利用教学平台和社交平台，完成教师指定的学习任务、测试作业、小组讨论等，还需要按照指导老师意见进行学生之间学习过程、学习成果的自评、互评，对不明白的环节及时在线提出答疑辅导需求。

3. 班级虚拟共同体构建

（1）虚拟班级构建。可将传统教学中分班进行的理论教学、基础教学、集中培训等以“云班级”虚拟方式聚集，打破时空限制，让教与学同步进行；让需要分解实训程序、分组讨论、个性化指导的课程或项目以“云班级”的方式来分开重置，分级、分类、分层、分时完成教学任务，达到“人尽其用、有教无类、因材施教”的效果。

（2）“云班级”教学。“云班级”是临时存在的非建制组织，具有很大灵活性。班级虚拟共同体的教学成效有赖于“教师主导、学生配合、灵活变化”教学理念的实施。不仅要求教师有相对前瞻的教学理念和教学方式方法改革思路，还需要学生能表现出较强求知欲望，与教师配合完成各项教学与训练任务。在整个在线教学过程中灵活地将班级、小组进行“一变多、多变一”人员组合，在教学辅导方式上采取“一对一、一对多、多对多”方式进行学习交流和研讨，完成教学目标任务，展示课程项目训练成果并及时总结分享。

（3）教学监督。尽管班级虚拟共同体的构建具有临时性，但并非临时起意，而是在构建初期就需要进行科学设置，与教学内容、项目设置、过程考核、材料整理等相匹配，一旦确定就提前告知学生，进行预先分组，做好预案。在一个教学周期（一个学期）内所有同学在教学目标和任务指引下，相互监督、交互研讨、协作分享，完成课程任务，实现成长。授课教师在整个课程教学中全面监管，原建制班级的班委成员成为共同体中自然监督群体之一，负责监督本班本组同学作业和任务完成，收发教学相关信息。对不同专业班级（如选修课程）成员可以灵活采用“大同步小异步、大框架小项目、同标准异任务、同任务不同时”等方法，体现出监督灵活性。

（4）课程考核。课程考核采用多元评价方式进行。评价内容主要有四个方面：其一，需要综合考虑学生端评价，包括教学过程中充分发挥学生参与积极性，把学生自评、学生互评、按组讨论总评和每次小测试成绩，都以一定比例权重计入总成绩，避免学生消极应付；其二，需要授课教师将整个教学过程都纳入评价范畴，包括教学过程实时评价，教师对学生提交作业、小论文、小测验等认真评阅后给一个相对公正的评分；其三，在评价方式上，可以定性和定量相结合；其四，将学生参与在线教学态度纳入考评，如考勤、提问和答问主动性和质量等，主要是测试学生学习意愿、态度、投入。评价时间可以是在课程进行中实时评估，也可以通过课后提交材料的质量看学习成效。

三、在线教学发展模式变革建议

（一）推广网络助教，精准提高在线教学指导辅导实效性

当班级虚拟共同体模式在线教学成为一种趋势，主讲教师可以不受教室等资源限制同时完成多班教学，师资需求有所降低，但是在教学辅导、习题解读、课程监督等方面单个教师又会力不从心。此时亟须大力推广有别于传统助教制的“双师网络助教制”模式，由教学名师、知名教授、教学团队主讲等担任课程主讲教师，额外配置至少一名擅长计算机操作的网络教学助教，协助教学辅导、引导讨论、习题评阅、打卡考勤、教学监督、网络信息维护等在线教

辅工作（张来英，吴伟泰，李海燕，等，2020），让在线教学以最小的资源投入，发挥最大“协同互补”的教学成效。

（二）持续强化培训，提升专任教师综合信息化教学能力

高校教育信息化改革方向已经没有回头路，所有学校都前进在“教育信息化改革”的道路上。各级各类高校应当全面审视专业特点、用人单位市场需求、学校自身“人财物”资源，借“十四五”规划之际，科学研判专业、课程教学模式与方法改革方向，科学设计信息化改革方案，确保未来在线教学高质量满足教学需求。改革不会一蹴而就，持续进行教学技能信息化培训，将长短期培训相结合、基础培训与针对性培训相结合形成常态化机制，提高专任教师教学技能技巧，最重要的是培养师生信息化教学的意识、习惯，自然而然地整体提升任课教师综合信息化教学能力。

（三）完善保障体系，促进“虚拟班级”在线教学基业长青

教育技术开发、管理、保障部门要提高学校信息化管理水平和保障能力，不仅需要做好硬件环境建设，还得积极主动地为一线教师开展网络教学排忧解难。特别是需要根据学校校情、师资特点、专业性质、课程需求等充分调研，组织团队针对“技术平台、教学设计、直播教学、混合教学、翻转课堂、课程资源、教学模式、支持工具、教学评价、成绩设置、考核题库”等制作操作指南，录制应用视频，让在线教学技术分享“傻瓜化、常态化、同步化、保姆化”，激发更多教师改变教学理念，充分利用各种在线学习平台。

（四）做好课程设计，拓展“虚拟班级”教学个性化优势

科学设计课程是提升课程教学质量的前提。在线教学具有空间、时间组合优势，更有助于部分专业、部分课程实施分层分段教学。理论性、通识性以及基础性强的课程或要求标准化、规范化、制度化的课程内容可以采取集中化、大班额、同步化、无差异统一授课方式进行。反之，部分实训项目特别强调针对个体或小众群体进行精准指导，则需将课程进行个性化、异步化、特色化、小规模、碎片化设计。此时“虚拟化班级”更能照顾到不同认知结构和认知能力的学生，低年级学生需要承接高中阶段教学方式的转变，“虚拟班级”集中讲授式教学偏多。高年级学生更强调专业性、创造性、研究性，更需要“虚拟班级”自主探究式教学。互联网时代“虚拟班级、虚拟课程、云教学”促使每一位高校专任教师不得不考虑未来对课程教学时间、内容、方式方法、对象、

资源等基于“教与学再度整合”的教学设计，构建灵活学习场景，赋予师生自主权利，支持教师个性化教学、学生个性化发展，提升解决问题和适应社会能力。

（五）用活社交平台，顺应学生兴趣促进在线教学务实落地

随着在线教学的全面铺开，超星泛雅学习通、中国 MOOC、爱课程、蓝墨云等在线教学平台知名度和使用率达到新高。但这些平台的不足也暴露无遗，过半教师在教学中必须同期采用腾讯（包括腾讯会议、腾讯课堂、QQ 视频）、微信（对分易）、CCTALK、天翼云会议、虎牙娱乐等社交软件（或衍生软件）作为教学辅助。特别是腾讯会议的优势被发挥得淋漓尽致。未来应当反思与其采用多种手段禁止学生课堂上使用手机，不如好好设计课程内容和教学形式，用好用活腾讯、微信等社交平台，顺应学生兴趣，将课程内容、讨论案例、项目设置、作业辅导、疑难交流等教学中的问题“精准”植入手机社交平台应用，突破课堂授课时间空间限制，促进在线教学内容务实落地。

四、结语

“停课不停教，停课不停学”仅仅是一个权宜之计，之后以在线教学为代表的教育信息化发展趋势更值得我们关注。此次疫情防控加速了中国高等教育方式变革，拓展了中国高等教育内容，促进了科研评价机制完善，助推了大学治理方式和效能提升，引起了人才培养标准和价值判断变化。无论解决问题的方式有多少种，我们都必须拥有前瞻性思维，做好改革的思想准备和信息化教学能力储备，坚持教师与学生双中心不变，以“回归常识、回归本分、回归初心、回归梦想”的不变来应对信息化发展的变化。

参考文献

[1] 刘强，彭娜. 基于“超星直播+学习通”的在线教学示范［J］. 大学化学，2020 (35)：1－6.

[2] 吴砥. 在线教学的三个难点和三个误区［EB/OL］.（2020－02－22）［2020－09－10］. http://www.jyb.cn/rmtzgjyb/202002/t20200222_298598.html.

[3] 王冬冬，王怀波，张伟，等. “停课不停学”时期的在线教学研究——基于全国范围内的 33240 份网络问卷调研［J］. 现代教育技术，2020（3）：12－18.

[4] 刘革平，刘选. 抗疫保教：教育技术的责任与担当［J］. 教育与教学研究，2020（3）：20－26.

[5] 张来英，吴伟泰，李海燕，等．“双师网课”推动精准教学辅导与讨论——以钉钉网课为例［J］．大学化学，2020（35）：1-5.
[6] 西南大学新学工创新中心课题组．新冠肺炎疫情对青年大学生影响研究——基于全国45所高校19850名大学生的实证调查［J］．中国青年研究，2020（4）：43-48.

基于翻译能力提升的全在线多元教学交互模式研究

◎ 张丽梅[①]

全在线多元交互教学模式，以建构主义为理论基础，结合课程教学目标，利用慕课资源辅助翻译理论学习，试图通过小组协作学习、多元交互的方式帮助学生建构个体翻译能力。本文从翻译能力入手，以笔译工作坊课程教学为例，分析了该教学模式的设计理念和特点，为培养翻译能力提供新思路。

一、引言

近二十年，翻译能力成为国内翻译教学研究领域的热点问题之一，翻译教学的终极目标是通过一定的翻译教学模式提高学生的翻译能力（赵觅，王林海，2020）。方红和王克非（2014）指出，翻译能力研究是翻译过程研究的核心内容。仝亚辉（2010）及王娟（2016）等学者专题介绍了国外研究团队利用实证研究探索翻译能力发展问题。有的研究从其他学科视角解读翻译能力，余静（2018）通过社会学视角研究翻译能力，金萍（2013）从心理认知角度阐释翻译能力。学习者翻译能力的提升很大程度上取决于翻译教学模式，而翻译教学模式的构建不仅反映教师对翻译能力的认知深度、教学理念及教学能力，同时也与新时代教育需求、教育特征和教育技术等外部教育大环境密切相关。本研究以学界相关研究为基础，探讨了英语本科翻译专业笔译教学中翻译能力提升的教学模式，以建构主义、多元交互、有声思维（think－aloud protocols，TAPs）等作为理论基础，利用中国大学慕课资源，充分发挥网络教学的优势，根据新冠肺炎疫情期间教学模式可实现条件，尝试设计并应用全在线多元交互教学模式，以使学生、教师、教学内容、教学手段、教学环境等教学要素发挥出最佳作用，从而提升学生的翻译（笔译）能力。

---

① 作者简介：张丽梅，女，硕士，乐山师范学院副教授，研究方向：英汉比较与翻译、翻译理论与实践。

二、翻译能力

（一）翻译能力的内涵与特点

目前，针对翻译能力的相关研究已有大量学术成果。文军（2004）、苗菊（2007）、杨志红、王克非（2010）、钱春花（2012）等学者对翻译能力的内涵、概念及其构成要素进行了讨论和阐释。王传英（2012）归纳了西方翻译能力研究的三个阶段的代表性观点和成果，即“自然译者”观、复合翻译能力和PACTE翻译能力构建模型。“自然译者”观认为翻译能力是天赋的、自发的、基于双语能力的语言转换能力，复合翻译能力则把文化、交际、社会、认知等非语言能力纳入翻译能力中，PACTE翻译能力模型所代表的是一种动态的、螺旋式上升的翻译能力构建过程。肖维青（2012）指出，翻译能力本身是很抽象的，是通过观察翻译行为和结果对支配有效翻译行为的译者内在能力的一种理论假设。翻译能力始于双语能力，以双语能力为基础，但二者并不相同，也并不表示翻译能力为双语能力必然衍生物。翻译能力与译者能力也不等同，翻译能力是译者能力的重要组成部分，是译者职业化过程中的基础能力，具体一门课程的教学应关注翻译能力。翻译能力，即支配有效翻译行为的译者内在能力，本质是一种跨越语言和文化、融合多种分项能力的复杂的综合交际能力。Neubert（2000）归纳了翻译能力的七个特征：复杂性（complexity）、异质性（heterogeneity）、近似性（approximation）、开放性（open－endedness）、创造性（creativity）、情景性（situationality）和历史性（historicity）。

（二）翻译能力的构成要素

翻译能力由一系列相互关联的要素构成，学界对翻译能力构成要素并未形成统一的观点。关于翻译能力构成要素，一些学者的研究具有代表性，得到学界广泛关注。Neubert（2000）提出翻译能力包含五个方面的要素：语言能力、文本能力、主题能力、文化能力、转换能力。这几种能力共同作用使翻译活动有别于其他领域的交际活动，也使翻译研究有别于其他交际领域的研究。Pym（2003）认为翻译能力就是提高两种能力：①针对源语文本生成一系列可行译语文本的能力；②迅速、合理、自信地从中选择唯一可行译语文本的能力。如何决策选择可行文本与翻译策略能力直接相关。PACTE研究小组经过大量实证研究提出翻译能力模型，认为翻译能力包括五种分项能力：双语能力、语言外能力、翻译专业知识、工具能力、策略能力。策略能力处于核心位置，联系着其他各个分项能力，并控制整个翻译过程（见图 1）。白玲等（2018）提出中国英语能力等级量表项目下的笔译能力等级量表参数框架，翻译能力的构成要素包括双语交际能力、翻译策略能力、翻译知识、百科知识、译者心理生理主体因素、工具使用与研究能力六个子能力维度（见图 2）。结合不同学者提出的翻译能力构成要素及本课程翻译教学目标，本研究主要关注翻译能力的以下要素：转换能力、语言对比能力、语篇对比能力、工具能力和翻译策略能力。其中翻译策略能力是核心要素。

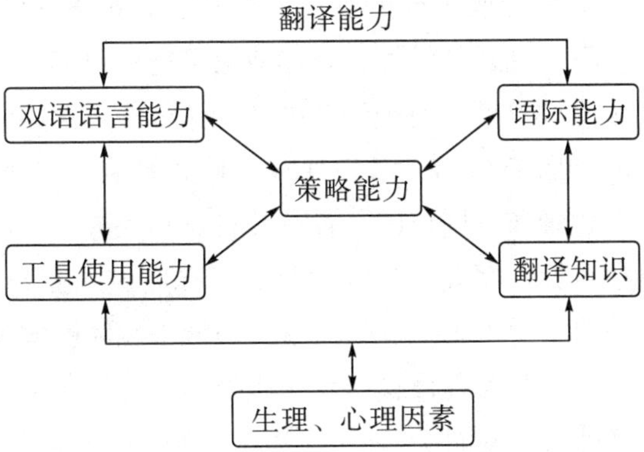

图 1　翻译能力模型（PACTE，2005）

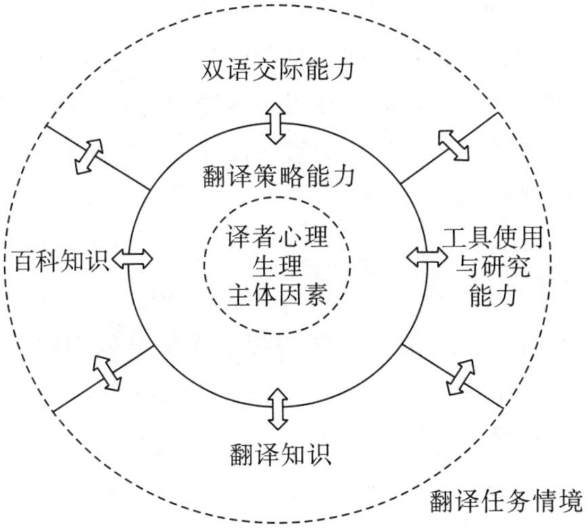

图 2　翻译能力结构

三、多元交互翻译教学模式的基本理念

（一）翻译教学模式

近年，翻译教学的实践者和研究者在构建翻译教学模式方面做出了很多有益的探索和尝试，总结起来大致如下：以翻译过程/成果/项目/评价为导向的教学模式；基于某种理论或视角的翻译教学模式，如框架理论、建构主义、生态主义等；基于某个平台或媒介的翻译教学模式，如 SPOC、QQ 网络平台、博客等；基于某语料的翻译教学模式，如双语平行语料库、政府文件语料、旅游文本等。尽管这些教学模式的理论基础和操作方法不尽相同，但都将提升翻译能力作为共同的方向和目标。每一种教学模式都有其教学不同阶段的针对性，有不同的产生背景和应用范围，各有其特点和优势。任何教学模式都指向和完成一定的教学目标，而翻译教学的核心目标应该是提升翻译能力。然而，翻译能力所包含的要素颇多，并非仅通过一门课程就能够实现。考虑到笔者所教授的笔译工作坊在整个课程设置体系中所处的位置和作用，本课程将重点培养学生的翻译策略能力，同时关注转换能力、语言对比能力、语篇对比能力、工具能力。语言对比能力和语篇对比能力主要涉及陈述性知识，主要包括英汉两种语言的差异及不同主题、类型语篇文本的特点。转换能力、工具能力和策略能力主要涉及程序性知识，主要包括交际目的中语言的实际运用，翻译过程中信息搜索与技术应用以及对翻译项目中各种问题的协调、解决、评估等。翻译实践帮助学生将陈述性知识转化为程序性知识，同时程序性知识的运用使陈述性知识得到内化和巩固。

（二）理论基础

建构主义（constructivism）最早的提出者可追溯到瑞士的心理学家皮亚杰，其后来逐步得到丰富和完善，为实际应用于教学过程创造了条件。建构主义认为知识不是通过教师传授获得的，而是在一定的情境下，利用必要的学习资源，借助与他人的协商、交流、合作，通过意义的建构而获得的。Kiraly（2000）认为把建构主义学习理论引入翻译专业教学中是非常有效的，因为译者教育应该是一个动态的、交互的过程，是基于将教学的焦点从专制式的教，转换成一种合作式的、适应性的学的过程。交互式教学法（An Interactive Approach）本身就是以建构主义为基础的，教学活动的组织安排以学生为中

心。翻译教学中的交互模式指导思想是：教师要营造一种学习氛围，通过引导、启发，让学生积极参与翻译过程中的每一个环节，以提问、小组讨论、赏析等课堂活动形式创造出一种师生、生生交互协作的环境，让学生主动地探讨、发现、运用双语转换的规律，逐渐帮助学生培养自觉运用规律的习惯（伍小君，2007）。由于翻译能力的高度复杂性，学习者的翻译能力不可能仅通过翻译课堂上对翻译理论、翻译技巧和翻译策略的陈述性知识的学习直接获得，而是通过翻译过程中与学习伙伴、教师的交流自我建构起来的，是一个动态生成的过程。方红、王克非（2014）指出，学习者的翻译能力一般可通过两个途径来考察：或考察学习者在翻译过程中的表现，或考察学习者的译文质量，即过程研究（process－based）和成果研究（product－based）。本研究选用有声思维分析法（TAPs）研究学习者翻译思维过程，尤其是翻译策略的选择和使用，为了不打断翻译思路，要求学生在翻译结束后回忆并复述翻译过程中遇到的问题和解决的对策，以帮助学生提高翻译过程中的元认知意识和元认知策略运用。

（三）教学模式框架设计

教学模式可以定义为在一定教学思想或教学理论指导下建立起来的较为稳定的教学活动结构框架和活动程序。作为结构框架，其突出了教学模式从宏观上把握教学活动整体及各要素之间内部的关系和功能；作为活动程序则突出了教学模式的有序性和可操作性。全在线多元交互的教学模式（见图3）的结构框架规定学生、教师、教学内容、教学方法等教学要素在翻译教学过程中的地位、作用以及要素之间的相互关系。

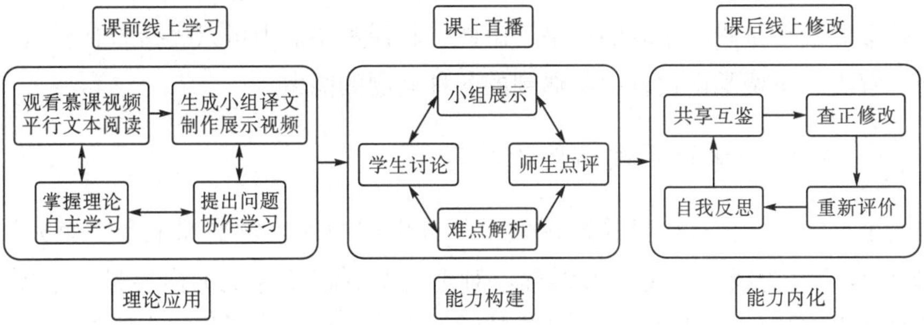

图3　全在线多元交互模式

在翻译过程中指导学生自我构建翻译能力，首先需要明确翻译教学的主体是学生，学生理所当然成为翻译知识和翻译能力的建构者，学习内容应该由学生主导，在广泛听取学生意见的基础上将全国翻译专业资格（水平）考试，即CATTI三级笔译实务真题及模拟题作为翻译实践材料。通过大量的翻译实践学习翻译，在翻译过程中学习翻译，改变传统翻译教学“重知识传授，轻能力培养；重语言间微观现象的转换技巧，轻语言宏观结构的把握和转化”现象。教师的主要作用是促进、引导、启发、协调，通过小组互动、组间互动、班级互动、师生互动等多元互动模式使学生参与到翻译流程中的各个环节并观察自己翻译过程中的思维习惯、策略运用、操作方式。引导学生从译者、读者、评价者、鉴赏者多重视角描述评价译文质量，既关注翻译过程的动态发展，也关注翻译结果的客观评价。

四、全在线多元交互模式教学设计

（一）以翻译策略能力为核心

刘和平（2013）指出，如何围绕实践展开教学，通过实践让学生感知、领悟、学习、内化并掌握翻译技能，这是教学模式必须关注的。本研究按照慕课+直播的全在线模式开展教学，翻译实践贯穿教学全过程，充分调动学生的学习兴趣和学习投入，通过与学习伙伴和教师之间的互动帮助学生构建翻译能力，尤其是翻译策略能力。要明确翻译策略能力，就需要首先明确翻译策略，张海涛（2008）把翻译策略定义为：译者在翻译过程中如何运用各种认知过程及其不同的组合形式或开展翻译活动的技巧和方法，包括基础策略和支持策略。白玲等（2018）认为：翻译策略是一种问题解决的机制，是在辨识“翻译问题”的基础上，所采取的解决“翻译问题”的手段，包括规划、执行、评估和补救等四个阶段所采取的策略。由此，翻译策略能力可以概括为有意识地识别、解决、协调翻译过程中所遇到的各种问题的能力。

（二）以慕课资源辅助理论学习

全在线教学模式中翻译理论教学部分引用中国大学慕课平台中南大学的“翻译导论”为线上自主学习课程，对于与本课程不匹配的内容进行了删减，满足学生碎片化、移动化、个性化的学习需求。该在线课程的主体内容设计科学合理，从翻译的内涵、过程、评价标准、非文学翻译的职业要求到计算机辅助翻译技术（CAT）及CAT环境下创建翻译项目等，课程资源与笔译工作坊匹配度较高，能够为学习者提供相关翻译理论、翻译方法、翻译知识等陈述性知识。学习者可以根据自己的时间、学习能力和知识吸收等情况合理安排学习进度，满足了个性化学习需求。

（三）以读、译双重任务为实践内容

本课程开设在第六学期，共有32个学时，每周2个学时。课程内容和翻译材料均选取CATTI真题和模拟题，翻译实践按照主题分类进行组织，主题可以将知识间的网络连接整合起来，有助于学习者系统学习和深度探索，从而进一步提升思维能力和创新能力，为翻译能力构建打下基础。结合近10年真题考试涉及主题频率、学生兴趣，兼顾题材的时代性、知识性，共选出五个主题：旅游文化、环境与能源、医疗健康与公共卫生、互联网和教育。每个主题汉译英两篇，英译汉一篇，三周为一个循环，完成一个主题翻译。学生独立完成翻译后进行在线小组讨论生成小组译文。同时，补充多篇英文同主题平行文本拓展阅读材料，一方面作为平行文本辅助汉译英语篇翻译，一方面有助于拓宽视野、积累百科知识。针对阅读材料，设计词汇应用、术语翻译、语言转换、语篇分析等测试题目。

（四）以多元交互为驱动

为了增强学生的团队意识和协同交互，全班分成六个小组，每组五人。每个小组成员需要分工协作，在独立完成翻译后，小组成员通过相互讨论，查阅在线语料库，利用技术工具、翻译软件、网络资源及其他资料，分析译文分歧，权衡不同译文的优缺点，探讨翻译技巧，共同决策生成一个小组成员都满意的译本作为小组作业提交。教师及时把小组译文质量评价和修改建议反馈给各个小组。按照顺序，每次两个小组进行在线课堂展示。展示小组需要征询其他各个小组的意见并结合本组实际情况整理出一个翻译问题清单，同时讲解在翻译过程中的翻译思路、翻译难点和策略运用等并录制成讲解视频，尽可能还原并呈现翻译过程。在小组展示环节，教师和其他各小组要针对展示组的讲解、提出的问题和对策展开讨论，给出反馈、评价。在在线教学过程中，小组成员内部、小组之间、小组和教师之间进行交流、讨论，同时学习者以译者、读者、译文评价者、双语沟通者、任务协作者等多重身份从不同角度相互切磋、沟通。这种多元交互激发了学生的学习兴趣、拓展了思维，在相互借鉴相互启发的过程中，学习者逐步建构个体的翻译能力。

五、教学评价与反思

（一）学生评价

在本学期在线教学运行将近一半时，要求学生写出教学效果评价、学习心得和教学建议。结果显示，本课程教学模式得到大部分学生认可，因为篇幅有限，表1中仅展示一些具有代表性的评价。

表1　学生教学评价

姓名	课程评价	翻译认知
ZXL	这六周的笔译收获颇丰，每一周的笔译实践，与同伴讨论，录制视频，准备 presentation，思考问题……我觉得翻译越来越有趣，同时也提醒了自己要好好下功夫	掌握英语语法知识和大量的词汇量至关重要，二者缺一不可，在翻译文章时，需要通读全文，了解大意，这样既可以增强语感和阅读能力，在翻译时才能更“得心应手”。语序调整为译入语习惯……
DYF	笔译工作坊开课以来，已经上了六次，每周老师让我们做一篇中译英或者英译中的翻译。我觉得这六周的课程对我的提升和启示有了很大帮助，课堂上同学分享，老师讲，课后翻译练习，对我来说都是非常重要的环节	课堂上的交流学习，各种译本的展示让我学习到了很多东西。每个译者都会有自己的见解和自己的表达方式，小组之间的每周交流也让我明白了翻译的有趣，我开始不再担心自己的译文和别人不一样，而把重心放在如何使表达更地道，句子更顺畅
WSZ	通过六周的笔译工作坊这门课程的学习，我对翻译有了新的概念。翻译理论知识的系统学习和大量翻译作业，让我对翻译有了新的认识，也产生了浓厚的兴趣……	随着课程的深入，我学会了许多翻译技巧，也懂得了在不同类型的翻译中运用不同的翻译手法和不同的语言功能，力求译文更贴近原作者的意思和想法。翻译是跨语言、跨文化的交际活动……

（二）本教学模式的不足

每一种教学模式都是针对解决某方面的问题，只适用于特定阶段，本教学模式亦是如此。首先，该教学模式教与学时空分离导致临场感不足。Garrison 等（1999）指出：教学中存在三个关键要素——社会临场感（Social Presence）、教学临场感（Teaching Presence）、认知临场感（Cognitive Presence），只有当这三个要素的水平都较高时，有效的学习才会发生。在教学过程中发现有的学生社会临场感缺失，不愿意发表自己的观点，参与互动讨论的积极性不高，这直接影响在线学习效果，阻碍了知识和能力的建构。教学临场感的缺失导致教师无法像面对面教学时根据学生的反应做出实时、即时的教学调整。其次，该教学模式以多元互动为驱动，高度依赖学生课前准备和课中参与，每个小组在学习动机、学习能力、自我管理、学习投入等方面存在差异，教师很难开展全面、有力的监督和控制。最后，该教学模式运行时间较短，无法对其教学效果作出全面、客观的评价，还有些不稳定因素及缺陷并未发现。

参考文献：

[1] 赵觅，王林海. 我国翻译教学研究的现状与展望——一项基于 CNKI 的知识图谱分析 [J]. 外语电化教学，2020（2）：59－64.

[2] 方红，王克非. 动态系统理论下翻译能力的构成及发展模式研究 [J]. 解放军外国语学院学报，2014（9）：124－130.

[3] 仝亚辉. PACTE 翻译能力模式研究 [J]. 解放军外国语学院学报，2010（9）：88－93.

[4] 王娟. TransComp 翻译能力跟踪研究评析 [J]. 外国语（上海外国语大学学报），2016（11）：99－107.

[5] 余静. 从象牙塔到竞技场——翻译能力的社会学研究 [J]. 外国语，2018（3）：101－107.

[6] 金萍. 多维视域下翻译能力结构体系的认知阐释 [J]. 兰州大学学报（社会科学版），2013（11）：148－153.

[7] 文军. 论翻译能力及其培养 [J]. 上海科技翻译，2004（3）：2－5.

[8] 苗菊. 翻译能力研究——构建翻译教学模式的基础 [J]. 外语与外语教学，2007（4）：47－50.

[9] 杨志红，王克非. 翻译能力及其研究 [J]. 外语教学，2010（11）：91－95.

[10] 钱春花. 翻译能力构成要素及其驱动关系分析 [J]. 外语界，2012（3）：59－64.

[11] 王传英. 从“自然译者”到 PACTE 模型：西方翻译能力研究管窥 [J]. 中国科技翻译，2012（11）：32－35.

[12] 肖维青. 多元素翻译能力模式与翻译测试的构念 [J]. 外语教学，2012（1）：109－112.

[13] Neubert A. Competence in language, in languages, and in translation [M] // Schaffner C, Adab B. Developing translation competence . Amsterdam: John Benjamins, 2000.

[14] Pym A. Redefining translation competence in an electronic age: In defense of a minimalist approach [J]. Meta, 2003 (4): 481－497.

［15］PACTE. Investigating translation competence：conceptual and methodological issues ［J］. Meta，2005（2）：609－619.

［16］白玲，冯莉，严明. 中国英语笔译能力等级量表的构念与原则［J］. 现代外语，2018（1）：101－110.

［17］Kiraly D. A social constructivist approach to translator education［M］. Manchester UK & New York USA：St. Jerome Publishing，2000.

［18］伍小君. “交互式”英语翻译教学模式建构［J］. 外语学刊，2007（4）：121－123.

［19］方红，王克非. 动态系统理论下翻译能力的构成及发展模式研究［J］. 解放军外国语学院学报，2014（9）：124－130.

［20］刘和平. 翻译教学模式：理论与应用［J］. 中国翻译，2013（2）：50－55.

［21］张海涛. 基于策略的翻译教学［J］. 山西大学学报（哲学社会科学版），2008（1）：82－85.

［22］Garrison D R，Anderson T，Archer W. Critical inquiry in a text－based environment：computer conferencing in higher education［J］. The internet and higher education，1999（2）：87－105.

基于“宏观经济学”课程在线教学的研究[①]

◎ 熊　艳[②]

随着互联网的高速发展，在线课程显露出巨大的优势，尤其是在新冠肺炎疫情影响下，在线教学实践活动在全国广泛开展。本文以“宏观经济学”课程的在线教学为例，分析了该课程在线教学的创新之处、课程效果评价，最后提出了可行的建议，以期为在线课程的进一步建设提供依据和借鉴。

受新冠肺炎疫情的影响，从2020年2月初开始，大部分学校陆续采用在线教学的方式，乐山师范学院也顺势而为，开展了广泛的在线教学。肖俊泉（2020）指出，特殊背景下的“不停教”之“教”和“不停学”之“学”，蕴含着有别于常规意义的教与学的机理。此“教与学”在家中、在线上，彼“教与学”在课堂、在线下，各有各的特殊性。如果把线下的办法生搬到线上，一定会是彼此不适、水土不服，因此必须把握特点、把握规律。如何转变教学方式，考验着我们的教学智慧和管理智慧来研究思考总结了如何基于“宏观经济学”课程进行在线教学，具有重要意义。

一、“宏观经济学”课程在线教学的几个创新

（一）教学流程的变化——“先教后学”变为“先学后教”

传统课堂教学典型的流程是老师先讲，学生练习完成知识迁移，然后学生做作业，老师评讲反馈。但是在网络在线授课中，笔者把顺序做了调整，采用“先学后教”的教学方法。在“宏观经济学”这门课程的教学中，笔者搭建了

① 基金项目：本文为乐山师范学院教育教学改革项目“地方高校经济学专业应用型人才培养模式与教学改革探讨”（编号 JG2018－1－16）的研究成果。

② 作者简介：熊艳，女，四川宜宾南溪人，研究方向：宏观经济学理论与实践。

多个在线教学平台，综合运用“视频学习＋QQ 直播＋讨论答疑＋老师总结＋学生记笔记”的形式，将 QQ 签到与学习通签到随机结合，提前几天在学习通布置下周学习内容和进度安排，发放通知和上传重要文件，要求学生课前学习视频，上课的时候，用 QQ 直播的方式，一边直播一边在 QQ 群跟同学们互动。通过提问等方式，既调动了同学们的积极性，又实时掌握了学生动态。老师在课上主要的教学活动不再是传统的讲解，而是重点的提炼、有针对性的讲解，课后再利用线上的交流答疑解惑。

通过在线教学、总结发现，学生可以自主利用现有资源完成知识获取。比如，学习政府宏观经济政策四大目标时，笔者先引导他们讨论具体是哪四大目标，让他们自己在网上查阅资料，了解相关的指标值，然后在群里讨论。大家做得非常好，而且也学会了以后遇到类似的问题怎么查阅资料。这给笔者一个启发，当互联网数字资源成为教育教学的重要载体时候，可以把以前教师做的一些事情，交由学生自己完成，特别是知识获取和做题这个环节，当代大学生完全具备这个能力。“先教后学”变为“先学后教”，这个改变对“宏观经济学”教学的意义非常大。如果充分利用了网上的数字资源、工具，学生的自主思考能力和动手能力都将大大提高。

（二）学习方法的创新——有指导的自主学习

网络平台提供的不仅仅是资源，还有认知工具、题库、学习过程管理系统、学习过程数据分析系统，利用这些可以有效地开展自主学习。自主学习对学习者的自我管理能力要求较高，但自主学习将是终身学习最主要的途径。笔者始终认为，教与学是有机统一的，不能仅依靠教师讲授，学生的参与更重要。而笔者在教学中也是一直坚持潜移默化地引导学生逐步培养自主学习能力，事实证明，在老师的引导下，他们会做得很好。

比如，在“宏观经济学”课堂上，笔者将教师讲授与同学专题汇报、学生讨论结合，引导同学们自主观察实际经济生活，自己分析问题、解决问题。这样的授课方式给予大家极大的自主学习空间，同学们更能畅所欲言。因为隔着屏幕，有部分平时胆小、不太发言的同学，也能够积极回答问题了。大学是培养学生独立思考能力的关键性、决定性时期，一味地灌输知识并不适用于大学生。我们应始终将培养学生的能力放在教学的第一位，才能培养出真正适应社会的大学生。

（三）教学管理的创新——多维度的考核方式

过去的教学管理更多地依赖教师通过平时课堂互动和作业了解学生的学习情况，主要靠教师的智力、脑力来分析学生的情况，对教学过程的管理相对比较粗糙。但互联网上所有教和学的行为都可以留下痕迹，如利用多种网上签到形式，在学习通里布置讨论题，直播时同学们的互动记录，以及网上提交的专题汇报等。这样基于数据来进行过程的监控，进行多维度的学习过程考核，更加全面、客观、准确。

二、“宏观经济学”课程在线教学的教学效果分析

为了全方位地了解学生在在线教学过程中的感受、态度、学习效果等，笔者采取了访谈、班级群里随机调查和平时教学过程观察等方式对教学效果进行分析和总结。

（一）学生访谈结果分析

1. 处理信息的能力得到提高

本次教学实验对象为经管学院大学一年级国际贸易、国际金融专业的学生，虽然他们尚未找到成熟系统的学习方法，但是接收信息的能力强，在线教学依托互联网的在线教学资源，带给他们极大的新奇感。有的学生说：“在线教学资源太丰富了，以后我要多上网去查找资料。”“以前学习中遇到问题，第一个想到的是问教师，现在我学会先利用互联网教学平台寻找问题的答案，不懂的再问老师。”

2. 提高了自主学习的能力

在线教学提高了学生的自主学习能力，学生不再是被动地接受教师布置的教学任务，由“要我学”逐渐转变为“我要学”。学生反馈：“每次上课前我会浏览一下课堂的教学任务、重难点，对自己感兴趣的知识，会去查找一些资料，把不懂的知识记下来，和同学们讨论或课堂上请教老师。”“在线的学习模式对于知识的搜索和获取更便捷，咨询更方便。”访谈结果显示，大部分学生喜欢“宏观经济学”在线教学，原因是课程内容充实、教学方式新颖，学生可以利用在线教学平台进行自主学习，可以自由地表达自己的思想和观点。

3. 提升了学生协作学习的能力

在线教学模式中的分组讨论学习培养了学生的团队合作能力。学生反馈：

“我很喜欢和大家一起交流和讨论，很多问题是通过讨论、争论弄明白的。”“和同学们一起分工协作，非常有意义，能取长补短。”

4. 增强了师生之间的情感交流

在线教学模式强调教师角色的转变，教师由传统的以教师为中心的知识传播者转变为以学生为中心的教学引导者。学生反馈：“以前我比较内向，在课堂上不敢起来回答问题，现在通过在线教学平台、QQ 群等方式与老师交流，感觉老师很亲切，就像和朋友之间的交流一样。”“大家都积极发言，现在我也学会了如何表达自己的思想，希望让老师知道自己对知识的理解是否有偏差，得到及时的指导和纠正。”

（二）教师授课心得总结

1. 教学设计能力进一步提升

在线教学模式的教学环境不局限在教室，资源也不局限在教科书，教案的设计也没有现成的路径依赖，教师需根据现有的教学条件、学生的知识储备不断摸索。在线教学模式对备课提出了新的要求，不仅是备教材，更多的是备学生，我们必须掌握学生的详细情况才可能把课上好。

2. 课程资源进一步扩充

在线教学的网络资源更加丰富，我们通过网上资源建设课程等方式，让同学们可以共享别的学校的优质课程资源。比如，“宏观经济学”课程参考使用的就是浙江大学叶航教授的课程资源，其讲解生动、通俗易懂。同时，在线教学模式下，学生对教学内容、知识的来源及应用要求更高了，倒逼教师进行教学改革，提高自身教学素质，以满足学生不断提高的知识需求。

3. 教师的工作量得以增加

虽然节约了往返学校的时间，总体授课时间减少了，却增加了备课压力。每次课前笔者都要查看不同的教材、教学视频以及其他的教学参考资料，还要准备很多学生讨论中的问题及应对策略，备课的工作量增加了。因为现在的学生获取知识的途径非常多，授课内容如果不与时俱进，不讲究趣味性和实践性，学生就会通过计算机或手机终端去学习，这对老师的素质和能力提出了更高的要求。

三、研究结论及建议

（一）研究结论

1. “宏观经济学”课程适合开展在线教学

“宏观经济学”课程是非常适合开展在线教学的，课程的教学通过课前线上预习、课堂直播、课堂线上的讨论、课后在线学习巩固几个教学环节的实施，符合课程的教学目标，能够很好地完成教学任务，实现有效的教学和有效的学习。

2. 在线教学活动提高了学生的综合能力

“宏观经济学”课程开展在线教学活动后，不仅提高了学生学习的积极性，还提升了学生的综合能力。在线学习提升了学生获取知识的能力，小组的协作学习提升了学生的沟通能力和团队合作能力，课堂讨论提升了学生的辩证思维和批判性思维的能力，课后的案例分析和思考题练习提升了学生的实证分析能力。通过小组专题汇报等形式，让同学们逐步提高了分工协作、搜集资料、整理提炼、口头表达的综合能力。

3. 在线教学提高了学生自主学习参与度

在线教学模式成功应用的一个重要前提就是，学生要能够积极参与到教学过程中，主动学习。从本课题的教学实践效果来看，大学一年级的新生对教学改革具有新鲜感，互联网对他们具有强烈的吸引力，在教师的引导下利用在线网络完成课前的预习和课后的复习巩固，可提升学生自主学习的参与度。

4. 在线教学活动提高了教师的教学素养

在线教学模式对教师的教学能力和综合素质提出了更高的要求，教师在课程开始阶段就要搜集大量的课程资料，还需要学习各种教学软件的操作，提升教师的课堂设计能力、课堂驾驭能力。在线教学活动提升了教师的综合素养。

（二）完善“宏观经济学”在线教学的建议

总结“宏观经济学”在线教学的实践经验，组织实施好在线教学活动，获得预期的教学成果，需要教师、学生、学校三方面的协同努力（廖宇航，郑小芳，2018），转变教学观念、协同育人，才能使混合式教学模式发挥预期的效果。

1. 教师方面

虽然在线教学实践中教师的角色发生了转变，但教师仍是教学活动的总设计师，是学生自主学习的引导者。因此教师应在以下方面进行提升。

（1）多渠道丰富教学内容。

传统的“宏观经济学”教学存在理论性较强的问题，在大数据时代，任课教师可辅之以大量资料来丰富教学内容（黄智淋，2017），借助媒体报道拓宽在线教学知识面。在学习教材的基础上，可推荐学生通过《经济信息联播》《经济半小时》等财经类电视节目及《21世纪经济报道》《经济观察报》《金融时报》《经济学人》等报纸杂志的财经报道（黄智淋，2017），多渠道关注宏观经济热点问题，拓宽学生的知识面。

（2）加强实践性教学。

“宏观经济学”在线教学，应当以培养学生的主动性和创造性为根本出发点，教师以宏观经济学理论知识和在线课程资源为基础，将宏观经济领域的研究思想、研究方法、研究前沿引入教学，鼓励学生积极参与到研究中，提高其研究学习能力。此外，还可采取“走出去”与“请进来”相结合的“校企合作”实践教学。例如，在讲到货币政策实践时，笔者就曾经多次邀请乐山市交通银行、农业银行等金融企业的管理者来跟学生分享我国金融实践的情况，学生反响很好。

（3）转变教学模式。

教师可先根据课程标准和教学实践的要求，制作宏观经济学课程教学大纲，接着按照微课、慕课、翻转课堂等教学模式的要求，从学生学习需求的角度出发，将每章节内容制作成PPT、视频、练习题、测试题、讨论题、评分标准等资料，然后将这些资料上传至教学平台，为学生提供丰富的学习资源，学生可随时随地通过在线教学平台进行自主学习。

（4）实施多元化考核。

“宏观经济学”课程应采用多元化考核方式，既考核学生对宏观经济学理论知识的理解程度，也考核学生综合运用宏观经济学知识的能力（汪芳，石鑫，秦俊，2020），同时，也考核学生在线学习和参与宏观经济学实践教学等情况。如，教师其可根据教学平台记录学生完整的在线学习过程，并结合参加实践性教学的情况，给出合理的课程成绩以及相应的评价。

2. 学生方面

（1）转变学习理念和方法。

在线教学模式强调学生自主学习，教学资源和信息的获取更为便捷，不能再停留于对知识的简单记忆，而是侧重于如何搜寻知识、应用知识和建构知识。学生熟悉信息技术会对学习活动开展十分有利，起到事半功倍的效果。学生独立学习过程中遇到问题长时间得不到解决会对学习产生懈怠和畏难心理，学生应学会从独立学习向小组式团队学习转变。

（2）培养良好的学习习惯。

在线学习是通过教学视频和网络直播的方式进行学习的，缺少教师对学习活动的现场监督和指导，学生应培养良好的学习习惯，养成良好的自律能力，自觉地主动学习，在教师的指导下按计划有步骤地开展学习活动，并建立学习小组，学习过程中互相监督、鼓励、鞭策，共同学习，共同进步。

3. 学校方面

学校教学部门应该考虑如何将线上线下教学有机结合，实现混合式教学。混合式教学模式将成为今后相当长的一段时期内高等学校课程教学模式的主流发展方向。

（1）打造优质的课程教学团队。

学校应整合现有的教师资源，打造适合线上线下混合式教学模式的课程教学团队。以本课程原有的师资为主，配备现代教育技术中心的教师提供教育信息化方面的指导。考虑到“宏观经济学”课程的实践应用性，还需聘请企业和政府人员充实到教学团队中，补齐学生实践教学的短板，有效地保障混合式教学的效果。

（2）健全教师激励机制。

在线教学模式下教师的工作量增加，应在学校层面建立起相应的教师激励机制，实现线上线下混合式教学模式的可持续发展。学校人事部门应联合教务部门、教学研究机构、教育信息部门共同对教师的混合式教学的工作量进行合理的测量（廖宇航，郑小芳，2020），引导教师积极开展教学改革，激励广大教师参与到混合式教学改革中来。

四、结语

“宏观经济学”课程的在线教学，是对传统课堂教学的一次重大改革，不仅提升了教师的教学能力和综合素质，也丰富了学生获取知识的手段，增强了学生的协作学习能力、沟通能力和团队合作能力。在未来的教学改革中，教师应该思考如何将在线教学与传统教学有机结合，融入混合式教学的大潮中。

参考文献：

[1] 肖俊泉. 网课加速“教与学”的变革 [N]. 中国教师报，2020-04-22 (4).

[2] 廖宇航，郑小芳. 《经济学原理》混合式教学改革成效分析 [J]. 中国教育信息化，2020 (3)：80-84.

[3] 黄智淋. 大数据时代宏观经济学本科教学改革研究 [J]. 中国管理信息化，2017 (6)：239-240.

[4] 汪芳，石鑫，秦俊. 基于在线开放课程建设的混合式教学效果评价——以产业经济学为例 [J]. 科教导刊（下旬），2018 (11)：89-92.

基于OBE理念的网络教学实践与研究

◎ 张丽萍[①]

研究者基于OBE理念，结合智慧教育、自适应模型等相关教育模型，经过十一周三门专业课程六个班级学生的网络教学实践，对学生作业成绩、其他学习数据进行分析。研究表明，有组织的、较好利用网络技术和资源优势的网络教学是未来可用的教学模式；有效运用平台数据，动态测量学生学习成果，能保证教学目标的实现；德育教育、价值观等教育值得重视；本科生导师制有必要大力推广。

中国互联网络信息中心（2020）发布的《第45次中国互联网络发展状况统计报告》显示，相较于2018年底，我国PC端在线教育用户规模增长110.2%，移动端在线教育相较于2018年增长率达到了116.4%，在PC端其他15个网络应用同期平均增长率为10%，移动端其他9个互联网应用同期平均增长率为14.43%。在线教育有如此高的增长率，受新冠肺炎疫情影响较大。

一、网络教学的基本特点

2020年受新冠肺炎疫情的影响，教育部做出了“停课不停学”的号召，各级各类学校纷纷部署在线教学，高校也不例外。

（一）网课学习空间变化大

从空间来说，主要的学习空间由学校或教室变成了家。这一空间的变化直接带来了多方面的变化，学习环境、学习氛围都变了。在开始网课的两周里，

① 作者简介：张丽萍，甘肃正宁人，硕士，乐山师范学院文学与新闻学院讲师，研究方向：新媒体、数据新闻、高等教育等。

学生很难管理好自己等问题比较突出。

（二）全虚拟交流考验学生网络沟通能力

相对于传统教室来说，网课有虚拟交流的特征，实际表情、语气、语调、语境的缺失或网络化变化对学生的网络沟通能力提出了新要求。研究计算机中介沟通（CMC，Computer-mediated communication）的学者曾指出用键盘输入文字的速度也会影响用户的沟通意愿和沟通效果。虚拟交流环境下，学生需要借助文字、表情等抽象符号表达自己对知识点的理解和存在的问题等，虽然可以用语音或视频这样更直观的还原人际交流的方式进行沟通，但是，学生对单独和老师进行语音、视频交流的接受度和使用程度还较低，同时，这样的交流也需要师生双方更多的时间成本。具备良好的网络沟通能力，不仅有助于学生的学习，也有助于建立良好的师生关系和生生关系。

（三）网络设施、设备成为新影响因素

网络条件、设备、技术水平等成了新的学习制约因素。以往针对高校的网络教学或在线学习研究一般都基于学校的网络条件。疫情期间每个人所处地域、地方不同，网络条件也不同，另外，一部分同学只有手机，这对通过电脑操作的实践课程学习也构成了影响。各平台上线了各种新功能，需要不断学习，才能适应课堂，这是对学生技术水平的新要求。技术在网络课程中也有两面性：老师可以运用如超星学习通、中国大学 MOOC 的课程拓展自己教学的内容，学生同样可以通过各种技术手段学习，学习方式泛化，知识的掌握可以不局限在老师设计的框架中；同时学生一屏多用或多屏学习、娱乐同步等分散注意力的学习行为也不易得到有效的监督。

（四）网课有组织仪式网络化的转变

网络课堂属于网络社会的范畴，有网络社区的基本特点，比如虚拟性等，又因为存在实际约束，因此，有了特殊的特点。疫情期间的网课和传统网课自由选课、自由时间上课不同，是按照学校课表规定上课。成熟的管理体系为网课的有序展开提供了一定的保障。

（五）网课的交流成本提高

直播教学方式的网课在实践过程中是一种仪式感较强的网络教学形式，容易让学生有形成线上教室的感觉，容易集中精力学习，但是直播教学需要大量

流量，这对家庭条件比较艰苦的学生来说，会造成新的负担。

二、网络教学研究综述及 OBE 理念

（一）“智慧学习”相关研究较新、成果少

笔者分别以“网络教学”“智慧学习”“在线课程”“网络课程”“在线教育”为关键词在中国知网数据库中检索，得到的论文分别为 15744、614、4820、9872、5381 篇。除去关键词中同时了包含“网络教学”和“在线教育”的 161 篇研究论文，对“网络教学”和“在线教育”两个关键词进行“或”运算，得到的结果是 20964 篇。从研究成果的发表年度来看，论文中分别含以上 5 个关键词的最早发表时间依次为 1994、2002、1997、1996、1997 年（中国知网数据检索日期为 2020 年 5 月 10 日）。把以上检索词作为主题词进行检索，可以得到关于网络教学的最早研究可以追溯到 20 世纪 80 年代，结合我国的计算机和网络的普及情况来说，研究成果相对较早，成果数量也比较多。但是关于“智慧学习”的研究成果则较少，研究中有对国外关于“机器学习”研究的介绍，也有对智慧学习环境自适应学习系统的模型研究。在移动学习方面，也有较好的研究，如张琳捷等（2020）对 Korhonen 提出的情境分类进行归并调整，将移动学习情境分为学习任务情境（任务主题等）、学习资源情境（资源的类型和难度等）、移动设备情境（电量、内存、计算能力等）、学习环境情境（时间、地点、网络制式及人群密度影响等），把学生分为场依存型和场独立型，又提出了完整的情境感知支持下移动学习的自适应模型。王小根和单必英（2020）开展了伴随式评价作为一种动态评价方式的研究，但这些研究或缺少教师端数据，或没有考虑到复杂的网络情境，或基于过度理想化的网络环境，所以，存在需要进一步拓展的空间。

（二）OBE 理念

OBE 是 Outcomes-based Education 的缩写，即成果导向教育，也称作能力导向教育、目标导向教育，是基于学习产出的教育模式。OBE 的核心理念遵循“反向设计”原则，以最终学习成果为起点，即以学生在毕业时应达到的知识、能力和素质要求为结果，以此为依据确定培养目标和教学模式，即教学内容由课程目标决定，课程目标由毕业要求决定，毕业要求又由培养目标决定。

笔者所在的乐山师范学院属于地方二本院校，人才培养的目标在能力上以能服务地方的专业能力培养为主。依据 OBE 理念，课程教学目标及课程单元教学目标体现在专任老师制订的课程教学计划中，包括教学目标、教学内容、教材及参考资料、教学方式、考核方式等，在上课前即已制订完成。面对疫情要开展网络教学的问题，笔者所在的学校组织了学习通、超星直播等工具的使用和网络教学的方法等培训，又和中国大学 MOOC 达成了协议，老师可以免费选择中国大学 MOOC 上的课程作为自己课程的教学资源。笔者认为，必须以成果产出为导向，才能够在积极解决问题的状态下，和学生共同完成教学目标。

（三）本研究的研究内容和研究方法

本研究的研究方法主要有文献法、数据分析法、线上调查法、访谈法等。研究的内容集中在网络教学的动态过程和效果，也就是成果产出，以期对未来充分运用技术优势，又能有效实现教学目标的教学方式和注意的问题做出总结。

三、主要数据及研究结论

（一）笔者担任的教学任务、教情和学情分析

表 1　2020 年笔者教授网课情况表

序号	课程名称	班级	授课方式	进度状态
1	数据新闻与大数据挖掘	2018 级网络与新媒体专业 43 人	学习通+QQ	按计划进行
2	网络与新媒体编辑	2017 级播主 2、4 班 37 人	中国大学 MOOC+QQ+钉钉	按计划进行
		2017 级播主 1、3 班 34 人		
3	新媒体广告	2017 级新闻班 47 人	学习通+QQ	按计划进行

表 1 中是笔者 2020 年教授网课的基本情况，需要补充说明的是“网络与新媒体编辑”课通过中国大学 MOOC 选择了暨南大学刘涛老师团队的“融合新闻：通往未来新闻之路”课程作为课程理论资源。笔者教授的三门课程总体都较为重视实践，不同在于：第一门课是网络与新媒体专业的专业课，学生除

了学习实践之外，需要有扎实的理论基础和对大量案例的研读；另外两门课程是选修课程，理论部分的要求可以适当降低。“网络与新媒体编辑”课程在课程进行到第四周的时候因学生需要看实践教学回放，开始使用钉钉直播。三门课程的考核方式都是技能考试，也就是学生按照要求提交作品即可，不组织理论考试。

教情分析：(1) 传媒专任教师，关注时事和新闻，教学案例新颖鲜活。

(2) 之前用过微助教作为移动互动教学工具，自己在中国大学 MOOC 上学习过相关的网络与新媒体课程，对异步 SPOC 课程内容非常熟悉。

(3) 参加过学校相关的超星平台网络教学培训，对超星平台的直播和其他功能较为熟悉。

(4) 专业原因对相关的工具使用熟悉、喜欢学、上手快、愿意在教学过程中使用。

(5) 网络教学期间能够很快地适应变化，针对一部分内容的讲解设置了测试题，又充分利用 MOOC 已有的课程做异步 SPOC，拓宽学生的理论学习视野。用学习通签到、QQ 群接龙或钉钉签到的方式让学生在上课前进行签到，从而仪式化上课过程，对营造良好的上课氛围起到了重要的作用。

(6) 意识到这次网课的历史意义和对于教学改革的现实意义，从第一次网课到现在做了完整的过程记录，现已形成近 1.7 万余字的网课教学全记录文本。

学情分析：(1) 教学的 6 个班级中，2 个班级的学生之前比较熟悉。在 2018 级网络与新媒体班担任班主任，和学生互动较多，师生之间互相了解。带 2017 级新闻班部分学生去采过风，相互之间也较为了解。这样的了解和熟悉给网络教学的组织和管理带来便利。

(2) 针对 2017 级播音主持 4 个班级选修“网络与新媒体编辑”课程的同学，因为之前未见过面，采用了提前联系学习委员选课代表，上课学生轮流自我介绍等方式和学生熟络。

(3) 从签到、上课观看直播、观看回放视频、实践环节回复、提交的作业和测试、小组汇报情况来看，绝大部分同学能跟上网络教学的节奏，也能够充分利用网络资源进行学习。

(4) 学生对网课的适应情况的确是动态变化的过程，从开学初的新鲜、好奇或着急返校的情绪，到四川省教育厅发出省内各高校可安排学生 5 月 6 日返校后的学生留言可以看出，大部分学生已经适应了网课。

（二）课堂过程数据及主要结论

1. 线上线下混合式教学模式教学效果良好

网络教学开展到现在，笔者所任教的三门课程均按教学计划进行，测试、作业等也都顺利完成。教学期间，还指导了两项大学生创新创业计划项目的申报，并对学生考研、写论文、做毕业设计等问题进行了专门辅导，取得了较好的效果。取得这样的效果与各级领导的有序组织密不可分。

另外，课程目标的按期完成也基于老师对课堂的组织。笔者第一次网课前就制定了《网课课堂纪律》，并发到学生 QQ 群，纪律大致包括课堂时间管理、对老师上课资料的保护等内容，起到了较好的作用。

对各平台工具的选用，对各种授课方式的组合，也就是对每一次课堂的精心设计，也是保证教学效果的重要方面。笔者任教的三门课程到目前共完成 11 周课，共 143 学时的课程，大多采用了直播的形式，直播课程的仪式感拉近了师生距离。笔者也充分利用了各平台的网络技术优势（表 2），有同学在评价教学效果时说，这样的教学超过传统的课堂效果。

表 2　笔者基于个人使用总结的各平台功能①

工具	直播	直播回放	即时沟通	讨论	发布、上传、批改作业	上传文件	签到	连麦	屏幕分享	使用其他课程资源	测试	学生学习详细数据统计	备注
学习通				√	√	√	√	√		√	√		作业的上传、批改功能最好
超星直播	√	√	√	√					√				
中国大学MOOC							√			√	√		
QQ	√		√	√	√	√	√	√	√				
钉钉	√	√	√	√	√	√	√	√	√			√	

针对三门课程发布的主要作业次数分别为“数据新闻与大数据挖掘”3 次、“新媒体广告”2 次、“网络与新媒体编辑”3 次。分析其中全批全改的两

① 各平台的功能各有优势，同时也在不断上线新功能，如 QQ 教学回放、考试等，需要动态关注。

门课程的两次作业成绩（图 1、图 2），可以发现高分段的学生数明显多于低分段的学生数，且正态曲线的峰值位置都高于平均数，从侧面反映了网络教学效果目前来看较好。

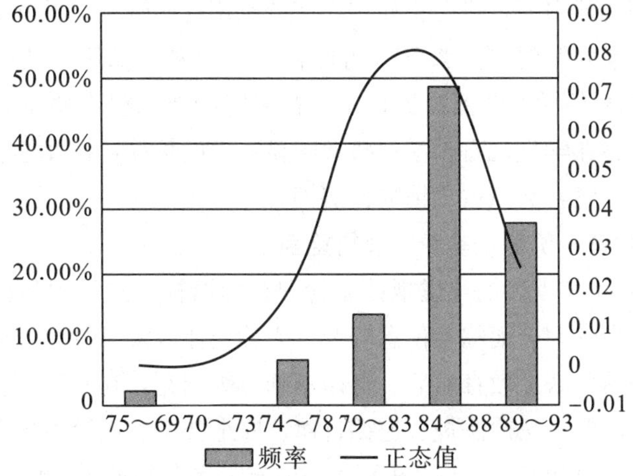

图 1　“数据新闻与大数据挖掘”作业成绩正态分布图

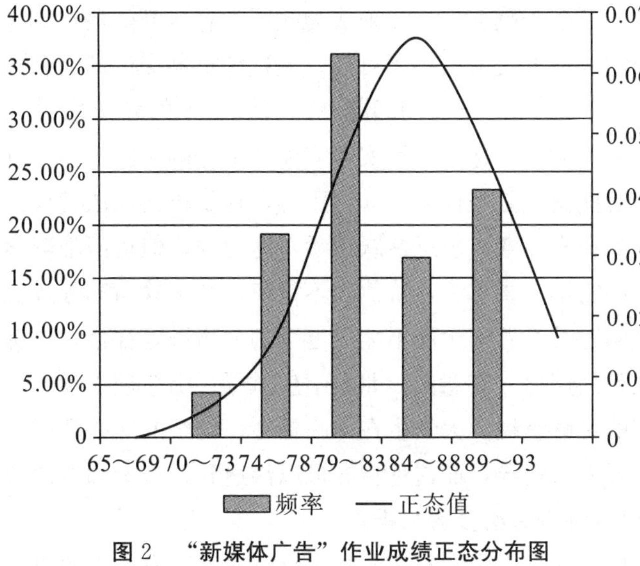

图 2　“新媒体广告”作业成绩正态分布图

2. 平台数据可动态测量学习成果

陈世红（2019）对网络与新媒体专业的人才培养评价和王春美（2020）对视听课程教学的探讨中得出共同的结论就是应多样化考核，动态测量学习成果。彭红超和祝智庭（2017）也提出，如何对学习效果进行更加精准地度量，更加真实地表征学习者的知识状态，是实现精准教学的核心。网络教学平台生成了各种数据，对动态监测学习效果有非常大的意义，如中国大学 MOOC 平台上的学生学习数据，可以显示出观看视频数、做测试数、成绩等；学习通提交作业的数据可以看到学生的提交时间，也可以导出包含学生学号、姓名、作业详情及成绩的数据表，供分析使用。充分利用这些数据对教学效果进行动态测量，有利于老师及时调整教学中可能存在的问题。如笔者选择的中国大学 MOOC 平台课程的学生学习数据显示，在老师的要求没有明确或者不十分严格的情况下，存在学生观看教学视频数明显减少的情况，据此笔者就会在后期上课时明确提出学习数据占成绩的比例等。

3. 德育教育、价值观等教育值得重视

王晨在 2014 年发表的《虚拟社会管理在和谐社会建设中的作用》一文中分析了虚拟社会管理会面临着信息畸变、人际交往冷漠、社会安全受到威胁等挑战，出现法治欠缺、教育滞后、自律不到位等问题，在和谐社会建设的背景下可以从政府职能、法律法规、道德自律、安全技术、舆论引导等方面加强虚拟社会的管理。20 世纪 70 年代开始，国外有学者开始研究 CMC（Computer-mediated Communication），这一研究主题随着手机、移动互联网的功能越来越强大、使用人群越来越多，也逐渐成为我国学者研究的热点。计算机中介的交流为不同空间人群的交流提供了可能，但这种机器交流却又有各种不能超越面对面（Face-to-Face）交流的问题。针对大学生的教学来说，集体学习可以让学生在学习的同时，达成同辈实际交流和更好的团队合作，也有利于集体观念的培养，有些交流是身体交流如握手等，这是机器无法替代的。

大学生正处在青春期，思维活跃、学习能力强，但也面临着学业、就业压力大，社会、网络不良诱惑多，价值观不稳定，情绪易激动等成长问题解决显得乏力。这些问题关系着学生能不能以健全的人格进入社会，只有健全人格的保障，其他成果的产出才有意义。北大学生弑母、山东理工学生虐猫等事件应该引起各高校的足够重视。大学生在面临社会、复杂的网络环境、重要的人生规划时，都需要有人指导，而这种指导可以渗透到每个老师的课堂中。

4. 本科生导师制有必要大力推广

大部分高校的本科学生和专任教师的交流较少，有很大的原因是学生与专任教师除了上课外见面少。其实还有一个原因就是专任教师和学生的交流因为学生人数较多，又要在特定的时间实现教学目标，老师和学生的交流无法深入。专任教师对行业的发展认识较为深入、清晰，适当的交流会对学生有非常大的帮助。如若能固定一个老师负责和几位学生联系，对学生的了解是持续性的，这对于更好地指导学生、敦促学生成长大有裨益。学生面对复杂的社会，如何处理好现实生活的问题，需要有人指导。因此，笔者认为，在本科生中大力推广实行导师制非常有必要。

三、本研究的优势与不足

本研究以笔者的网络教学实践为基础，研究过程真实有可参考性，提出的网络教学的方法和技巧有推广价值，提出的大力推广基于网络教学的导师制是很好地提升高校教育教学效果的良策，提出的关于价值观教育和思想教育的问题更是不能忽略。

但研究也有不足，主要表现在：本研究虽提出或特别强调了已有教学策略的有用性，但还没有研究出如“网络在线教育－大学生学习行为－大学生网络学习行为”的理论模型，导致成果的系统可执行性略差。

参考文献：

[1] 张琳捷，罗雯，刘博，等．学习云空间中基于情境感知的移动学习自适应模型及其应用研究［J］．电化教育研究，2020（2）：83－90.

[2] 王小根，单必英．基于动态学习数据流的“伴随式评价”框架设计［J］．电化教育研究，2020（2）：60－67.

[3] 陈世红．基于 OBE 理念的网络新媒体人才培养目标构建［J］．传媒，2019（24）：82－84.

[4] 王春美．基于 OBE 理念的新闻实践课程教学设计与改革——以音视频节目制作为例［J］．传媒，2020（3）：81－84.

[5] 彭红超，祝智庭．以测辅学：智慧教育境域中精准教学的核心机制［J］．电化教育研究，2017（3）：94－103.

"导—学—练—评"信息化教学在"教育科研方法基础"中的探究

◎ 杨 恒[①]

新冠肺炎疫情对全国高校在线教育提出了新的要求与挑战。师范生教师教育课程"教育科研方法基础"以超星、群课堂等网络平台为媒介，以互联网丰富的课程资源为支持，以精心设计的作业为基础，逐步构建起"导—学—练—评"的学习模式，通过精选学习内容，"作业"任务驱动、做中学，作业互评，分享与交流，教师引领、讨论建构，能有效增强学生学习的主动性，提高教学质量。

教育部发布《教育信息化十年发展规划（2011—2020年）》，意在倡导信息技术与教育的全面深度融合，以教育信息化带动教育现代化，促进教育的创新与变革（何克抗，2018）。然而信息技术在教育领域的应用成效一直不明显，信息技术始终未能对教育产生真正的革命性影响（何克抗，2017）。2020年一场突发的新冠肺炎疫情拉开了我国高等学校线上教育的大幕，迅速带来了高校现代信息技术的全面普及和全员演练，改变了教师的教学方式和学生的学习方式，是一场现代教育技术与课堂教学相结合的生动实验（刘振天，2020）。

MOOC、爱课程、超星等各大课程在线平台积极行动，与高校迅速对接，开放资源、免费建课。各高校教务部门积极做出应对，组织一线教师选择网络平台、筛选课程资源、组建学习群，开展线上教学技能培训。高校教师趁着寒假，重新审视教学内容，选择适当的课程平台，调整教学方式，学习在线教学技术，以快速适应线上教学，确保教学质量。

---

① 作者简介：杨恒，女，四川乐山人，硕士，乐山师范学院教师教育学院讲师，研究方向：学前儿童游戏、学前儿童发展与教育。

一、学情分析

为适应新课改对教师的要求，近年来，我校开设“教育科研方法基础”作为全校师范专业学生教师教育选修课，旨在培养未来教师掌握基本的研究方法，具备初步的研究意识和研究能力。研究能力的形成要经历学习—训练—应用的过程。这个过程包括三个阶段：第一阶段是对教育研究方法知识的学习；第二阶段是教育研究操作技能的形成；第三阶段是在实践基础上经过对研究方法的概括性、系统性和个性化学习，转化为教育科学研究能力，形成自己的研究特点和风格（蒋春洋，李秀天，2016）。

由于研究能力的形成是一个渐进的过程，再加上科学研究本身具有很强的科学性、规范性，因此与其他师范类课程相比，本门课的学习对学生而言，内容深涩，学习效果滞后，学起来难度较大。此外还有部分学生认为师范类课程是“非本专业的课”，对学习的显性目标追求是考核过关，因而对课程学习的重视程度不够，学习投入时间、精力有限。再加上特殊学期，学生与教师之间存在着时空差异、屏幕隔阂。如何激发学生学习兴趣，提高学习质量，是教师教育课程教师面临的一大难题。

为突破这一难题，在本门课的教学实践中，通过以超星、群课堂等网络平台为媒介，以互联网丰富的课程资源为支持，以精心设计的作业为基础，逐步构建起“导—学—练—评”的教育模式。建立在对大学生自主学习能力充分信任基础之上的“导—学—练—评”，通过教师导学，学生自主学习，作业讨论练习，教师引领、讨论建构的方式，能较好地促进学生主动学习，内化知识，形成能力，满足不同学生个别化的学习需要。

二、目标定位

结合课程特点、学生学习特点、毕业论文基本规范，和教师资格证的考核要求，本门课的教学目标设定为：

了解教育科学研究的概念、特点和研究的基本过程。

掌握教育科学研究的设计过程。具有研究意识，能够选定有价值、有可行性的课题，能对选题进行文献检索，概念具体化，形成研究计划。

了解调查研究、实地研究的相关知识和基本操作步骤，能够将研究方法运用于教育教学实践中，具备基本的研究能力。

三、“导—学—练—评”教学模式的构建

（一）导：备齐资源，激发兴趣

导是为了以优质的内容和灵活的形式，激发学生学习兴趣。教师从教学的“前台”进入“后台”，为学生搭建虚拟课堂，精心准备学习资源，直播课堂互动导学，引导学生自主学习。

1. 依托超星平台建课建班，打造虚拟课堂

根据教学内容、学习资源和互动形式的需要，以超星和QQ群作为本门课主要的学习平台。在超星平台建课、建班，将学生学习所需资源，如短视频、PDF文档、Word文档、PPT等提前上传超星学习通。并通过学习通发布作业、在线批改作业、在线讨论问题、互评作业。开学前一周，以教学班为单位组建QQ学习群，以群课堂直播的形式进行导学和讨论建构。与线下上课时间同步，教师在群课堂以提出问题、提纲挈领介绍、分析研究案例等方式进行20分钟的导学，以激发学生学习兴趣，提前对学习内容有大致了解，同时营造起“上课”严肃、活泼的学习氛围。引领学生学习通和QQ群是师生之间、生生之间即时交流的有效空间。

2. 结合学生实际，梳理教学内容

依据教学计划、课程特点、中学教师必备的教育科研能力要求、学生的学习需要，梳理教学内容，形成教育研究概述、教育研究设计、教育研究方式三大内容板块。其中，教育研究概述从方法论层面介绍教育科学研究的概念、基本特点，引导学生明确教育科学研究的对象是可观察的教育事实，教育科学研究的目的是采用系统实证的方式做出解释，研究的结果应该是有效、可靠的。并从演绎与归纳、通则与个案式解释等角度介绍了量的研究和质的研究这两大研究范式，以帮助学生根据自身专业特点和研究能力，选择恰当的研究范式。教育研究设计则介绍了研究的基本流程，包括明确研究内容，界定研究问题，概念具体化，撰写研究计划等内容。这个部分的学习主要采用“作业”任务，引导学生“做中学”，体验做研究计划的整个过程。教育研究范式与学生今后教育教学工作、生活相联系，重点介绍实地研究和调查研究的基本方法和步骤。将研究常用的问卷法、观察法、深度访谈与研究方式结合起来，让学生在研究的框架下掌握具体的研究方法。

3. 发布“学习任务与要求”，明确学习流程

由于学生没有教材，每周上课前，教师会提前发布“学习任务与要求”。其中“学习任务”包括本周学习资源内容、学习顺序、作业内容与要求。“学习要求”提出本节课的教学目标，有利于学生把握重难点，自评、自省是否达到教学目标。

（二）学：精选学习内容，“作业”任务驱动，实现做中学

为了让学生愿意学，学得懂，教师根据课程内容、重难点，和学生的学习能力，以高质量的学习资源和精心设计作业任务来激励学生学习、思考，形成研究意识和能力。

1. 高质量的资源促进学生主动、个别化学习

教师事先在学习通上传各种学习资源，主要有教师录制的课、提前制作好的 PPT、与特定学习内容相关的 Word 和 PDF 文档、其他平台的资源课等。考虑到学生学习的投入程度和在线学习的密集度，本门课并未像翻转课堂一样将学生的自主学习完全放在课外，而是在课堂上给予学生一定时间自主学习，完成作业。教师根据学习通后台统计数据可了解学生的学习进度，并随时进行在线答疑。学生可以根据自身的学习条件、学习能力，按自己的学习进度开展学习。如果遇到平台崩溃、网络阻塞、学习环境差等突发事件，也能灵活调整学习时间。

2. 作业任务驱动，激励学习

教师根据章节内容精心设置作业。每次课学生都要带着作业任务去学习，是否按时完成、提交作业是评价学生是否参与学习的直接指标，作业的完成质量是学生学习质量的反映，同时作业分数又是平时成绩的重要组成部分，因此学生有一定的学习压力和动力。

3. “作业”再现研究进程，“做中学”

在本门课的教学中，“作业”不仅是激励学生学习的任务，更是学生的“做中学”。作业并非是对学习内容的简单回顾，也不仅仅是一个激励手段。作业以“一个你感兴趣的教育问题”为主线，将学习内容和学生各自的研究兴趣结合起来，是对学习过程的再次经历和学习内容的实际运用。

如“教育研究设计”部分，教师布置了选择研究问题、表述研究问题、研究的假设（或内容）、概念的具体化等作业，后续作业是前次作业的深化和具体化。从“选择研究问题”开始，跟随学习内容和作业的推进，学生可经历提出问题、陈述问题、提出假设（或研究内容）、概念具体化的基本过程，充分

体验正式做研究前的整个过程。如果所提研究问题恰当，依次经历各部分学习后，学生可形成一份较为完善的、具有可行性的研究计划，用于今后的课题申报，或作为毕业论文选题的参考。

（三）练：作业互评，分享交流

自主学习阶段，学生完成作业后，教师在课下批改、整理作业，筛选出典型作业，把学生“作业”作为后续“练”“评”的经典案例。典型作业包括与当堂学习内容相关的共性问题，有价值的可延伸讨论的要点。教师将筛选出来的典型作业，发布在学习通互动活动“讨论”中。学生在规定时间内观摩优秀作业范例，以讨论留言的形式评价作业，发现问题，提出修改建议。这是一个练的过程，“练”可引导学生运用所学知识分析问题，是学生对学习内容的灵活运用，可以加深学生对知识的理解。“练”也是同学间的相互学习。在开放平台进行讨论练习，没有了当众发言的压力，同学之间可以看到彼此的观点，能够让更多的同学愿意各抒己见。通过浏览学生的讨论发言，教师也可了解学生对学习内容的掌握程度。

（四）评：教师引领，讨论建构

学生充分讨论后，教师在群课堂中引导学生讨论建构。这是一个师生交流的过程，但教师更多的是提供思考角度，引导学生多思考、多交流，帮助学生梳理、澄清、提升经验，确认学习效果，增强学习信心。由于“评”的是同学们自己的作业，与自身学习息息相关，所以学生学习的积极性较高，多数学生乐于思考，敢于表达。

四、“导—学—练—评”教学模式的实践效果

“导—学—练—评”的教学模式，将信息技术与教学深度结合，为学生构建起个性化的学习环境，能更好地促进学生学习，满足不同学生的学习需要。

（一）学生学习主动性较强

每次课学生都要带着作业任务去学习，学生有一定的学习压力。再加上有的同学有课题研究的需要，或是对自身要求较高，或是出于对研究有兴趣，几乎每次作业都有同学会超额超标、高质量完成，即使是“选做作业”也会认真完成。再加上“练”“评”是以学生的作业为内容，能在学生间形成良性竞争

的学习氛围。课下也会有同学就学习内容、作业内容向教师请教，提出疑问，或是请教师协助完善研究方案。

（二）在线讨论互动充分

信息技术能在自主学习阶段有效扩展学生学习的深度和广度。“练”阶段，网络平台也具有传统课堂所不具备的先天优势。在学习通平台，凡“讨论”必留下痕迹，学生参与讨论的次数可作为平时成绩的一部分；“打字”发表意见的形式能给学生留下更多的思考和组织语言的空间；还能借鉴他人的观点来提高自己对问题的认识；能看到其他同学的观点也会让平时羞怯的同学更愿意“开口”各抒己见。不管是出于外部监督的压力，还是由于表达渠道的便利，学生在线讨论的氛围远比教师印象中公共课课堂讨论的氛围要好。

（三）直播课堂氛围较好

除导学外，以学生作业为内容的“评”主要以直播形式开展。在教育研究设计部分，教师发布了“提出研究问题”“表述研究问题”“研究的假设”“概念的具体化”“查阅文献”等作业，各作业间前后有关联，后续作业是前次作业的深化与具体化。教师评价的是学生的作业，每个学生的作业都有可能成为讨论、评价的案例，也都有可能在教师和同学的帮助下发展成更完善的研究方案。同学间分享经验、互助学习，教师真诚答疑，师生一起学习、讨论、收获，课堂氛围活跃。

（四）电子“作业”，提高教师工作效率

作业是学生的做中学，也是“练”“评”的素材。在学习通平台发布、批改作业，便于教师及时给予学生作业反馈。也有利于教师督促学生学习，对于雷同、质量不高、错误较多的作业，可及时“打回”，要求学生在规定时间内重新学习、完成。贯穿整个学习过程的作业还能作为过程性考核的真实素材，借助平台统计、计分较为便捷。

五、问题与反思

（一）学习的系统性和个别性存在暂时矛盾

虽然练习、讨论的“作业”是教师课前精心筛选的，讨论的问题大多与相

应章节学习内容相关。但有的“作业”讨论的要点也会涉及本章节内容之外的问题，当教师对这些个别问题进行拓展讲解时，由于学生缺乏对“研究”的整体把握，对章节内容之外的知识点的接受存在一定困难，难以将个别知识点纳入原有知识体系。

（二）教师的工作量较大

采用“导—学—练—评”教学模式，教师的工作量较大。一是为避免视频中教学语言不够精练，往往会在录课环节花费大量时间。二是在线学习不是简单地把教室换到网络，开放性是在线学习的一大特点，教师可将书籍、文献、其他平台的优秀教育资源用于课堂。备课时除了精心备课、录课以外，教师还会花费大量浏览阅读，筛选出优质资源，推介给学生，加强学生学习的深度和宽度。三是由于“评”是以学生的作业为内容进行的互动式、讨论式学习，教师每周都要花费大量时间批改作业。班额大，学生多，作业多，文字量大，教师的工作量也很大。当然这一问题有望通过增加教师人数，小班化教学、减小师生比来解决。

（三）在线学习的实效有待进一步验证

在线学习是疫情防控期间有效的教学方式之一，能够实现真正的无接触。但由于教师和学生之间存在屏幕隔阂，即使有签到、点名等互动形式，学生仍有可能放松懈怠学习。讨论建构的直播课中，除积极与教师互动、参与讨论的学生外，其他学生是否全程参与，是否在积极思考，教师并不能完全知晓。建立在学生自觉、自主学习基础上的在线学习，与线下面授学习相比，学习的时效性难以保障。

在这特殊的一学期，全国高校师生以网络为媒介，以课程平台为载体，努力践行教育部“停课不停教，停课不停学”的目标。此次大范围线上教学，使我们重新认识到教育技术的力量和价值。在今后的教学中，将会把此次线上学习获得的经验再优化运用于线下学习，带着此次在线学习的思考、困惑、经验，集线上和线下教学之所长，不断提高自身的教育教学能力，改进教学，提高教学质量。

参考文献：

[1] 何克抗．信息技术与学科教学“深度融合”的路径与实现方法［J］．中小学数字化教学，2018（2）：17－20．

[2] 何克抗. 如何实现信息技术与学科教学的“深度融合”[J]. 教育研究，2017（10）：88—92.

[3] 刘振天. 一次成功的冲浪：应急性在线教学启思[J]. 中国高教研究，2020（4）：7—11.

[4] 蒋春洋，李秀天. 研究性教学在“教育科研方法”课程中的实践与反思[J]. 现代教育科研，2016（11）：66—69.

英语专业学生居家在线学习生态环境适应性实证研究[1]

◎ 江世勇　汤红娟[2]

突如其来的新冠肺炎疫情使高校不得不选择居家在线学习教学模式。居家在线学习形成了新的教育生态环境，对教师、学生、资源和教学提出了全新挑战。学生作为这一全新生态环境主体，对生态环境的适应性很大程度上影响着居家在线学习的成效。目前国内有关这一方面的研究还十分缺乏，本文对英语专业学生居家在线学习生态环境适应性进行了实证研究，分析了居家在线学习的生态现状与存在的问题，可为高校在线教学的推进提供参考依据。

一、研究背景

2020年初，受新冠肺炎疫情影响，教育部发布了新学期延期开学和“停课不停学”的相关通知，全国各省市学生开启了“居家上课”的新学习模式（王继新，韦怡彤，宗敏，2020）。从国内高校教学情况来看，居家在线学习历时长、规模大，影响深远。整个在线教学、学习对教师、学生、资源和设备运行提出了全新挑战。与常态教学相比，长期居家在线学习形成了新的教育态势，家庭、学校、资源、网络、教师、学生等要素共同构成了新的教育生态环境。高校学生作为这一全新学习生态环境的主体，对这一生态环境的适应性如何？居家学习生态环境对大学生的学习、心理等产生了什么样的影响？对这些因素的研究以及基于此的教学调整直接影响着居家在线学习的成效。基于生态规律，当前学生对长期居家在线学习的适应性，如在线学习模式、心理、情

① 本文发表于《乐山师范学院学报》2021年第7期，收入本书时有改动。

② 作者简介：江世勇，硕士，武汉大学博士生，教授，研究方向为：外语教育。汤红娟，硕士，教授，研究方向：应用语言学。

感、学习风格等都会影响在线学习和复学后的教学改革。目前国内对这一方面的研究不多，缺乏对居家在线教学新生态环境的适应性研究。鉴于居家在线学习已持续较长时期，并将影响复学后的教学安排，本文以英语专业学生为例，对抗疫保学背景下大学生居家在线学习生态环境适应性进行研究，以期为高校在线教学和学习提供基于实证数据的参考。

二、相关文献研究

应急情况下，居家在线学习本质上仍属于基于互联网的 E－learning 或 M－learning模式，然而在线学习时间长，缺乏纸质教材，学习过程缺少线下条件支持，由此可能导致一系列的生态环境适应问题。现有研究主要集中在 2020 年后，概括起来主要包括三个层面。一是对居家在线学习整体要求的研究，如祝庭智等（2020）解读了“停课不停学”的政策、关键问题与应对举措；韩加强等（2020）从家庭面临的挑战及家庭对中小学生在线学习的支持策略等进行了研究；刘德洋（2020）和覃源等（2020）分析了居家在线学习面临的挑战；彭凤琴和谢翌（2020）分析了“AI＋”技术背景下的教学样态。二是对居家在线学习的维度、资源等进行的分析，如黄勇和杨清德（2020）对网络教学支撑因素、核心主体、资源准备进行了分析。三是对居家在线学习模式、方式的研究。余胜泉与王慧敏（2020）提出了基于活动的居家在线学习组织模型解决方案，以推动建立校、班、家三体联动管理；朱磊等（2020）就地级市层面梳理出基于在线同步教学的课程模型及实践操作。限于条件和时间，上述研究多为思辨性研究，针对目标主要是中小学生，居家在线学习生态环境适应性实证研究几乎无人涉猎。因此，要确保英语专业在线教学的有效性，有必要开展居家在线学习的现状研究，特别是了解学生对应急形势下新的居家在线学习生态环境的适应性，以提升当前教学的适应性和复学后教学的针对性。

三、研究设计

（一）研究对象与问题

本研究对象为英语专业本科生，主要包括某校英语专业一至三年级学生。抗疫保学背景下，在线学习从可选的辅助角色转变为不可选的唯一渠道。学习模式、教学媒介、学习环境产生了巨大变化。新的教学媒介、空间、学习资源、师生互动关系等发生了改变，从不同层面影响着在线学习。在教的基础上，学生作为生态主体对新的学习生态环境的适应性将是长期居家在线学习效果的核心影响因素。因此，本研究旨在回答两方面的问题：①当前英语专业学生的长期居家在线学习生态环境有何特点？②当前英语专业学生对长期在线学习生态环境的适应性如何？应当如何调整？

（二）研究框架与方法

生态环境是任何一个生物体生存所必须依赖的环境（Van Lier L，2004），英语专业学生居家在线学习构成了一个新的、独特的教与学的生态环境。教学空间、时间、资源、活动、关系等都发生了改变。本研究将结合有关居家在线教学中教师和学生的反馈情况，进行定量与定性结合的混合式研究，编制问卷和访谈提纲。调查问卷包括四个维度，即：①学习自然生态环境；②在线学习资源；③学习成效影响；④学习情感与心理。问题主要采用李克特五级量表，部分题目因为涉及多维度，使用多选形式，最后结合访谈交流，对问卷数据进行分析，以形成三角互证。

（三）研究数据采集与处理

本研究采取定量、定性相结合的混合式研究方法开展，调查问卷通过在线问卷平台“问卷星”（http://www.sojump.com）进行设计、发放。共计有英语专业学生 287 人参与调研，剔除填写时间小于 120 秒且与实际情况有出入的问卷后，有效问卷 284 份，有效率 98.9%。问卷设计好后，先在小范围内进行了测试，修正了部分选项，删除了部分不适合的选项。最终 Cronbach α 系数为 0.782，大于 0.5，说明有较好的信度；因子分析结果为 0.756，问卷有较好效度。问卷基础数据统计完成后，将结果输入统计软件 SPSS 20.0，从差异性、聚合性等方面进一步分析，并与文献研究相结合对结果进行诠释。

四、结果与讨论

（一）研究结果

1. 学生居家在线学习基础信息

本次参与调研学生共 287 人，排除完成时间低于 120 秒的 3 人，实际参与人数 284 人，包括大一 25 人，大二 138 人，大三 121 人，占比分别为 8.78%、48.6%和 42.6%；其中女生 266 人（占比 93.7%），男生 18 人（占比 6.3%）。学生家庭所在地为农村较偏远地区 31 人（占比 10.9%），农村非偏远地区 73 人（占比 25.7%），城乡接合部 51 人（占比 18%），城镇 129 人（占比 45.4%）。总体来看，本次调研以二年级、三年级学生居多。农村学生总体比例为 55.6%，高于城镇学生人数比例，其中偏远农村学生人数 31 人，占比 10.95%，总体比例不高，但由于家庭较偏远，网络信号不好，也是不能忽视的问题。

2. 英语专业长期居家在线学习生态环境主要特点

语言学习生态中，生态环境包括学习的所有关联、适应要素（Van Lier L，2004）。受疫情影响，当前英语专业学生学习空间、时间、资源、途径均产生了变化，个体对新生态环境的适应性，如学习心理、学习情感、学习行动等也会产生改变。本研究中，英语专业学生的在线学习生态环境特点主要从学习工具、方式（表 1）及其居家学习影响因素（表 2）方面进行了分析。

如表 1 所示，现阶段英语专业长期居家在线学习方式包括平台学习、教师在线讲解、利用 QQ 群和超星学习通开展学习，方式较多，选择最多的是“超星学习通”，达到 93%；平台和在线讲解结合的也达 80%，QQ 群也发挥了积极的作用，使用频率达 92%。在线学习工具包括笔记本电脑、手机和平板电脑，笔记本电脑使用率达 76%，手机 94%。多数学生选择了“手机+笔记本或平板”的形式开展学习，学习方式以教师在线讲解、平台利用为主，QQ 群、学习通等发挥了积极作用。

表1 学生在线学习工具与方式

	在线学习方式						在线学习工具			
	平台学习	在线讲解	平台、在线讲解	QQ群	学习通	其他	笔记本	台式机	平板	手机
N	226	216	226	261	263	42	216	9	34	267
Ratio	80%	76%	80%	92%	93%	15%	76%	3%	12%	94%
SD	0.404	0.427	0.399	0.273	0.262	0.356	0.427	0.175	0.321	0.244

表2表明，英语专业学生居家在线学习环境的主要影响因素中，影响最大的是外部环境干扰和学生内部自我约束力降低。具体而言，家庭生活（44.4%）、家庭的自然环境（44.4%）会干扰在线学习，而噪音影响则比这两个因素还大，占比60.6%；58.8%的学生认为由于缺少监督，自我约束力会降低，从而影响在线学习。

表2 在线学习环境所受到的影响因素来源

	家庭自然环境	家庭生活对学习的干扰	外界噪声干扰	网络环境	在线教与学方式	缺少监督、自我约束力降低
N	126	126	172	202	97	167
Ratio	44.4%	44.4%	60.6%	71.1%	34.2%	58.8%
SD	0.498	0.498	0.490	0.454	0.475	0.493

3. 英语专业学生长期居家在线学习的行为适应性

学生对学习生态环境的适应是长期居家在线学习的重要影响因素，教学设计与实施的实效极大地受到学习生态环境的适应性影响。表3为学习行动适应框架下的学习方式倾向统计。

表3 学生在线学习方式的倾向

	观看教学视频	教师直播教学	群内互动	平台互动	自主学习
N	202	203	124	37	146
Ratio	71.1%	71.5%	43.7%	13%	51.4%
SD	0.454	0.454	0.497	0.337	0.501

现有学习方式中，学生的倾向从高到低依次为：教师直播教学、观看教学视频、自主学习、群内互动和平台互动。其中最受欢迎的是教师直播和观看教学视频，分别是71.3%和71.1%，体现出学生对直观视觉教学的倾向群内互

动为 43.7%，也表明学生对即时互动的需求。比较而言，学生对平台活动和互动的倾向较低，仅为 13%。如表 4 所示，33.8%的学生认为目前在线教学缺少师生活动，37.3%的学生认为学习缺少同伴互动；而访谈中被问及师生互动主要表现为何时，不少学生认为是“老师提问”“老师布置任务”和“线下有一些交流”。

表 4 表明，学生认为当前在线学习最大的问题是缺少课堂氛围，选择人数超过一半，缺少同伴互动高于缺少师生互动，分别为 37.3%和 33.8%，也印证了在线学习的课堂氛围问题。此外，48.9%的学生认为学习效果受到影响。调查也发现，29.1%的学生认为在线学习增加了学习压力，52.8%的学生认为学习有更多自主性和自由。这说明了居家在线学习面临的问题，即不易构成理想的课堂氛围，缺乏互动，但自主支配时间更多。访谈还发现，不少学生认为，尽管学习有更多自主性，但各科作业均较之前有明显增加，会带来一定压力。

表 4　学生对在线学习影响的感知

	缺少师生互动	缺少同伴互动	缺少课堂氛围	学习压力增加	有更多自主性	学习效果受影响
N	96	106	175	111	150	139
Ratio	33.8%	37.3%	61.6%	29.1%	52.8%	48.9%
SD	0.474	0.485	0.487	0.489	0.500	0.501

由表 5 可见，长期使用电子教材效果不如纸质教材的认同人数较多，占比 76.68%；同时学生也感觉到在线学习本身效果不如传统学习牢固，比例为 57.6%。针对英语专业特点，语言技能课受的影响最大，58.66%学生认为学习效果欠佳，知识课程学习影响低于技能课程（占比 38.16%）；认为课程学习均受到影响的人数也较多，比例达 44.52%。总体上（表 6），英语专业学生对于长期的居家在线教学感觉不如课堂教学，感觉效果不牢固的为 66.43%，43.46%的学生感觉挑战大。

表 5　长期居家在线对学习成效的总体影响

影响层面	*N*	Ration
电子教材学习效果不如纸质教材	217	76.68%
单纯在线学习感觉效果不牢	163	57.6%
语言技能（听、说）练习效果欠佳	166	58.66%

影响层面	N	Ration
语言知识课程学习效果欠佳	108	38.16%
对所有课程学习均有一定影响	126	44.52%

调研发现，多数学生认为在线学习时间比传统学习更长，比例为49.5%；近60%的学生认为学习要求更高，任务更重。

表6 学生对在线学习成效的具体感知

具体问题感知	N	Ratio
与面对面授课差别不大	89	31.45%
内容更丰富多彩	50	17.67%
学习互动不够	82	28.98%
内容太单一	71	25.09%
总感觉学习不牢固	188	66.43%
挑战较大	123	43.46%

针对作业量是否会引起心理压抑，学生平均分为5.64，分值超过6的学生达53.9%，意味着当前英语专业作业在量上需要考虑适当调整。

居家环境对在线学习产生了不同影响。本研究从学生居家在线学习自然环境、生态活动对学习的影响进行了分析（表7）。

表7显示，自然环境对长期居家在线学习产生了多方面影响，其中最大的影响是注意力易分散，占比63.96%，占比较高的还包括其他事情影响（63.25%）、缺乏类似学校环境的监督（61.48%）、学习环境噪声（56.18%）、家庭成员的活动（52.65%），最后是居家学习不易放得开（占比21.55%）。这说明居家在线学习中，最大的隐性障碍在于环境的改变使学生自控力降低，家庭成员活动、其他事情都会干扰学习。针对不同年级学生的单因素方差（ANOVA）分析发现，在自控能力（$F=3.084$，$P=0.047<0.05$）、适应性方面（$F=3.439$，$P=0.033<0.05$）存在显著差异，事后多重检验发现，一年级学生自控力和适应性更低；所有学生在学习任务、课堂环境感知等方面不存在显著差异。不少学生坦承会因缺少监督，在线学习自控性差，导致此项均值较高，为7.33，因而很可能影响学习成效。

表 7　自然环境对长期居家在线学习的影响

选项	N	Ratio
学习环境噪音	159	56.18%
居家学习缺乏类似学校环境的监督	174	61.48%
家庭成员的活动	149	52.65%
不好意思像在学校一样大声朗读，不易放得开	61	21.55%
其他事情会影响学习	179	63.25%
居家学习注意力容易分散	181	63.96%

4. 英语专业学生长期居家在线学习的心理适应性

学生长期居家脱离了他们所习惯的学校、班级、同伴，是否会导致学生产生焦虑？这是影响居家在线学习的重要因素。调研发现，284 名学生均值为 5.22，标准差为 2.76，总体表明学生具有中等以上焦虑水平。对数据进行了单样本 T 检验，以发现不同年级中该问题的离散情况。

如表 8，有关在线学习焦虑情绪的 T 检验表明，T 值为 31.813，显著性 Sig 为 0.000，远小于 0.05，说明学生在线学习焦虑情况存在显著差异，不同学生会有不同感知。单因素方差（ANOVA）分析发现，$F=2.723$，显著性 $P=0.062$，大于 0. 05，意味着不同年级间差异不显著。因此，需要任课教师结合教学内容、任务、学习压力，以及学生个体心理特点、在线学习环境等予以指导、调整。具体而言，本研究选定了学习动机、学习倦怠、学习压力和人际影响的统计数据。

表 8　学生焦虑情绪的单样本 T 检验

	检验值=0					
	T	df	Sig.（双侧）	均值差值	95%置信区间	
					下限	上限
在线学习时间较长，你会产生焦虑情绪吗？	31.813	283	0.000	5.218	4.90	5.54

表 9 数据表明，学习动机受到一定程度的影响（均值为 5.93），学习倦怠感均值为 5.9，学习压力感知最高（为 6.37）。上述三个学习心理因素均在平均值 5.5 之上，学业或人际方面影响稍低，为 4.75。这说明一定程度上，长期居家学习会对学习动机产生影响，产生学习倦怠、压力和孤独感，因而影响学习效果。

表 9　学习动机、倦怠、压力与人际感知

	长期在线学习，会让你的学习动机受到抑制？	长期在线学习，会让你感到倦怠吗？	长期在线学习，会让你感到学业上的压力？	长期在线学习让你感到学业或人际方面孤单？
N	284	284	284	284
Mean	5.93	5.90	6.37	4.75
SD	2.577	2.598	2.307	2.902

五、研究结果讨论

（一）英语专业学生居家在线学习生态环境特点

英语专业学生在线学习包括三个主要特点，即“长期”“居家”和“在线”，决定了学习的时间、空间和活动特点。学生居家学习的物理空间、环境与在校学习不同，属于家庭空间和校外环境，因此可能受到家庭空间及其所属自然环境的影响，如各种噪音和成员活动、活动关系的影响（秦丽莉，戴炜栋，2015）。英语专业学生居家在线学习活动介质以笔记本电脑与手机、平板电脑结合为主，也包括少量台式电脑，网络主要为 Wi-Fi 或移动网络。当前学习方式包括视频点播、在线教学、自主学习、QQ 群交流等，以教师在线、视频点播学习为主，缺乏在线学习外的交流；此外，家庭成员活动，以及学生作为生态个体的主体倾向可能影响生态环境的形成。生态主体关系主要包括师生关系、生生关系以及学生与家庭成员的关系。由于采用在线教学，生生互动、师生互动被降低，生生互动降低最多，因而影响合作学习和同伴交流。时间方面，一是整个在线学习历时长，可能会带来认知、视力和注意力降低等问题；二是几乎每天的在线教学都可能产生生理和心理上的适应问题。例如有学生谈道“……都要在网上学，一门课完了又要另一门，怕卡网，怕杂音影响听课。”这些自然环境、时间、活动主体、活动关系等要素交互影响，影响着学生在线学习成效。个体不同，居家学习生态环境不同，学习成效也各不相同。

（二）在线学习生态环境的行为适应性

与传统的学校学习、课堂学习相比，居家在线学习导致了学习空间、学习时间、学习媒体、学习方式的改变，且新的“居家在线学习”的生态环境更易受到其他校外影响因素的干扰。总体上，四个方面的适应问题影响着英语专业在线学习行为，即物理环境、学习途径、学习模式及氛围、自我管理。第一，在物理环境方面，家庭环境与学习环境重叠，生态主体产生改变，课堂学习不再是学生、教师主体，而变成了多主体，因此主体间的影响一定会传递到在线学习中。例如，很多学生认为外界噪声、家庭成员活动会对学习产生较大干扰。第二，学习途径改变，使在线学习方式成为唯一选项，学生不得不完全依靠在线学习，如 SPOOC 视频、PPT 和文本等学习，基于学习通平台完成翻译、词汇练习，通过 QQ 群讨论作业，但一直以来依赖纸质材料的学习与认知习惯难以改变，因此不少学生认为“在线学习感到不牢靠”“总感觉需要纸质材料的学习”，这样也会直接影响学习效果。第三，学习模式、学习氛围被完全改变，在线学习较传统学习“作业更多”“要求更高”，而且师生“互动太少”，尤其是缺乏氛围，对语言学习，对需要特定交际氛围来培养的交际能力、口语等会产生较大负面影响。第四，学生自我管理意识，特别是自我监控，会随着时间的推移弱化（比例为 58.3％），而自我监察意识又是学习所必需的要素。传统学校场域下，自习室、图书馆、课堂都具有监督的作用，而一旦学习生态场域改变，学生的自我约束就会弱化，“惰性”“随意性”也就自然增加，如较高比例学生认同自己学习具有随意性（87.7％）、懈怠性（58.3％）。

（三）在线学习生态环境的心理适应性

学习心理是生态环境中个体主体性、学习投入程度的重要影响因素。本研究从学习压力、学习焦虑、学习动机、学习倦息、人际感知五个维度进行了探索，总体上，英语专业学生长期居家在线学习的心理适应性存在一定的问题。从统计数据看，首先，学生在学习焦虑方面较传统教学有升高，均值为 5.93，超过平均数。访谈也发现，部分大一学生对期末考试，大二、大三学生对专四、专八较担心，例如有学生谈道：“一直这么上，就是担心，怕考试挂了。”“时间久了就有些焦虑，但是抗疫又不能到学校。”问卷中“对学习效果担心”均值为 6.81，比例达 65.5％。这意味着需要采取措施降低学生焦虑、担心情绪，教师可在非教学时间以非正式方式与学生交流，沟通、指导学习。其次，学生由于长期远离学校，无法与教师、同伴进行面对面交流，难以直接感知“物化”学习，学习动机会受到一定程度抑制；且居家学习不可避免地受到其他外在因素干扰；同时，所有学科全部在线学习，学科的适合性、在线学习时长、教师在线教学风格都会影响学习动机。学生居家“隔离”数月，仅通过网络学习，师生间、生生间互动不足，极有可能产生学习倦息，且长时间、长时期观看视频、打字等也会导致生理、心理的不适，导致学生出现倦息、孤独感，影响学习效果。本研究中，学生的焦虑在同层次学生中差别不大，但在所有学生中，受学习环境及其他因素影响，不同个体差异显著，需引起关注。

六、结论

本研究发现，当前英语专业学生已基本适应居家在线学习模式，学习正有序推进。学生总体上对教学、资源和环境持肯定态度，并取得了较好的学习效果，然而客观上学习生态环境也存在不少问题，有待进一步解决。长期居家在线学习是全新的、应急情况下的学习，形成了新的教学生态，居家环境、家庭成员活动、新环境感知、心理与情感等都会对学生产生影响。针对长期居家在线学习存在的环境特点以及学生的学习生态环境适应问题，英语专业教师应当不仅要考虑新形势下的教学质量，更要关注抗疫背景下育人与成才的要求，从在线教学形式改革，增强师生沟通、教学补偿等方面提升教学。

首先，从学校、学院层面而言，要立足大教育理念，克服单纯的“在线唯一”视域，做好居家教学顶层设计，特别要关注“居家”和“在线”的生态特点，开展线上课堂、线下交流互动相结合的立体式教育，将抗疫期间教学和“后疫情”下的复学、发展规划好。其次，高校教师要尽可能适应居家在线教学特点，动态调整教学形式，完善组织环节，增加师生及同伴互动，给学生提供更多的体验、应用机会，如利用QQ群或学习通、QQ会议文字功能，让学生多点互动，就某一主题开展讨论，教师给予反馈，克服单一的语音提问对互动机会的局限。两次，与在线教学相结合，线下时间教师要多措并举，以情育人，而非单一完成教学任务。教师需要了解学生的个体情况，引导学生开展非正式的“居家学习”交流，提供更多的“碎片化”学习和多点互动机会，解决学生困惑，降低学生的焦虑、压力，增强居家学习动机和成就感。最后，教师要关注学生作为生态主体的自我能动性、自主学习能力和意识，提供支持，有目的地提升学生的自我监控意识，减少因长期居家且缺乏监督和同伴比较而出现学习散漫和随意情况，有效保障居家在线学习效果和学生的健康成长。

参考文献：

[1] 王继新，韦怡彤，宗敏. 疫情下中小学教师在线教学现状、问题与反思：基于湖北省“停课不停学”调查分析 [J]. 中国电化教育，2020 (5)：15-21.

[2] 祝智庭，郭绍青，吴砥，等. “停课不停学”政策解读、关键问题与应对举措 [J]. 中国电化教育，2020 (4)：1-7.

[3] 韩加强，郑秋玲，罗亚轮，等. 在线学习与家庭支持力增强 [J]. 教育科学论坛，2020 (11)：32－33.
[4] 刘德洋. 新型冠状病毒肺炎疫情期间学生“在家上课”的机遇、挑战与担当 [J]. 特区经济，2020 (4)：158－160.
[5] 覃源. “停课不停学”不可忽视的三方准备 [J]. 中国教育学刊，2020 (4)：103.
[6] 彭凤琴，谢翌. 停课不停学：疫情下的教学样态反思 [J]. 课程教学研究，2020 (4)：65－69.
[7] 余胜泉，王慧敏. 如何在疫情等极端环境下更好地组织在线学习 [J]. 中国电化教育，2020 (5)：6－14.
[8] 朱磊，韩润社，陈洁媛. 疫情防控背景下“停课不停学”在线教学实践探索 [J]. 中国教育信息化，2020 (7)：27－31.
[9] Van Lier L. The ecology and semiotics of language learning：a sociocultural perspective [M]. New York & London：Springer Science and Business Media，Inc. 2004.
[10] 秦丽莉，戴炜栋. 生态视阈下大学英语学习环境给养状况调查 [J]. 现代外语，2015 (2)：227－237.